JN123158

はじめに

この本は、単なる「お金のノウハウ本」ではありません。

1人の人生を、20歳代から疑似体験しながら、時系列でお金のポイントを見通せるようになっています。あなたのライフスタイルの状況や、あなたの年齢に合わせて、知っておくべきさまざまな制度や、損をしないポイントがまとめられています。あなたにとって必要な時期に何をすればよいか、家族に対して何ができるかがわかるでしょう。

きっとこの本は、あなたの「今」と「未来」の悩みを解決してくれるはずです。

あなたは、これからの人生をどのように描いていこうと思っていますか?

時代とともに価値観や考え方も変わり、現在はダイバーシティ（多様性）の時代ともいわれます。人それぞれの働き方、パートナーシップ、住まい、暮らし方など、一人ひとりが自分なりの正解を見つけて生きていく時代です。

この本では、年金、税金、保険、資産運用、NISA、iDeCo、車やマイホームの購入、教育資金、介護、相続など、人生で直面する可能性のある100項目を、ライフスタイル別、年代別に紐解いていきます。

今後、あなたの人生では、どんな問題に直面する可能性があるのか。

どんな備えや心の準備が必要なのか。

漠然とした不安は、漠然としたままでは解消できません。

この本を読むことで、漠然とした不安が減り、備えや心の準備ができます。


「将来がどうなるか」ではなく、「将来のために今どうするか」ということに意識を向けることができるでしょう。


この本の案内人（筆者）である私は、東京生まれ、千葉県柏市在住の54歳。

山一証券出身の元証券マンで、金融商品や保険商品を一切売らない正直FPとして約26年間、講演や執筆、相談業務に従事してきました。

商品販売による手数料を収益源にしていないからこその、金融機関などの業者に忖度しない、正直なアドバイスを信条としています。

この本の内容も正直度100％となっていますので、ご安心ください。

プライベートではシンパパ歴9年で、27歳の長男は会社員、22歳の次男がようやく大学を卒業し社会人に、そして、今年20歳になる三男は鍼灸師の専門学校に通っていて、あと2年でワンオペ子育てが終了する予定です。

最近の出来事としては、学生結婚した次男に娘が生まれ、54歳にして「じいじ」になったことが、嬉しいサプライズでした。今は孫の成長が楽しみでなりません。


あなたは、どんなことにワクワクし、どんなことに感動しますか？

旅行、ショッピング、ステキなランチやディナー、スポーツ観戦、映画鑑賞、ライブ、推し活、その他の趣味など、私たち人間は、ワクワクや感動の体験が多いほど、自分の人生に幸せを感じます。

誰もが、そんな豊かな人生を送りたいと思っていることでしょう。

しかし、悲しいかな、お金による制限を受けてしまうケースがあることも事実です。お金については、制度や仕組みを知り、正しく選択し、賢くやりくりすることが欠かせません。この本を読んで、少しずつ実践していきましょう。

《年代別この本の使い方》

20～30歳代…最初から順番に読んで今後やってくるライフイベントに備えましょう。

40～50歳代…今気になっているテーマから読んでもOKです。そのうえで、認識不足がないかどうか、20～30歳代の部分も読んでみてください。

60歳代以上…今気になっているテーマからでOKです。そして、ご自身のお金に関する不安や疑問が解消されたら、是非この本をお子さんやお孫さんにプレゼントしてあげてください。きっと喜ばれるはずです。

人生100年時代

ライフスタイルは多様化している

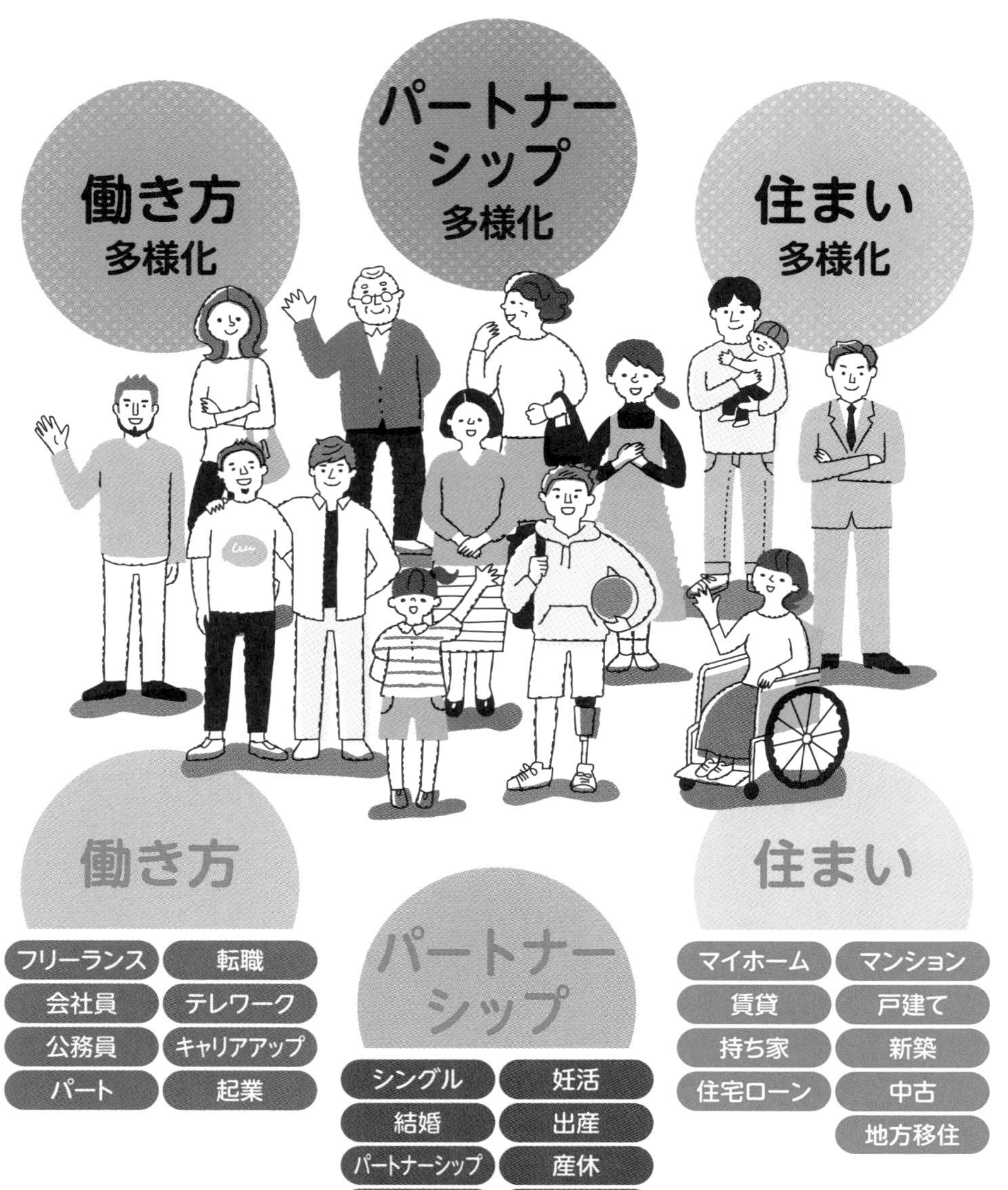

フリーランス
転職
会社員
テレワーク
公務員
キャリアアップ
パート
起業

パートナーシップ

シングル
妊活
結婚
出産
パートナーシップ
産休
シングルマザー
離婚

マイホーム
マンション
賃貸
戸建て
持ち家
新築
住宅ローン
中古
地方移住

あなたはどのタイプ？

5つのライフスタイルと年代を
組み合わせて自分のタイプを見てみよう！

A ひとり暮らし世帯

B パートナー世帯

C 夫婦世帯

D 子育て世帯

E ひとり親世帯

20歳代　30歳代　40歳代

50歳代　60歳代　70歳代　80歳代以上

この本の使い方

年代ごとに
必要な情報を
チェック！

知らないと損する
知識が満載！

著者の赤裸々
エピソードで
お金がより身近に!?

第2章　20歳代にかかわるお金の知識

8 仕事にかかわる万が一に備える 雇用保険と労災

✔会社が倒産しても数ヵ月は手当がもらえる雇用保険

社会人になって5年目、私が勤めていた山一証券が突然破たんしました。会社って、破たんするものなのですね…。会社の破たんに遭遇することは滅多にないにしても、自分から退職・転職するというのはよくある話でしょう。

そんなときにもらえる手当が、雇用保険です。最も有名なのが基本手当（いわゆる「失業手当」、図❶❷）で、自己都合退職（定年退職を含む）か会社都合退職かで受け取れる日数が異なります（図❸）。

会社都合や定年退職の場合は、退職から1ヵ月前後、自己都合の場合は退職から3ヵ月前後から基本手当を受け取れます（図❹）。手続き等の窓口はハローワークです。

そのほか雇用保険には、高年齢雇用継続給付、育児休業給付、介護休業給付、教育訓練給付などの制度があります。

✔仕事中・通勤途中の病気やケガに備える労災

会社員などの勤労者（アルバイトやパートも含む）の仕事中や通勤途中の病気やケガに備えるのが労災です。

保険料は、全額事業主負担（会社負担）となっていて、アルバイトを1人でも雇っている事業主は加入が義務づけられています。

仕事中に病気やケガをして医療費がかかっても、労災認定された場合は労災によって補償されるので、自己負担はなくなります。

また、仕事中だけでなく通勤途中でも、通常のルートによる通勤と認められれば、労災認定される場合があります。ただし、帰り道に飲みに行ったり、途中駅で降りて買い物に行ったりした場合は認められないのが通常です。

なお、労災の手続き等の窓口は労働基準監督署です。

046

例えば、

20歳代 × 1人暮らし の人なら……

ライフスタイルに合わせて読みたい項目を選んでもOK！

最後まで図表もたっぷり！

文章だけでピンとこなくても大丈夫！

A ひとり暮らし世帯

B パート

C 夫婦世帯

D 子育て世帯

E ひとり親世帯

雇用保険代表格 **失業手当**を解説！

●失業手当を受け取れる条件

条件1 ハローワークで求職の申込を行い、積極的に転職活動している

条件2 雇用保険の加入期間が過去２年間で通算12ヵ月以上ある（会社都合退職等の場合は、過去１年間で通算６ヵ月以上）

図❶ 失業手当の金額の計算手順

離職前６ヵ月間に支払われた給与*の合計額 ÷ 180日（賃金日額） × 50～80%

*通勤手当なども含まれるが、賞与（ボーナス）は含まれない

図❷ 基本手当日額の上限額

（2023年8月1日以降）

離職時の年齢	基本手当日額の上限額
29歳以下	6,945円
30～44歳	7,715円
45～59歳	8,490円
60～64歳	7,294円

図❸ 失業手当の給付日数早見表

自己都合の場合

離職時の年齢	雇用保険の加入期間 10年未満	10年以上20年未満	20年以上
65歳未満	90日	120日	150日

会社都合の場合

離職時の年齢	雇用保険の加入期間 1年未満	1年以上5年未満	5年以上10年未満	10年以上20年未満	20年以上
30歳未満	90日	90日	120日	180日	―
30歳以上35歳未満	90日	120日	180日	210日	240日
35歳以上45歳未満	90日	150日	180日	240日	270日
45歳以上60歳未満	90日	180日	240日	270日	330日
60歳以上65歳未満	90日	150日	180日	210日	240日

図❹ 失業手当をもらうまでのスケジュール

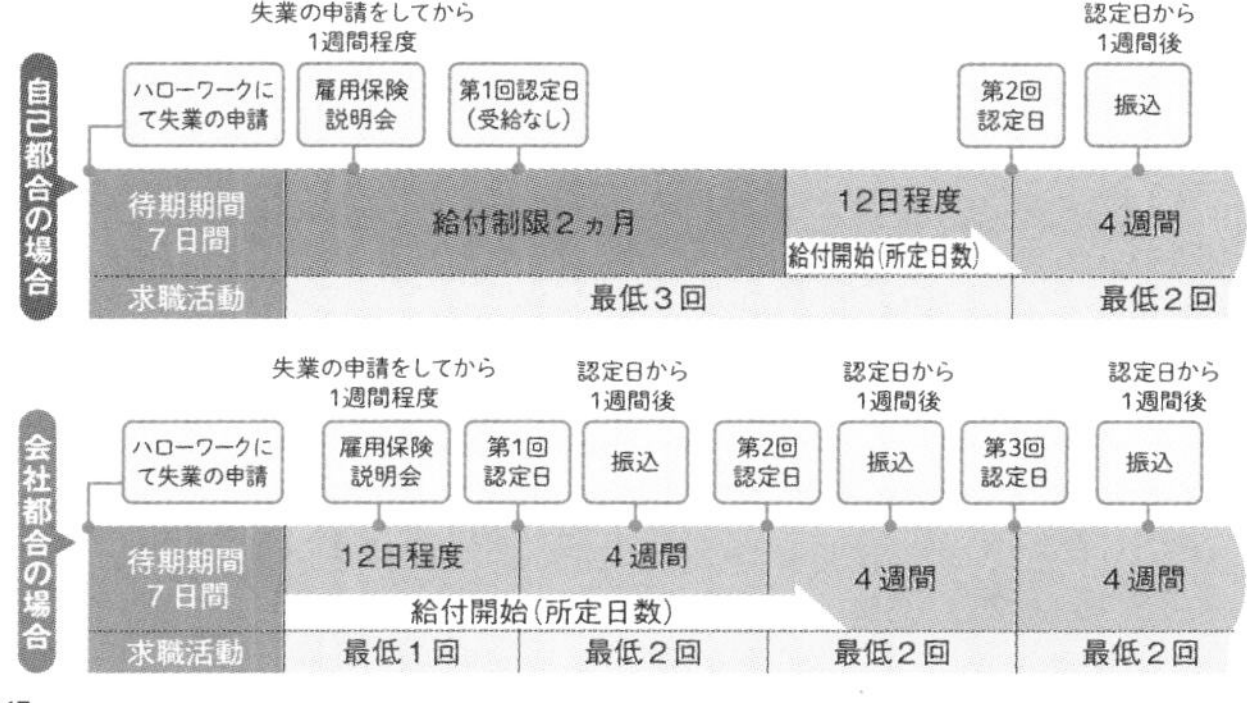

047

もくじ

第1章 昔の常識は今の非常識!? 令和時代のライフプランとは？ 021

第2章 20歳代にかかわるお金の知識 これを知っておくだけでも将来大きな違いに！ 031

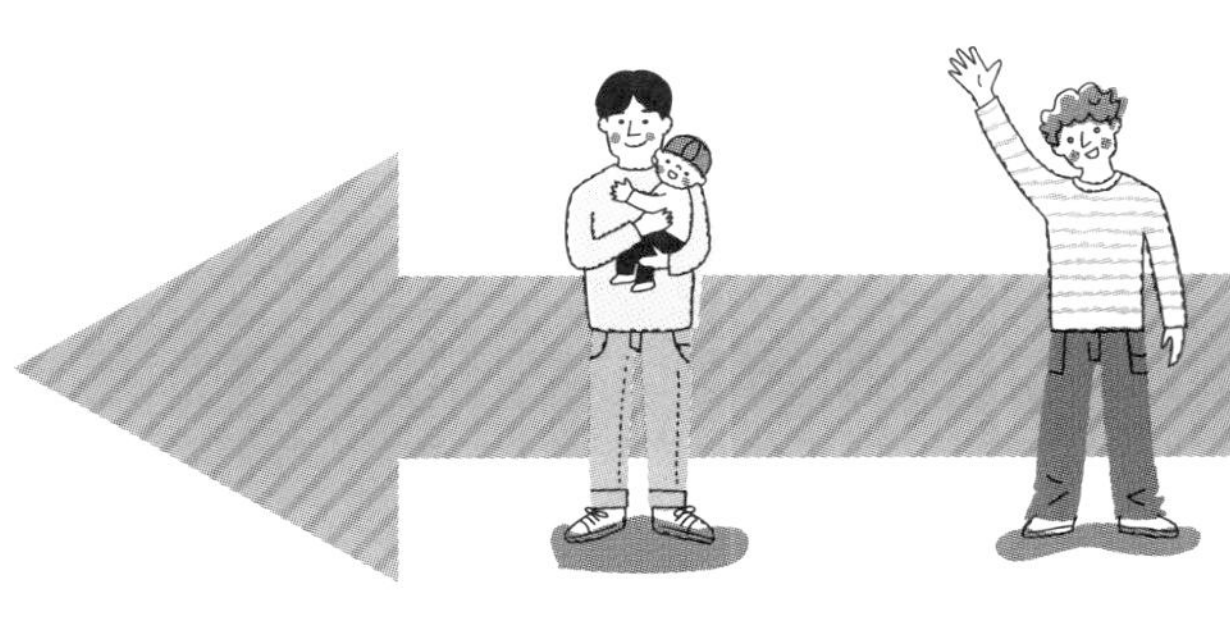

第3章 30歳代にかかわるお金の知識

第4章

40歳代にかかわるお金の知識

近づく人生の折り返し地点！ お金を真剣に考えるべき時期

第5章 50歳代にかかわるお金の知識

ハッピーリタイアメントに向けた準備のラストスパート！

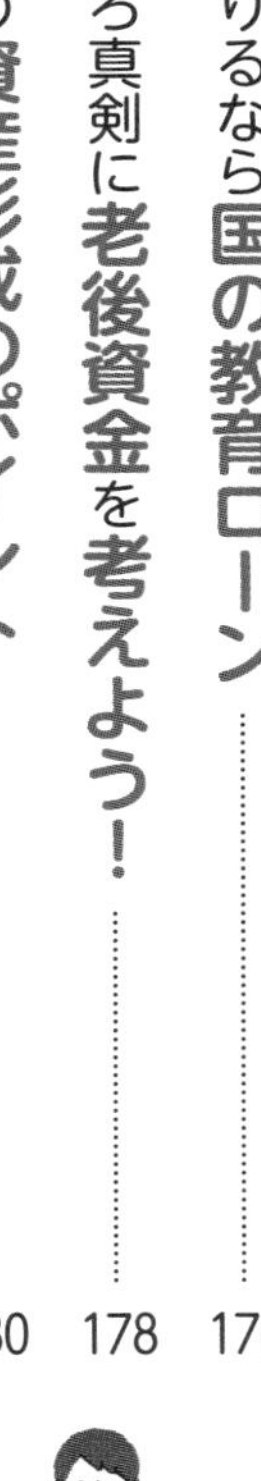

第6章

60歳代にかかわるお金の知識

ハッピーリタイアメントに欠かせないのは安心の仕組み作り！

第7章 そろそろ相続のことも考えつつ老後生活を満喫しよう！

70歳代にかかわるお金の知識

231

第8章

80歳代以上にかかわるお金の知識

家族や友人に想いを遺し「終活」を完了させよう！

第1章

昔の常識は今の非常識!?

令和時代のライフプランとは?

データで見るライフプランの多様化

戦後80年近くが経過し、時代は、昭和→平成→令和と流れて、私たちを取り巻く環境も大きく変化してきました。賢く生きていくための「お金の知識」も、時代とともに常識が変わってきたといえるでしょう。

まずは、私たちを取り巻く環境の変化について、さまざまな数字とともにみていきたいと思います。

年齢 女性の半数が90歳を超える時代に

現在の日本人の平均寿命は、男性が81・05歳、女性が87・09歳となっています（令和4年簡易生命表より）。

戦後間もない1947年当時は、男性が50・06歳、女性が53・96歳でしたから、80年近くの間に、男女ともに30歳以上も寿命が延びた計算になります（図❶）。

そして、いまや「人生100年時代」が到来。寿命中位数（出生者の生存者数と死亡者数が同数になる年齢）の数値をみると、男性が83・93歳、女性が89・96歳となっています（図❷）。

つまり、男性の半数は83歳過ぎ、女性の半数は89歳過ぎまで生きる時代になったわけです。

そして、100歳を超えて生きる人もどんどん増えています。老人福祉法ができた1963年当時、100歳以上の人口は全国で153人でした。それが、2022年には9万人を超え（うち女性が約8万人）、このままいくと30年後には、なんと60万人を超えるという予測もあるほどです。

寿命の延びで希望と不安の両方が増加？

もちろん、寿命が延びるというのはよいことです。アメリカでは昔から「ハッピー・リタイアメント（幸せな退職後）」という言葉が使われていたようですが、リタイア後

図❶ 平均寿命の推移

	男(歳)	女(歳)	男女差(年)
1947	50.06	53.96	3.90
1950-1952	59.57	62.97	3.40
1955	63.60	67.75	4.15
1960	65.32	70.19	4.87
1965	67.74	72.92	5.18
1970	69.31	74.66	5.35
1975	71.73	76.89	5.16
1980	73.35	78.76	5.41
1985	74.78	80.48	5.70
1990	75.92	81.90	5.98
1995	76.38	82.85	6.47
2000	77.72	84.60	6.88
2005	78.56	85.52	6.96
2010	79.55	86.30	6.75
2015	80.75	86.99	6.24
2020	81.56	87.71	6.15
2021	81.47	87.57	6.10
2022	81.05	87.09	6.03

※1　2020年以前は完全生命表による
※2　1970年以前は、沖縄県を除く値
(出所)厚生労働省「令和4年簡易生命表の概況」より作成

図❷ 寿命中位数と平均寿命の年次推移

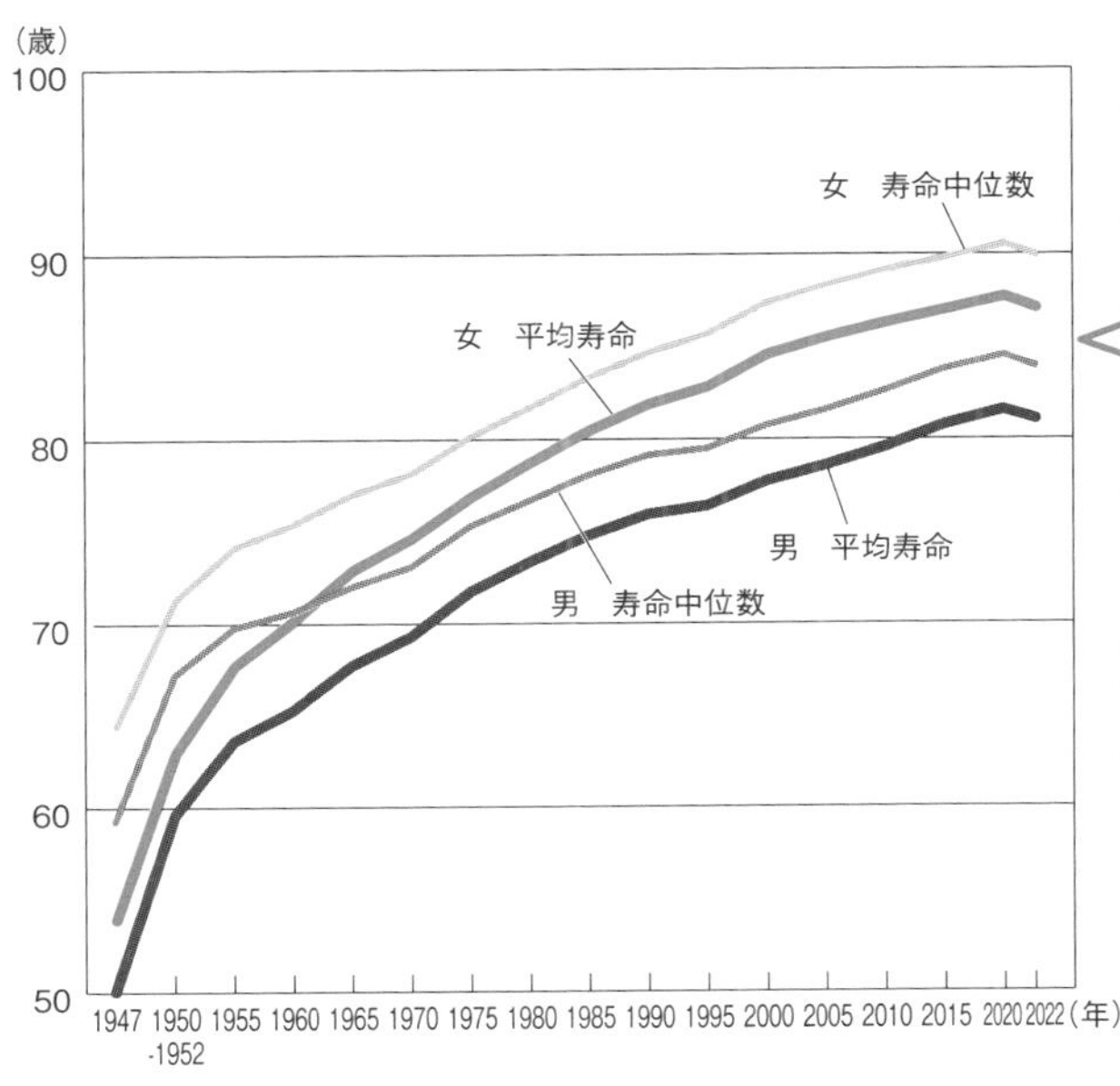

寿命中位数
出生者の生存者数と死亡者数が同数になる年齢のこと

平均寿命
0歳児の「平均余命」のことで、「平均余命」とは、その年齢の人が平均して何年生きるかという年数のこと

※1　2020年以前は完全生命表による
※2　1970年以前は、沖縄県を除く値
(出所)厚生労働省「令和4年簡易生命表の概況」より作成

の人生が長くなるということは、それだけハッピーなことがたくさん待っているということ。そう考えると、希望に胸を膨らませることもできるでしょうから大歓迎ですよね。

しかし一方で、長い老後生活を生きるための「お金」の面や、健康面など、さまざまな不安が大きくなってしまう人も多いことでしょう。

そういう意味でも、この本で取り上げている「お金の知識」を知ることで、将来の不安を少しずつでも減らしていくことができるはずです。

出生数

出生数はこの50年で3分の1に?

日本の将来のことを考えると、寿命の延び（高齢化）よりもはるかに深刻だと思われるのが「少子化」です。

図❸の出生数の推移をみると、団塊の世代と呼ばれた１９４７～１９４９年生まれは、毎年２６０万人超の出生数を記録していました。これが第１次ベビーブームです。

そして、その団塊世代の子ども（団塊ジュニア）たちが生まれた１９７１～１９７４年あたりが第２次ベビーブームで、年間２００万人前後の出生数を記録しました。

それから約50年後の２０２０年の出生数は約84万人。さらに最新のデータをみると、２０２２年には、統計開始以来初めて80万人を下回ったようです。約50年の間に出生数が３分の１近くまで減ってしまったことがわかります。

期待高まる異次元の少子化対策

少子化の原因はさまざまでしょうが、未婚化や晩婚化の進展が原因の１つともいわれています。

岸田内閣も、「これからの６～７年が、少子化傾向を反転できるかどうかのラストチャンス」「少子化対策は待ったなしの瀬戸際」として、「次元の異なる少子化対策」を打ち出そうとしています。今後の新たな対策に注目していきたいところです。

図❸ 出生数および合計特殊出生率の推移

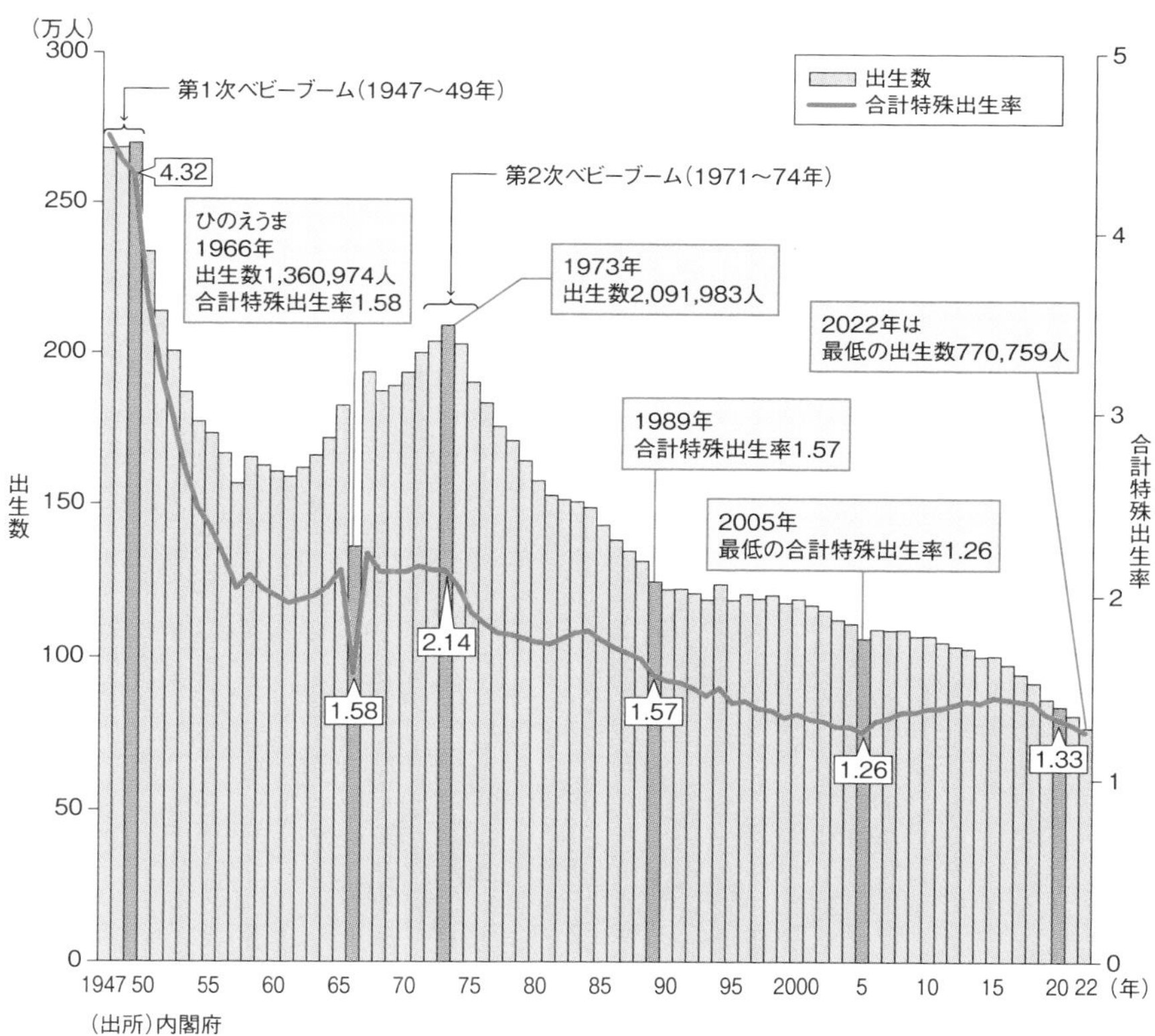

(万人)
300
250
200
150
100
50
0
出生数
出生数
合計特殊出生率
第1次ベビーブーム(1947〜49年)
4.32
ひのえうま
1966年
出生数1,360,974人
合計特殊出生率1.58
第2次ベビーブーム(1971〜74年)
1973年
出生数2,091,983人
2022年は
最低の出生数770,759人
1989年
合計特殊出生率1.57
2005年
最低の合計特殊出生率1.26
2.14
1.58
1.57
1.26
1.33
5
4
3
2
1
0
合計特殊出生率
1947 50 55 60 65 70 75 80 85 90 95 2000 5 10 15 20 22 (年)

(出所)内閣府

人口

✓変化していく人口ピラミッド

止まらない高齢化と少子化の影響で、日本の人口ピラミッドの形もかなり変わってきました。

図❹の1985年の人口ピラミッドをみると、団塊世代が現役としてバリバリ働き、団塊ジュニアも小中学生で、大量生産、大量消費。数年後の平成バブルにつながる好景気を謳歌した時期だったのではないかと思います。

そして、図❺の2025年の予想では、団塊世代がみな75歳以上の後期高齢者となり、団塊ジュニアも50歳以上になります。長い間続いた少子化の影響で、年齢が下がるにつれて人口が減っていくことがわかります。

さらに、図❻の2065年の予想では、年齢別の人口が最も多い年齢でも60万人を少し超えるくらいで、人口ピラミッドの横幅が縮まってきていることがわかります。

異次元的少子化対策が功を奏して、この予想とは異なる状態になってほしいものですが、現在のままだと、このような予想が現実になる可能性が高いということは知っておいてよいでしょう。

図❹ 1985年の人口ピラミッド

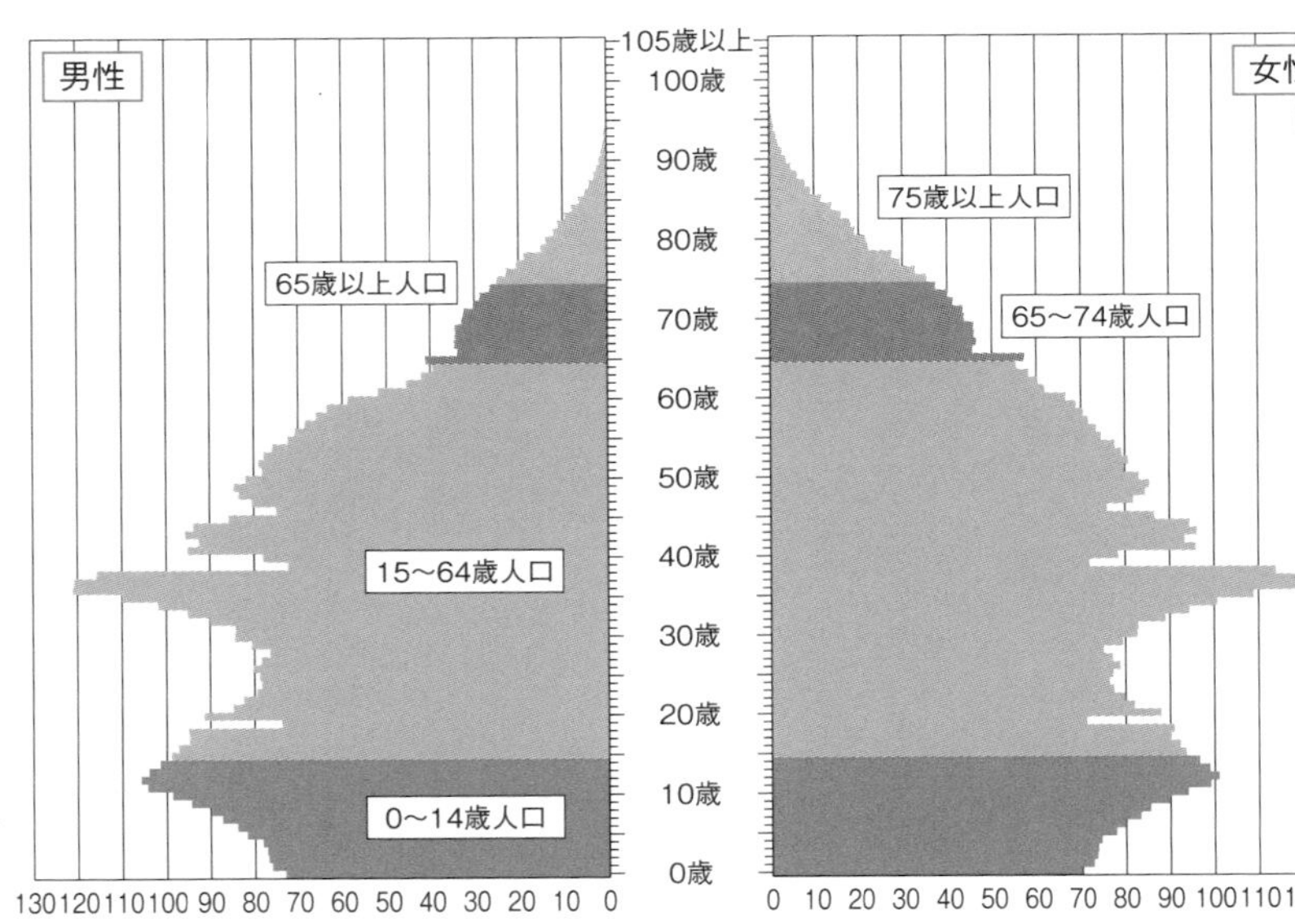

(出所)国立社会保障・人口問題研究所

図❺ 2025年の人口ピラミッド

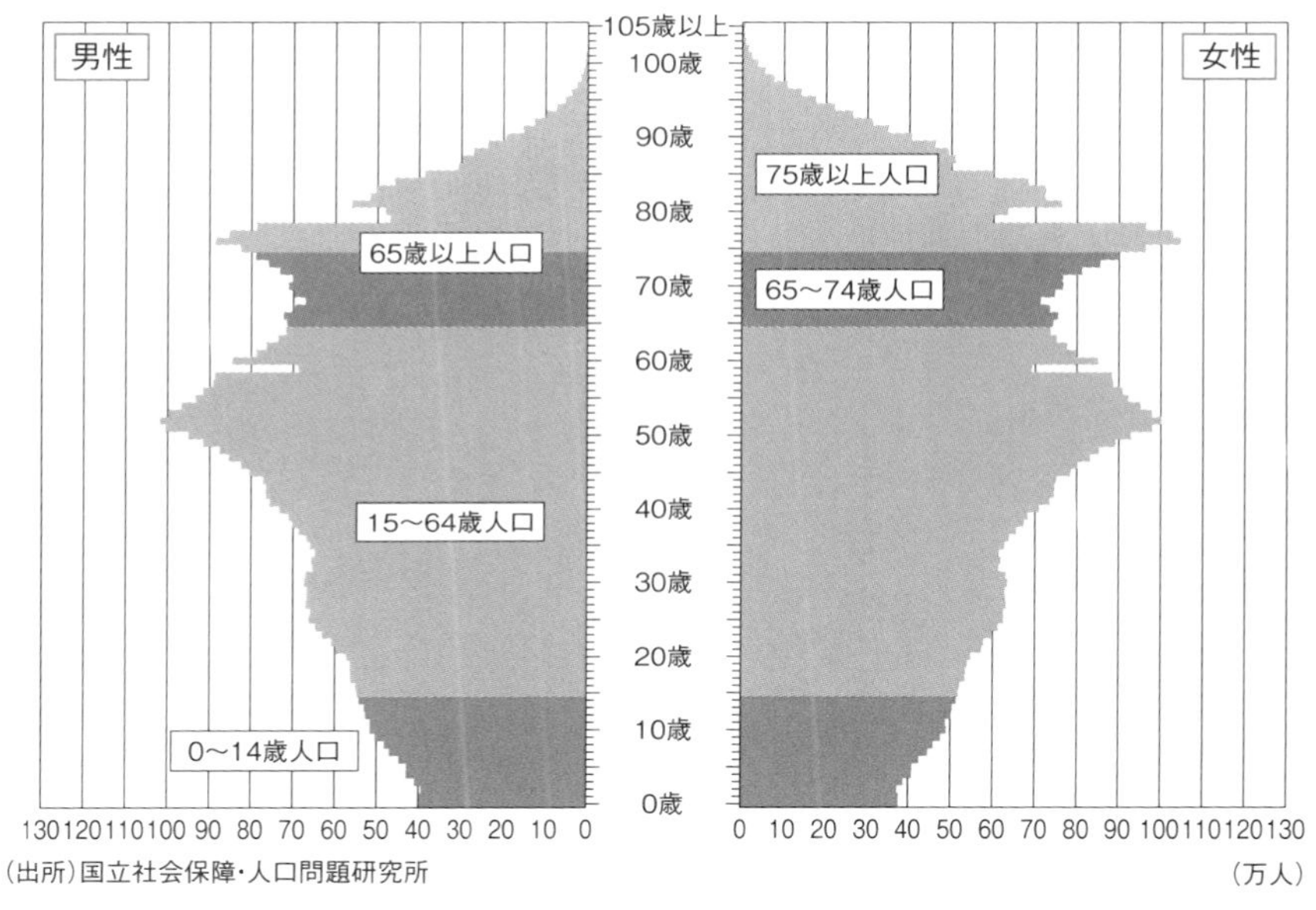

(出所)国立社会保障・人口問題研究所

図❻ 2065年の人口ピラミッド

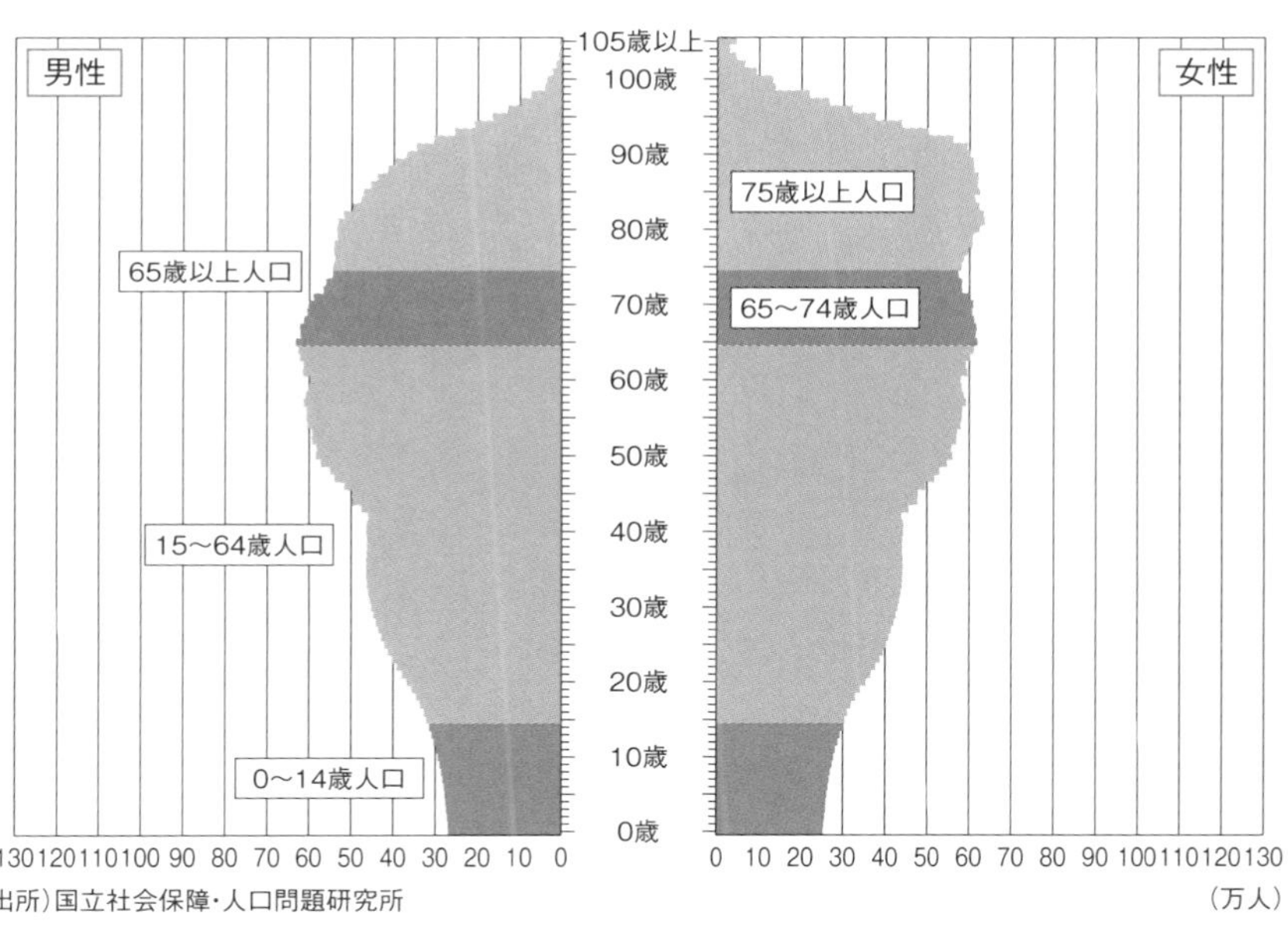

(出所)国立社会保障・人口問題研究所

世帯数

減少する「夫婦＋子世帯」

このような人口ピラミッドの変化は、日本の世帯構成の変化にも影響を及ぼしています。

図❼の円グラフをみるとわかりますが、２０２２年現在、日本国内で最も多い世帯は、なんと「単独世帯」です。全体の約3割を占めています。「単独世帯」は、１９８６年から２００１年、２０２２年と、着実に増加してきていることがわかります。

逆に、１９８６年当時と比べて、「夫婦＋子世帯」（子は未婚）や「3世代世帯」が、着実に減少してきていることがわかります。

TVアニメにも世相が反映されている？

その昔、サザエさんの連載が始まった１９４０年代後半は、磯野家のような「3世代世帯」が一般的でした。

磯野波平さんの年齢は、なんと54歳！（実は今年、私と同い年（苦笑））。

当時の男性の平均寿命はまだ50代。定年退職も55歳が主流。波平さんは、まさに定年間近で、リタイア後の人生も、当時は10年前後が一般的だったのでしょう。

１９４０年代は、「人生60年時代」だったわけです。

そして、サザエさんから40年ほど経った１９９０年、クレヨンしんちゃんの連載が始まります。

１９９０年当時は、野原家のような「夫婦＋子世帯」が一般的になっていたのです。

ライフプランも多様化の時代へ

さらに２０００年代に入ると、少子化、共働き世帯の増加、生涯未婚率の上昇、高齢者の一人暮らし世帯の増加などが進みました。

その結果、一般的な世帯とはどのような世帯なのかを特定できない、現在のような多様化した世帯構成ができあがったのではないかと思われます。

まさに多様化の時代。それが令和時代なのでしょう。

だからこそ、人それぞれのライフプランも昔以上に多様化していて、生きていくうえで必要になる「お金の知識」も、人それぞれのライフスタイルによって必要なものと不要なものに分けられます。

重要なのは、自分や自分の家族にとって必要な知識をきちんと吸収しておくことでしょう。

本書第2章以降では、年代ごと、ライフスタイルの区分ごとに知っておくべきことがわかるようになっていますので、まずは、自分に関係のあるところから必要な知識を確認していくようにしましょう。

そして、将来的にライフスタイルが変化する可能性がある人は、その周辺の知識も確認しておくことをおすすめします。

図❼ 日本の世帯構成の推移

1986年

単独世帯 18.2%
夫婦世帯 14.4%
夫婦＋子世帯 41.4%
ひとり親＋子世帯 5.1%
３世代世帯 15.3%
その他5.7%

2001年

単独世帯 24.1%
夫婦世帯 20.6%
夫婦＋子世帯 32.6%
ひとり親＋子世帯 5.7%
３世代世帯 10.6%
その他6.4%

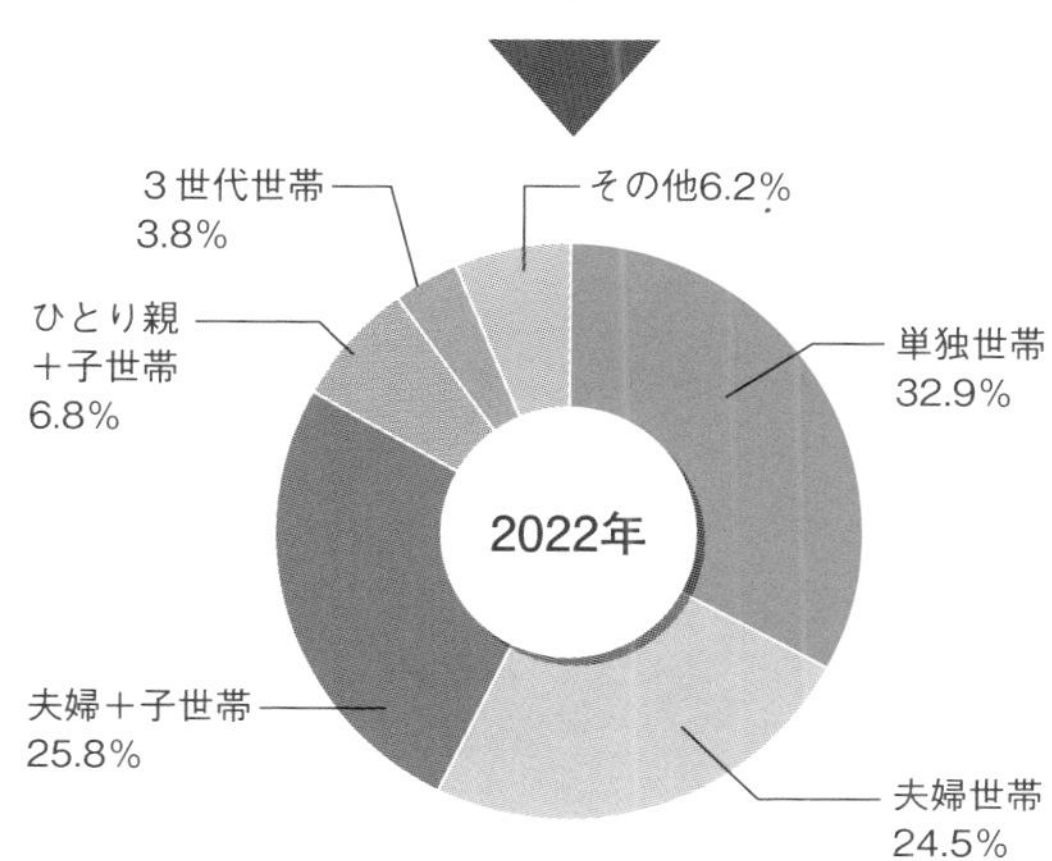

※子は未婚

（出所）厚生労働省「国民生活基礎調査」2022年より作成

ちょこっと
ブレイク
～その１～

「あいさつ」の仕方で人生が変わる！

あなたは、「あいさつ（挨拶）」１つで人生が大きく変わる可能性があることをご存じでしたか？　これまで、あまりあいさつについて深く考えたことがなかった人は、これを機会に、本気であいさつすることを意識してみてください。人からの信頼度が爆上がりするはずですよ。

そもそもあいさつとは、①相手を承認する手段、②相手に自分の存在を印象づける手段、③自分のペースに巻き込む手段といえます。

つまり、あいさつがうまくなると、人とのコミュニケーションも上手になり、人から信頼され、仕事も家庭もうまくいく可能性が高まるのです。

私の周りにも、優秀な経営者やスーパー営業マンと呼ばれる人が何人かいますが、彼らの共通点はあいさつが超元気ということ。彼らは、あいさつの効果を知っているからこそ、それを実践しているのかもしれませんね。

さらに、「あいさつ＋笑顔」で信頼度がアップします。誰に対しても、「笑顔で元気よくあいさつ」を実践してみましょう。その際には必ず「相手の名前」をつけて、「少し大きめな声」で言うのもコツです。

「○○さん！　おはようございます！！」
「○○さん！　こんにちは！！」

名前を呼ばれた人は、自分にあいさつしてくれたと認識し、「あの人はいつも元気にあいさつしてくれる＝よい人」だと勘違いしてくれます（笑）。あいさつは、無料で信用を貯められる最強のコミュニケーション・ツールなのです。

第2章

20歳代にかかわるお金の知識

これを知っておくだけでも将来大きな違いに！

1 超基本！給与明細まるわかりチェック！

給与明細書の見方がわかると社会がわかる？

社会人になって最初の給料日、給与明細書の入った封筒を上司から手渡しでもらったこと、覚えていますよね？それとも、いまはデータでの受け渡しが多いでしょうか。

ちなみに、その給与明細、きちんと見ていますか？手取りの給与がいくらかを確認するだけではなく、社会保険料や税金をどのくらい負担しているのかも確認してみましょう（図❶）。

社会保険料や税金の負担がわかると、日本の社会保険制度や税制、さらに、国の財政についても興味がわいてくるはずです。

社会保険料と税金の内訳を知ろう

会社員の社会保険料として、厚生年金保険料、健康保険料、雇用保険料の3つが必ず給与から天引きされ（控除され）ます。さらに、40歳以上になると、介護保険料も天引きされます。

通常、社会保険料の負担は「労使折半」といって、自分（労働者）と会社（使用者）が半分ずつ負担しますが、雇用保険料は会社負担のほうが重く、給与明細に載っていない労働者災害補償保険（以下、労災）の保険料は全額会社負担となっています（図❷、第2章8）。

そして、税金の負担は、所得税と住民税に分かれています。所得税は、その月の給与に対して概算の所得税が差し引かれ、年末調整（第2章19）で精算します。

一方、住民税は、前年の所得に対して確定した住民税が差し引かれます。したがって、前年に一定額以上の所得がなかった新社会人の場合、1年目の給与からは住民税が差し引かれません。

A ひとり暮らし世帯
B パートナー世帯
C 夫婦世帯
D 子育て世帯
E ひとり親世帯

図❶ 給与明細書の例

給与支給明細書
○○年●月

コード	1111
氏名	山田太郎

勤怠	出勤日数	欠勤日数	有給休暇	時間外労働
	20	0	2	9.0

支給	基本給	資格手当	家族手当	通勤費
	220,000	20,000	5,000	12,000
	休日手当	住宅手当	時間外手当	
	0	10,000	18,000	

総支給額
285,000

控除	厚生年金	健康保険	介護保険	雇用保険
	25,620	13,930	0	1,710
	所得税	住民税	＊1	
	6,210	11,000		

控除合計
58,470

差引支給額
226,530

家族手当や住宅手当の有無は会社によって異なる

いわゆる残業代。通常賃金の1.25倍で計算（目安）

新社会人の場合住民税は2年目からかかるのが一般的

40歳になると介護保険料の負担が始まる。自己負担0.8％（2024年度）＊2

＊1 そのほか、会社によっては食堂の使用料や組合費、互助会費などが差し引かれたり、財形貯蓄の積立額や団体加入の保険料、確定拠出年金の掛金額なども明細に載っていたりする
＊2 全国健康保険協会（協会けんぽ）

図❷ 社会保険料の負担割合の例

	会社負担	自己負担
厚生年金保険料	25,620円	25,620円
健康保険料	13,930円	13,930円
雇用保険料	2,708円	1,710円
労災保険料＊1	全額	なし

会社のほうが少し多く負担してくれている

〈自己負担の料率〉
2024年度
厚生年金保険料率 ……… 9.15％
健康保険料率 …………… ＊2 4.98％
雇用保険料率 ………………… 0.6％

＊1労災保険料は、前年度1年間の全従業員の賃金総額に、事業ごとに定められた保険料率を乗じて算出される
＊2全国健康保険協会（協会けんぽ）平均

ボーナス（賞与）の明細もきちんと確認しよう！

ボーナスからも月給と同様に社会保険料や税金が天引きされます。ただし、税金は所得税だけで住民税はかかりません。

給与明細は捨てないほうがよい？

給与明細は、給与未払いの請求やローンの審査、年金記録の確認などに使える場合があります。データで保存できるのであれば、長期保存しておくとよいでしょう。

2 公的年金の保障は老後の年金だけではない!

保険料負担が大きい分、保障は充実

多くの会社員や公務員の場合、**毎月の給与から天引きされる社会保険料や税金の中で、最も負担が大きいのが厚生年金保険料**です。

でも、保険料負担が大きい分だけ、手厚い保障が受けられるって知っていましたか?

ここでは、公的保険制度の一つである公的年金の基本を押さえておきましょう。

国民年金の被保険者の3区分

国民年金は、20歳以上60歳未満のすべての国民に加入が義務づけられています。20歳になったら、学生でも国民年金に加入しなければなりません(申請すれば、学生納付特例という保険料の猶予を受けることができる)。

国民年金の被保険者には次の3区分があります(図❶)。

図❶ 日本の公的年金の体系

*数値は2022年3月末現在

厚生年金　もらえる年金は**収入に比例**

国民年金(基礎年金)　もらえる年金は**定額**

第1号被保険者	第2号被保険者		第3号被保険者
自営業者など	会社員等	公務員等	第2号被保険者の被扶養配偶者
1,431万人	4,535万人		763万人

合計 6,729万人

	第1号被保険者	第2被保険者	第3号被保険者
対象者	自営業者、フリーランス、学生など	会社員・公務員	会社員・公務員の被扶養配偶者(年収130万円*未満)
年齢要件	20歳以上60歳未満	年齢要件なし	20歳以上60歳未満
保険料	月額16,980円(2024年度)	厚生年金保険料の中から支払う	なし

*従業員100人超(2024年10月～50人超)の企業に週20時間以上勤務する場合は106万円

第1号被保険者

自営業者やフリーランス、学生など。毎月1万6980円（2024年度価額）の国民年金保険料を支払う必要があります。

第2号被保険者

会社員や公務員などで、国民年金の上乗せとなる厚生年金にも加入します。保険料は、厚生年金保険料としてまとめて支払います。その金額の目安は、標準報酬月額（交通費なども含む平均月給）の18.3％で、労使折半となります（自己負担は9.15％）。

第3号被保険者

会社員や公務員の配偶者など（年収106万円または130万円未満）で、保険料負担はありません。

✔今と将来の「まさか！」にも備えられる

公的年金の保障は、老後の年金だけではありません。一定の障害状態になってしまった場合に給付が受けられる「障害年金」（第3章39）や、万が一亡くなってしまった場合の遺族に給付が行われる「遺族年金」（第3章37）といった保障もついています。

さらに、長生きしたときには一生涯にわたって老齢年金を受け取ることができます。公的年金は、かなり手厚い保障のついた保険といえるのです（図❷）。

図❷「まさか」に備えるための「公的年金」

公的年金

約10年で元がとれる
一生涯の保険
（終身年金）

国民年金保険料は国が半分負担
厚生年金保険料は企業が半分負担
保険料は半額でOK

障害の保障（障害年金）
死亡の保障（遺族年金）
手厚い保障機能

100年先まで想定された
安全な制度

［公的年金の給付は3種類］

今のまさかに備える	将来のまさかに備える	老後の不安に備える
障害年金	遺族年金	老齢年金

国民年金
給付は３種類
老齢基礎年金
遺族基礎年金
障害基礎年金

厚生年金
給付は３種類
老齢厚生年金
遺族厚生年金
障害厚生年金

3 将来、年金はもらえなくなるの？

積立方式と賦課方式の違い

みなさんは、「日本の年金制度は破綻する可能性が大きい！」「将来、年金額は大幅に減らされる！」などといった報道を見て、心配になっていませんか？ 重要なのは、正しく知って、正しく備えることです。ここでは日本の年金制度について正しくみていきましょう。

日本の年金制度は、積立方式ではなく、賦課方式になっています（図❶）。

積立方式

将来のためにお金を積み立てて、それを受け取る仕組みです。

でも、これだと40年50年といった長い年月の間にモノの値段が上がって、お金の価値が下がったときに対応しにくいというデメリットがあります。

賦課方式

現役世代が支払った保険料を高齢世代に年金として支払う仕組みです。

そのときどきの物価や給与の水準に応じた保険料と年金額になるので、長い年月のお金の価値の変化にも対応できるというメリットがあります。

しかし、賦課方式でも、現役世代が減り、高齢世代が増える少子高齢化の影響は避けられません。

そのため、厚生労働省は5年ごとに財政検証を行って、今後約100年間の年金財政の予測をして、結果を公表しています。

2019年の財政検証の結果を見る限り、年金制度の破綻や年金額の大幅減は、今のところそれほど心配する必要はなさそうです。とはいえ、20年後も30年後も安泰かどうかはわからないので、5年ごとの財政検証の結果は注目していきましょう。

図❶ お金の価値の変化に対応している賦課方式

積立方式の場合

年金１万円で生活できる

自分の分は自分で積立て

あれ？がんばって貯めたのに！

年金１万円では生活できない

1965年	→	2010年	→	2055年
大卒の初任給２万円時代	お金の価値が変わる（45年後）	大学の初任給20万円時代	お金の価値が変わる（45年後）	大学の初任給？？円時代

賦課方式の場合

現役世代が高齢者を支える

みなさんありがとう！

年金１万円で生活できるからどうぞ！

年金20万円で生活できるからどうぞ！

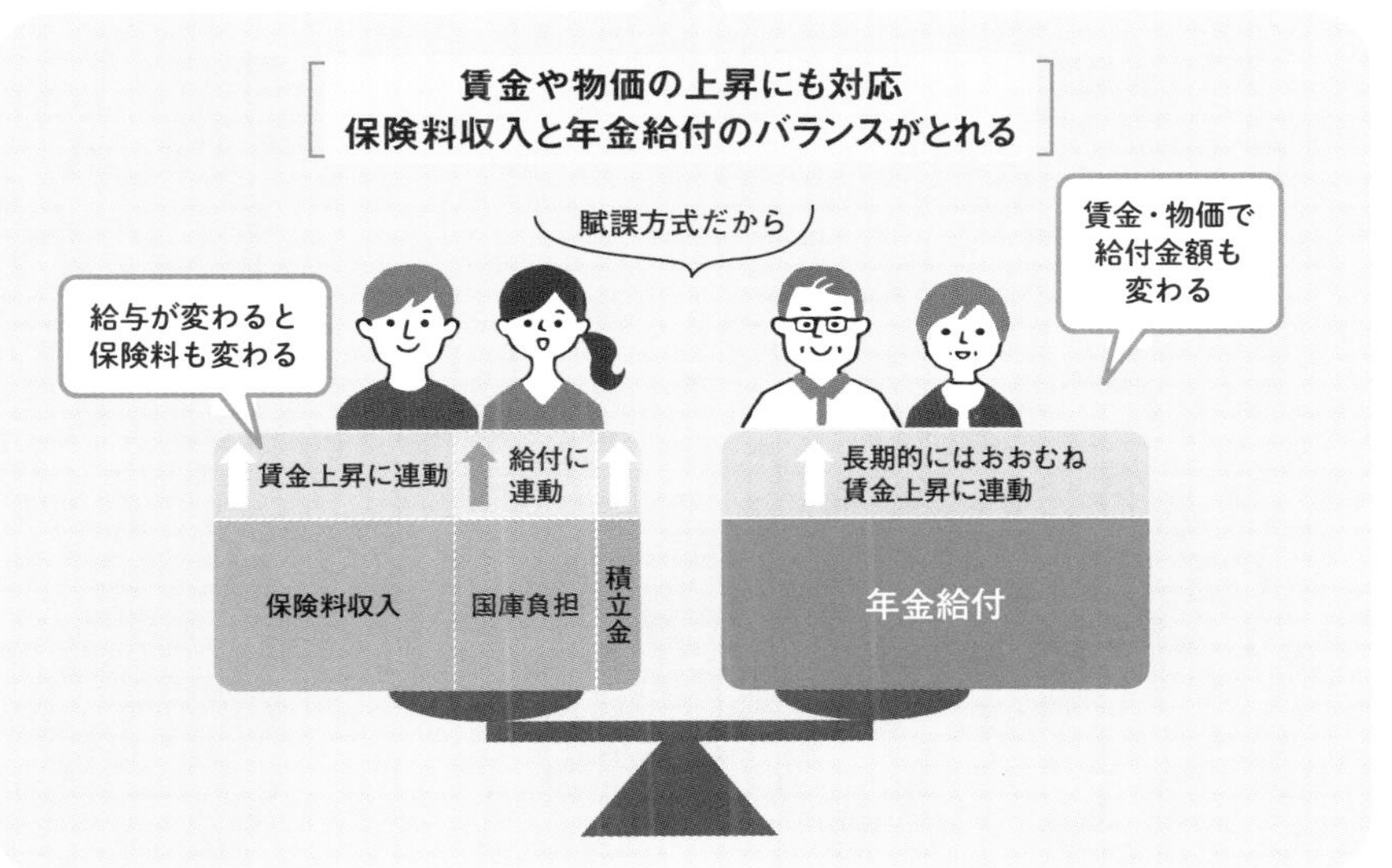

4 年金は何年で元が取れるの？

年金は約10年で元が取れる

若い世代ほど、「公的年金は損だ」「年金の保険料を支払うのはもったいない」と思っている人が多いのではないでしょうか。

実は、2024年現在の保険料と年金額で計算すると（40年間きちんと保険料を支払った場合）、**国民年金のみの加入者は10年程度、厚生年金加入者は9年弱で、支払った保険料と同等の額を受け取ることができる、つまり元が取れる計算になる**のです（図❶）。

さらに、例えば夫が会社員や公務員で妻が専業主婦だった場合、なんと6年ほどで元を取ることができる計算になります。

年金は保障の手厚い保険

そのうえ、年金は一生涯受け取れますし、遺族や障害の保障もついています（第2章2）。

さらに、公的年金の保険料は国や企業が半分負担してくれます。

公的年金は、まさに手厚い保障のついた保険だといえるでしょう。

年金減でも損しない可能性大

とはいえ、今後さらに少子高齢化が進めば、マクロ経済スライドと呼ばれる年金額調整の仕組みによって、実質的に年金額は減ります。

仮に、年1％ずつ年金額が減っていくものとして同様の計算をしてみると、減らない場合と比べて、同等額を受け取るまでの年数が1年ほど延びる程度であることがわかりました。

多くの人にとって、公的年金は決して損というわけではなさそうです。

図❶ 年金って、どのくらいで元が取れるの？
（保険料、年金額いずれも2024年度価額）

国民年金のみの加入者（自営業者）などの場合

2024年現在 10年で 元が取れる

少子高齢化が進んで

マクロスライドによって年1％ずつ年金額が減ったとしても

11年で 元が取れる

支払 ・国民年金保険料16,980円×12ヵ月×40年＝8,150,400円

受取 ・老齢基礎年金816,000円（2024年度価額、年額）

8,150,400円÷816,000円≒9.99年

＊筆者計算

厚生年金加入者（会社員・公務員）の場合

2024年現在 9年で 元が取れる

少子高齢化が進んで

マクロスライドによって年1％ずつ年金額が減ったとしても

10年で 元が取れる

支払 ・厚生年金保険料31,110円×12ヵ月×40年＝14,932,800円
（標準報酬額35万円、年収約420万円の場合）

受取 ・老齢厚生年金35万円×5,481÷1,000×480月＝920,808円
・老齢基礎年金816,000円

合計 1,736,808円（配偶者加給年金等は含まず）

14,932,800円÷1,736,808円≒8.60年

＊筆者計算

5 公的年金の上乗せとなる私的年金って何？

私的年金にはさまざまな制度がある

公的年金（国民年金・厚生年金）以外の年金制度は「私的年金」と総称されます。図❶のように、公的年金の上に乗っているのが、すべて私的年金です。

私的年金には、さまざまな制度があり、**自営業者や専業主婦・主夫などが自分で積み立てるタイプ、会社員や公務員が勤務先で自動的に加入するタイプ**などがあります。いずれも、老後に公的年金に上乗せして受け取る仕組みです。

会社員や公務員の私的年金

会社員が厚生年金の上乗せとして加入している制度は、私的年金の中でも特に、「企業年金」と呼ばれます。

会社によって制度の有無や内容が異なりますが、企業年金には、厚生年金基金や確定給付企業年金、企業型確定拠出年金（企業型ＤＣ）などが該当します（第３章31）。

企業年金制度のある会社に勤めている人は、基本的には自動的に加入しますが、企業型ＤＣでは任意加入としているところもあります。

なお、公務員の場合は、退職等年金給付という上乗せの制度があります。

自営業者や専業主婦・主夫の私的年金

自営業者の国民年金の上乗せには、国民年金基金や個人型確定拠出年金（個人型ＤＣ、愛称ｉＤｅＣｏ（イデコ））がありま す(第３章32)。どちらも掛金が全額所得控除になるメリットがありますが、長期運用できるならｉＤｅＣｏのほうがメリットは大きいかもしれません。

専業主婦・主夫など、会社員や公務員の配偶者についてはｉＤｅＣｏのみ利用できます。

なお、給与天引きで利用できる財形年金貯蓄や、生命保険会社の個人年金保険なども私的年金の一種です。

図❶ 日本の年金制度の体系

※数値は2022年3月末現在
※20〜65歳未満人口は6,869万人（2022年10月）

私的年金
- 国民年金基金 34万人
- iDeCo239万人
- 企業型DC 782万人
- 確定給付企業年金 930万人
- 厚生年金基金 12万人
- 退職等年金給付 471万人

公的年金
- 厚生年金 ＜ もらえる年金は**収入に比例**
- 国民年金 ＜ もらえる年金は**定額**

第1号被保険者	第2号被保険者*		第3号被保険者
自営業者など	会社員等	公務員等	第２号被保険者の被扶養配偶者
1,431万人	4,535万人		763万人
6,729万人			

＊第2号被保険者等とは厚生年金保険者のことをいう
（第2号被保険者の他、65歳以上で老齢または退職支給事由とする年金給付の受給権を有する者）
（出所）厚生労働省Webサイトより作成

対象	制度	内容	加入
 会社員	厚生年金基金	企業単位または業界単位で設立されて、国の厚生年金の一部も代行して給付、さらにプラスアルファの給付が行われる。近年、国に代行部分を返上し、解散する基金が増えている	会社で加入
	確定給付企業年金	会社が安定的に運用し、一定期間以上働いた人が退職したときに年金として毎年支給される。一時金としてまとめて受け取ることもできるのが一般的。基金型と規約型という2つの仕組みがある	会社で加入
	企業型DC	会社（事業主）が掛金を積み立て、そのお金を従業員（加入者）が運用し、60歳以降に年金または一時金として受け取ることができる。実質的な掛金の負担者が従業員の場合もある（第3章31）	会社で加入または自分で加入
	iDeCo	利用者本人が掛金を積み立て、それを運用し、60歳以降に年金または一時金として受け取る。税制優遇は企業型DCと同様で、拠出時、運用時、受取時に税制優遇がある（第3章32）	自分で加入
 自営業者など	国民年金基金	自営業者などの国民年金のみの加入者が利用できる上乗せの制度。掛金の全額が所得控除となる。予定利率は2022年現在1.5%。安定的な運用が行われている	自分で加入
 公務員	退職等年金給付	公務員が厚生年金の上乗せとして受けられる年金給付（2015年9月末までは「職域加算」と呼ばれた）。遺族や障害の給付もある	勤務先で加入

6 健康保険は医療費7割引きの会員カード

治療費を安くしてくれる公的保険

病気になったり、ケガをしたりすると、それだけでも悲しい気持ちになるかもしれません。そのうえ、病院に支払う治療費が高かったら……。もう、踏んだり蹴ったりですよね。

そんなときに治療費の自己負担を少なくしてくれるのが、公的医療保険である健康保険です。**健康保険が使える治療や投薬なら、基本的にかかった費用の3割の自己負担で済むようになっています**（図❶）。

ちなみに、小学校入学前の子どもは自己負担が2割になるのが原則ですが、多くの自治体で子どもの医療費助成制度が用意されています。そのため、中学卒業まで無料または少額の負担で済むようになっている自治体が多くなっています。

会社員・公務員の健康保険は保障が手厚い

健康保険には3つの種類があります（図❷）。

1つ目は自営業の方などが加入する国民健康保険、2つ目は会社員や公務員の方が加入する健康保険です。そして、3つ目は75歳以上のすべての方が加入する後期高齢者医療制度です。

国民健康保険と会社員・公務員の健康保険は、基本的な保障内容に大きな違いはありませんが、国民健康保険よりも会社員や公務員の健康保険のほうが、保障は手厚いといえるでしょう（図❸）。「傷病手当金」や「出産手当金」もあり、

なお、大企業などの組合健保では、独自の保障（給付）を用意していて、さらに保障を手厚くしているところもあります。

図❶ 健康保険で受けられる療養給付

年齢	所得層	負担する金額の割合（2022年10月～）
0歳から小学校入学前まで		2割
小学校入学後から70歳未満		3割
70歳以上75歳未満	現役並み所得者	3割
	一般所得者	2割

※75歳以上は原則1割負担（現役並み所得者は3割、それ以外の一定以上所得者は2割）

図❷ 健康保険の種類

国民健康保険

自営業者など

加入者　加入者　加入者

種類
- 市町村国保（自営業者やその家族など）
- 組合国保（特定業種の自営業者など）

健康保険

会社員や公務員

加入者　扶養　扶養

種類
- 協会けんぽ（中小企業中心）
- 組合健保（大企業中心）
- 共済組合（公務員）

後期高齢者医療制度

75歳以上

加入者　加入者

特徴

75歳以上のすべての人が加入

図❸ 8つの給付の種類

保障内容をチェック！

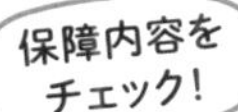
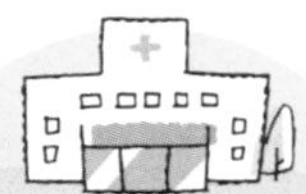
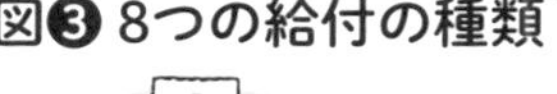

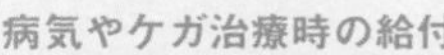
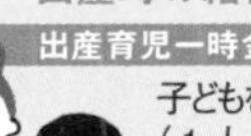

病気やケガ治療時の給付

療養の給付

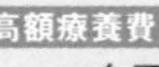

病気やケガの時に必要な医療を受けられる

高額療養費

自己負担が高額になったとき（第2章7）

傷病手当金

病気やケガで会社を休んで給料がもらえないとき（日給の2／3・最長1年6ヵ月支給）

出産時の給付

出産育児一時金

子どもを産んだ時（1人あたり50万円）

＊女性のみ

家族出産育児一時金

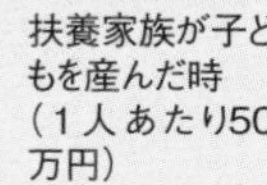

扶養家族が子どもを産んだ時（1人あたり50万円）

出産手当金

出産で会社を休んで給料がもらえない時（日給の2／3・原則98日支給）

＊女性のみ

死亡時の給付

葬祭費・埋葬料

死亡した時（1人あたり5万円など）

家族埋葬料

扶養家族が死亡した時（1人あたり5万円など）

7 医療費100万円でも自己負担は9万円弱に!

高額療養費制度のおかげで入院時も安心に

病気やケガで入院しなければならない状態になると、いくら健康保険があるとはいえ、治療費や入院費が心配になるかもしれません。

そんなもしものときに頼りになるのが、健康保険の「高額療養費」の制度です。

この制度は、医療費が高額になった際に、所得に応じた所定の計算式で1ヵ月間の自己負担限度額を計算してくれるものです。

図❶❷「高額療養費制度の仕組み」の計算例のように、月100万円の医療費では自己負担は9万円弱、月200万円では10万円弱で済む計算になります。とってもありがたい制度ですね。

図❶ 高額療養費制度の仕組み

●報酬月額*27万円以上～51万5千円未満の方

医療費100万円

窓口負担 30万円	療養の給付 70万円

窓口負担 30万円 － 高額療養費として支給 約21万円 ＝ 実際の自己負担額 約9万円

健康保険から後で戻ってくる!

*毎月の基本給に種々の手当(通勤手当、時間外手当など)を加えた1ヵ月の総支給額

図❷ 高額療養費の限度額

保険適用の診察費用の総額

所得区分*	自己負担限度額	4ヵ月目から
①報酬月額 81万円以上の方	252,600円＋(総医療費－842,000円)×1%	140,100円
②報酬月額 51万5千円以上～81万円未満の方	167,400円＋(総医療費－558,000円)×1%	93,000円
③報酬月額 27万円以上～51万5千円未満の方	80,100円＋(総医療費－267,000円)×1%	44,400円
④報酬月額 27万円未満の方	57,600円	44,400円
⑤低所得者 被保険者が市区町村民税の非課税者等	35,400円	24,600円

*所得区分は、4月5月6月の給与平均をもとに決められる標準報酬月額によるもの

長期療養でも安心!
診察を受けた月以前の1年間に3ヵ月以上高額療養費制度を利用した場合、4ヵ月目から限度額がさらに軽減

(出所)全国健康保険協会(協会けんぽ)Webサイトより作成

基本的には、後で健康保険から差額が戻る仕組みですが、**事前に申請して「限度額適用認定証」をもらっておくと、窓口で負担する金額自体が高額療養費の計算後の金額となります**（図❸）。

差額ベッド代や食事代は対象外

健康保険の使えない治療費や、入院時の差額ベッド代、食事代などは高額療養費制度の計算の対象外なので、それらは全額自己負担になります。

差額ベッド代とは、1つのベッドあたりの広さが一定以上（4人部屋、2人部屋、個室など）の場合にかかる費用です。

しかし、差額ベッド代は、患者本人が差額ベッド代のかかるベッドへの入院を希望した場合にかかるのが原則です。**患者が希望していない場合は、支払う必要がないことを覚えておくとよいでしょう。**

当然のように請求してくる病院もあるようなので、入院費用の明細をきちんと確認しましょう。

図❸ 一時的な支払いも不要になる「限度額適用認定証」

高額療養費は、後で健康保険から差額が戻るのが基本ですが、事前に申請して「限度額適用認定証」をもらっておくと、窓口で負担する金額自体が高額療養費の計算後の金額で済みます。

●医療費が高額になりそうな時は事前に申請しよう!

入院・外来診察 → 窓口支払額が高額になる見込み → 健康保険に認定証を申請する → 健保から認定書交付 → 病院窓口に提示 → 自己負担限度額を支払う

注意! 同じ月に複数の医療機関にかかる場合は、個別に限度額が計算されるので、合計金額をもとに自分で健康保険に高額療養費の請求をする必要がある

知っトコ!

高額療養費の月またぎは要注意!

高額療養費は、月ごとの計算になるので、右の例のように同じ30日間の入院でも、ひと月に収まるのか、2ヵ月に分かれるのかで、自己負担の金額が変わる可能性がある点には注意しましょう。

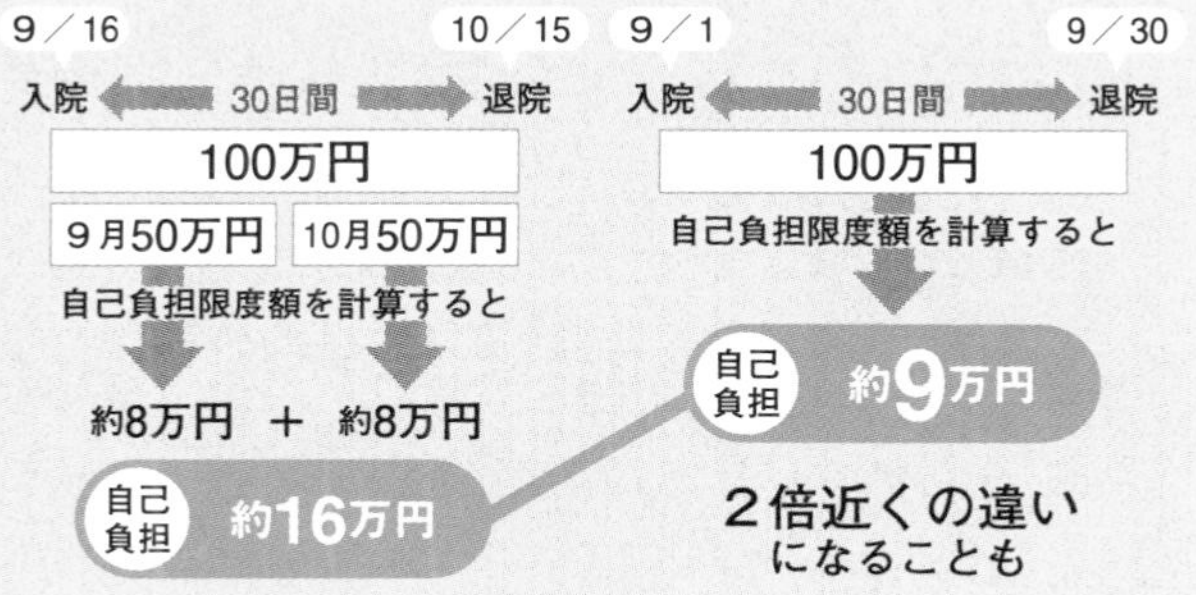

9／16 入院 ← 30日間 → 10／15 退院
100万円
9月50万円　10月50万円
自己負担限度額を計算すると
約8万円 ＋ 約8万円
自己負担 約16万円

9／1 入院 ← 30日間 → 9／30 退院
100万円
自己負担限度額を計算すると
自己負担 約9万円

2倍近くの違いになることも

8 仕事にかかわる万が一に備える 雇用保険と労災

会社が倒産しても数ヵ月は手当がもらえる雇用保険

社会人になって5年目、私が勤めていた山一証券が突然破たんしました。会社って、破たんするものなのですね…。会社の破たんに遭遇することは滅多にないにしても、自分から退職・転職するというのはよくある話でしょう。

そんなときにもらえる手当が、雇用保険です。最も有名なのが**基本手当（いわゆる「失業手当」、図❶❷）で、自己都合退職（定年退職を含む）か会社都合退職かで受け取れる日数が異なります**（図❸）。

会社都合や定年退職の場合は、退職から1ヵ月前後、自己都合の場合は退職から3ヵ月前後から基本手当を受け取れます（図❹）。手続き等の窓口はハローワークです。

そのほか雇用保険には、高年齢雇用継続給付、育児休業給付、介護休業給付、教育訓練給付などの制度があります。

仕事中・通勤途中の病気やケガに備える労災

会社員などの勤労者（アルバイトやパートも含む）の仕事中や通勤途中の病気やケガに備えるのが労災です。保険料は、全額事業主負担（会社負担）となっていて、アルバイトを1人でも雇っている事業主は加入が義務づけられています。

仕事中に病気やケガをして医療費がかかっても、労災認定された場合は労災によって補償されるので、自己負担はなくなります。

また、**仕事中だけでなく通勤途中でも、通常のルートによる通勤と認められれば、労災認定される場合があります。ただし、帰り道に飲みに行ったり、途中駅で降りて買い物に行ったりした場合は認められないのが通常です。**

なお、労災の手続き等の窓口は労働基準監督署です。

雇用保険代表格
失業手当を解説！

●失業手当を受け取れる条件

条件1 ハローワークで求職の申込を行い、積極的に転職活動している

条件2 雇用保険の加入期間が過去2年間で通算12ヵ月以上ある（会社都合退職等の場合は、過去1年間で通算6ヵ月以上）

図❶ 失業手当の金額の計算手順

$$\frac{\text{離職前6ヵ月間に支払われた給与}^{*}\text{の合計額}}{180\text{日}} \times 50\sim80\%$$

（分数部分）賃金日額

*通勤手当なども含まれるが、賞与（ボーナス）は含まれない

図❷ 基本手当日額の上限額

（2023年8月1日以降）

離職時の年齢	基本手当日額の上限額
29歳以下	6,945円
30～44歳	7,715円
45～59歳	8,490円
60～64歳	7,294円

図❸ 失業手当の給付日数早見表

自己都合の場合

離職時の年齢	雇用保険の加入期間		
	10年未満	10年以上20年未満	20年以上
65歳未満	90日	120日	150日

会社都合の場合

離職時の年齢	雇用保険の加入期間				
	1年未満	1年以上5年未満	5年以上10年未満	10年以上20年未満	20年以上
30歳未満	90日	90日	120日	180日	ー
30歳以上35歳未満	90日	120日	180日	210日	240日
35歳以上45歳未満	90日	150日	180日	240日	270日
45歳以上60歳未満	90日	180日	240日	270日	330日
60歳以上65歳未満	90日	150日	180日	210日	240日

図❹ 失業手当をもらうまでのスケジュール

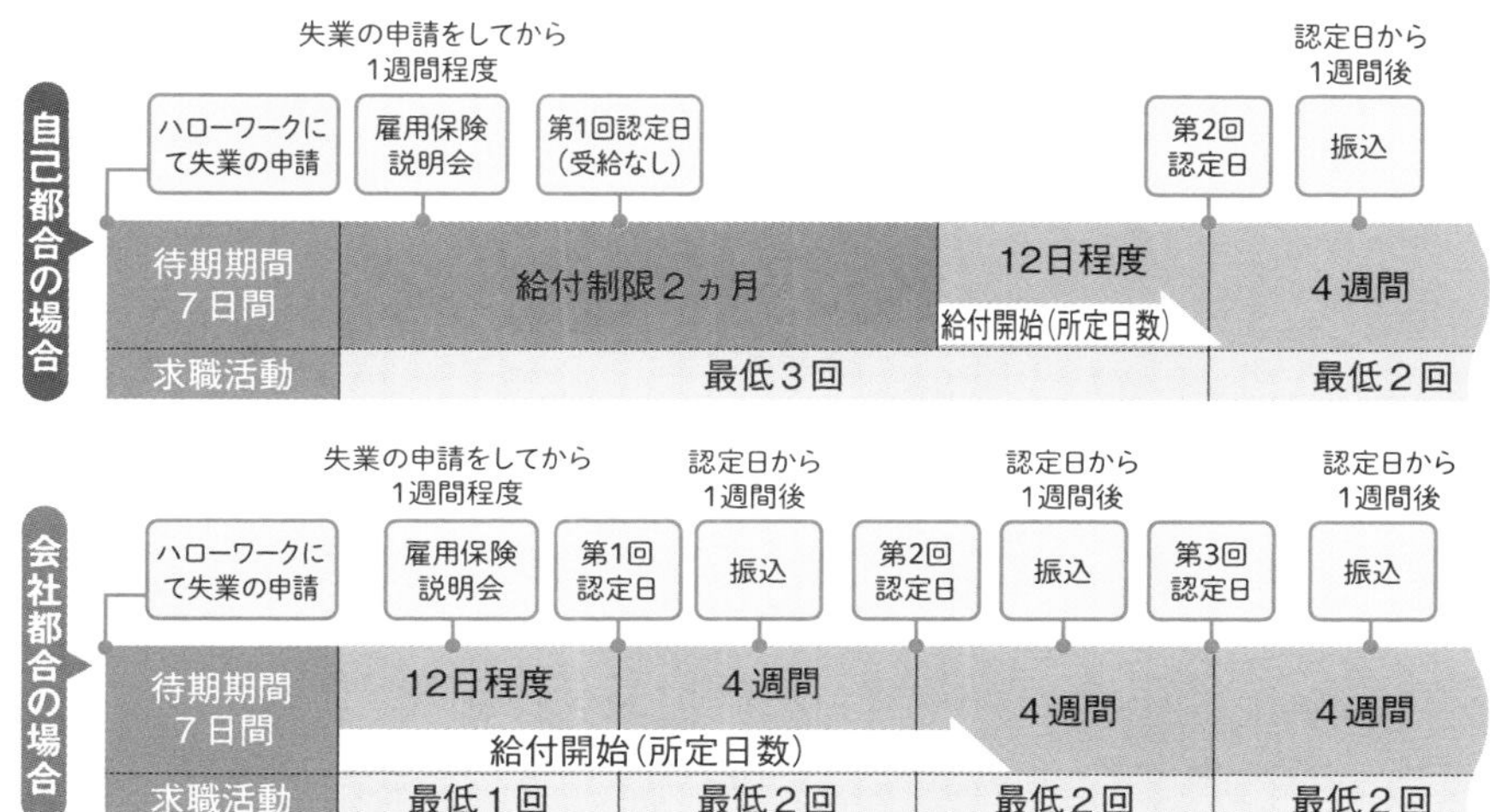

9 税金は何のためにあるの？

税金の種類や目的を知ろう

「税金」と聞くと、買い物をしたときの代金に上乗せして支払う消費税、そして、会社員の方は給与天引きされている所得税や住民税などを想像しますよね。

その税金、誰が集めて、具体的に何に使われているのかご存じですか？

税金の使い道

・決まった曜日と時間にごみ収集に来てくれる
・119番に電話をすればすぐに救急車が駆けつけてくれる
・新型コロナのワクチンが無料で受けられる
・誰もが小学校や中学校に通うことができる　　など

私たちは、このほかにもたくさんの公共サービスを受けられるようになっています。

これらの公共サービスが無料または少ない自己負担で受けられるのは、まさしく税金のおかげです（図❶）。ちなみに、**税金だけで足りない部分は国債**（**または地方債**）、**つまり借金で賄っています。**ということは、税金は、すべての国民や市民が公共サービスを十分に利用できるようにするための、いわゆる「社会の会費」なのです（図❷❸❹）。

税金がわかると社会への参加意識が高まるかも

税金の種類や使い道がわかると、国や自治体の財政状況もわかり、国の政治や地方自治について、傍観者ではなく、参加者としての意識が高まるのではないでしょうか。

見慣れない言葉や聞き慣れない用語があると難しく感じてしまうと思いますが、わからないことは、国（財務省や国税庁など）や自治体に問い合わせてみてください。国や自治体の財政状況を知って、1人の参加者として問題意識をもてるようになると、選挙権も有効に使おうという気持ちになるはずです。

図❶ 公共サービスにはどんなものがある?

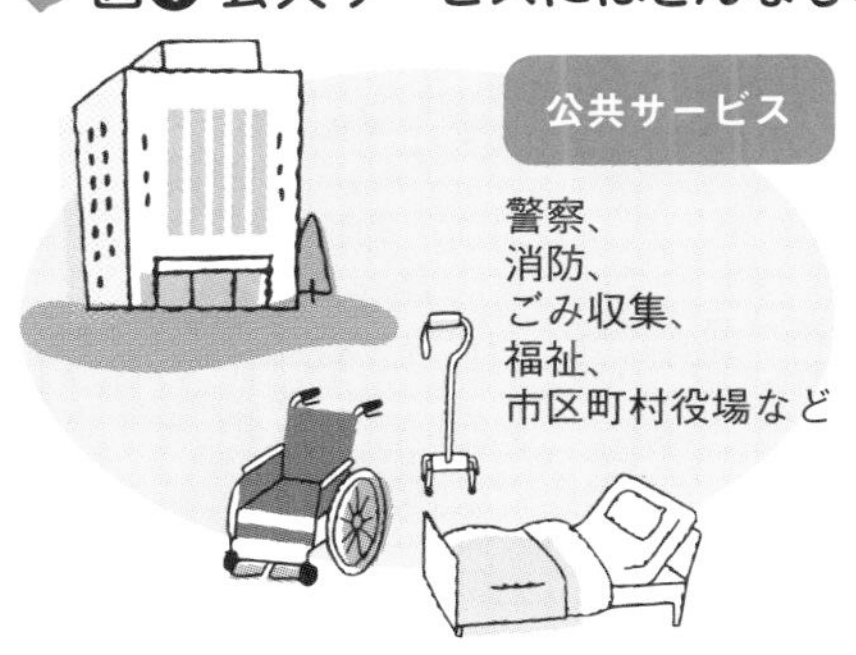

公共サービス
警察、
消防、
ごみ収集、
福祉、
市区町村役場など

公共施設
学校、
公園、
道路、
信号機、
ごみ処理施設、
市民病院など

図❷ 国の一般会計歳入額 内訳
（2023年度当初予算（臨時・特別の措置を含む））

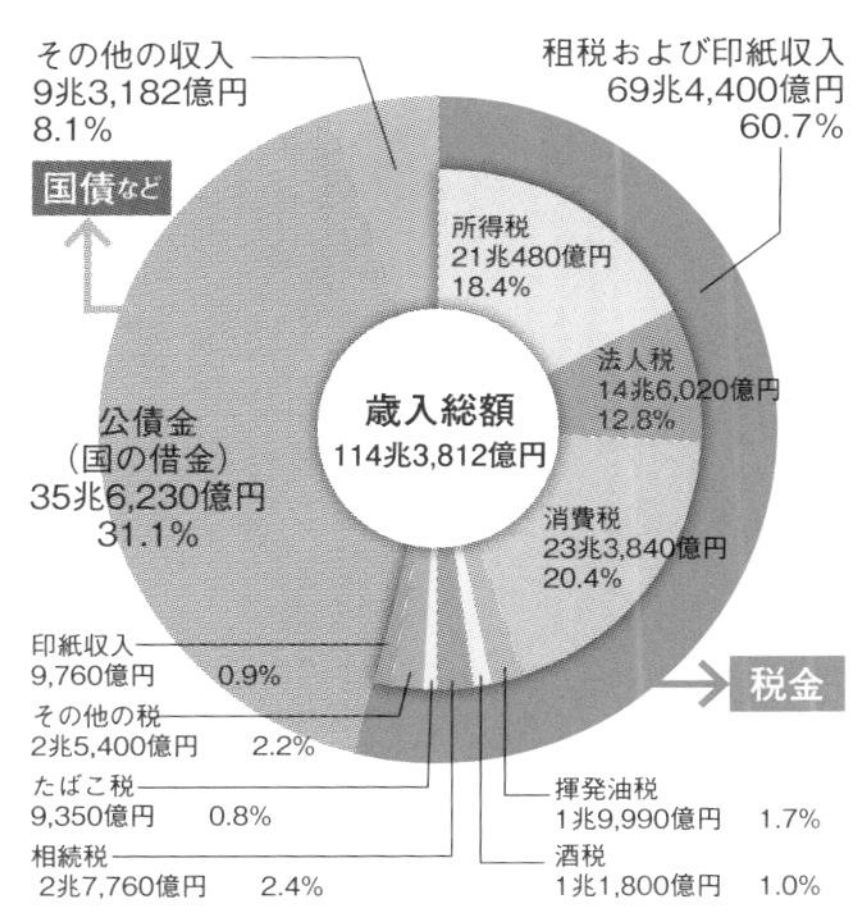

図❸ 国の一般会計歳出額 内訳
（2023年度当初予算（臨時・特別の措置を含む））

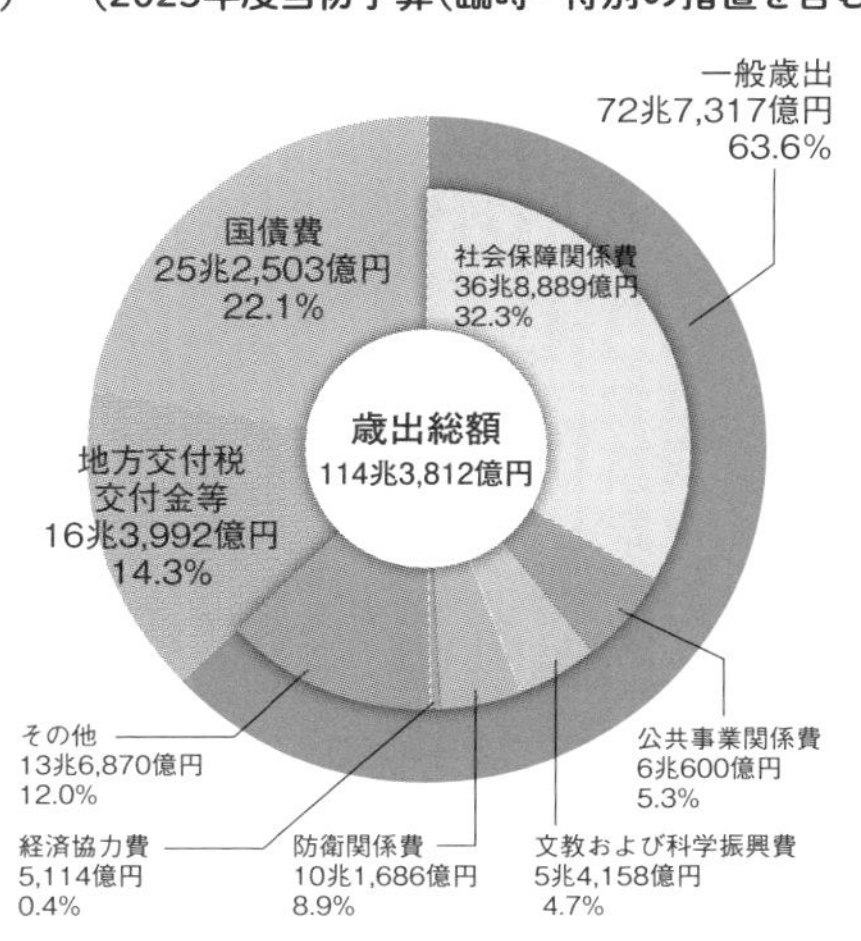

図❹ 代表的な税金の種類と分類

		直接税	間接税
国税		所得税 法人税 相続税 贈与税など	消費税 酒税 たばこ税 関税など
地方税	道府県税	道府県民税 事業税 自動車税など	地方消費税 道府県たばこ税 ゴルフ場利用税など
	市町村税	市町村民税 固定資産税 軽自動車税など	市町村たばこ税 入湯税など

国税：国が徴収するもの
地方税：自治体が徴収するもの
直接税：税を負担する人と納税する人が同じ
間接税：税を負担する人と納税する人が違う

（出所）図❷～❹について、国税庁Webサイトより作成

10 所得税の節税ポイントを知って賢く節税しよう

✔所得税は儲けにかかる税金

所得税とは、1月1日から12月31日までの1年間の所得にかかる税金です（図❶）。

そして、所得とはひとことで言えば儲け（利益）のことです。次のような収入から経費を差し引いた分が、所得（利益）として課税の対象となります。

収入の例

・株や土地を売って得た利益
・給与収入や退職金収入
・年金収入
・家賃収入
・利息や配当金収入　　など

✔2つの節税ポイント

税金の負担は軽いほうがいいですよね。

実は、所得税には次の2つの節税ポイントがあります。これを知っておくと、賢く節税ができます。

所得控除

これは、所得を減らすものです。配偶者・子ども・障がいなどの有無、社会保険・生命保険・地震保険の加入状況、医療費・寄附金・iDeCoの掛け金などの負担状況によって、金額が異なります。利用できる所得控除が多ければ、それだけ所得税の負担が軽くなります（図❷❸）。

税額控除

これは、所得税額を減らすものです。代表的なものに住宅借入金等特別控除（住宅ローン減税）、配当控除などがあります。

これら2つの節税ポイントを上手に使えるかどうかで所得税額が変わります。これを機会に、所得税額の計算の流れと節税ポイントを理解しておきましょう。

図❶ 所得税額の計算の流れ

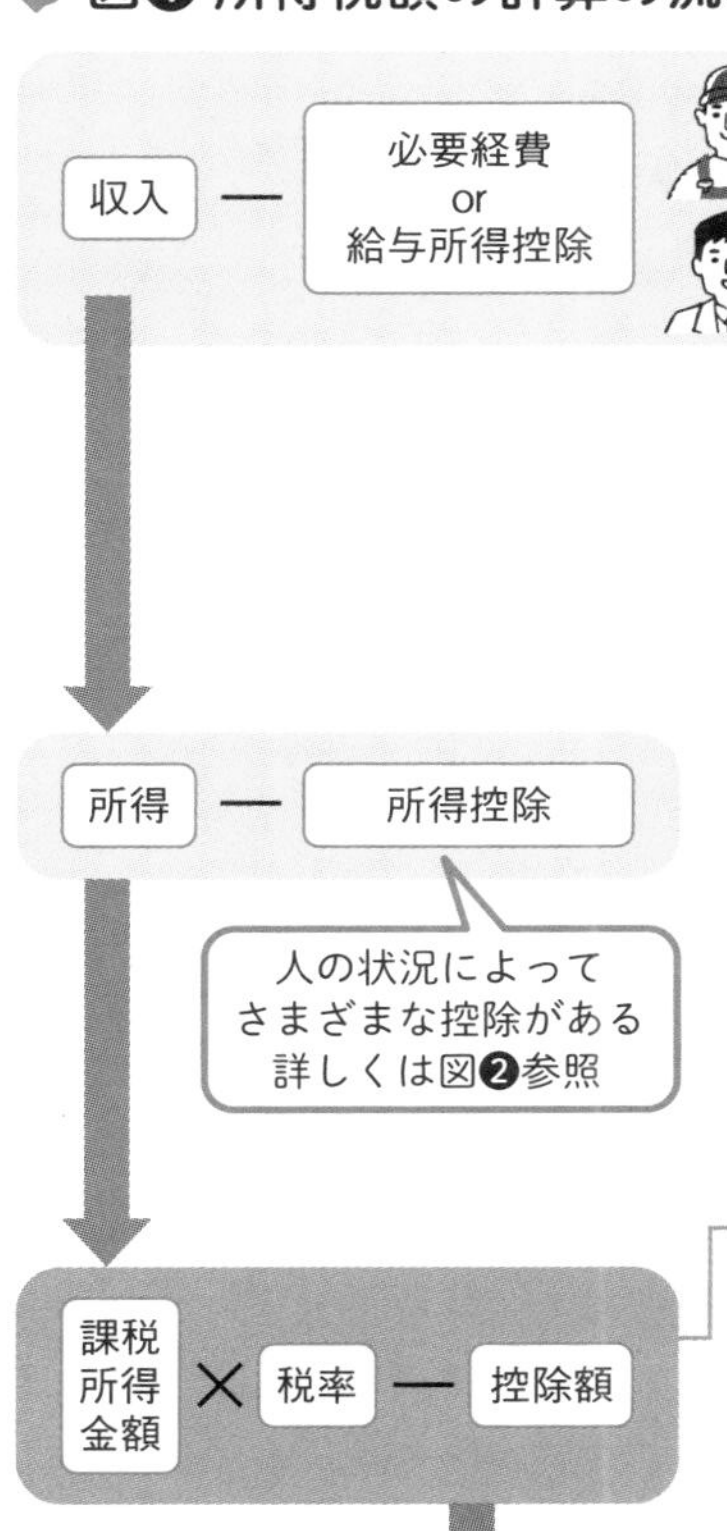

自営業者の場合……実際にかかった必要経費

会社員の場合……年収に応じた概算の必要経費である給与所得控除

●給与所得控除額の速算表

給与等の収入金額（給与所得の源泉徴収票の支払金額）	給与所得控除額
～162万5,000円	55万円
162万5,001円～180万円	収入金額×40%－10万円
180万1円～360万円	収入金額×30%＋8万円
360万1円～660万円	収入金額×20%＋44万円
660万1円～850万円	収入金額×10%＋110万円
850万1円～	195万円（上限）

例：年収500万円の場合
500万円×20%＋44万円＝144万円

●所得税額の速算表（2015年度分から）

課税される所得金額	税率	控除額
195万円以下	5%	0円
195万円を超え330万円以下	10%	9万7,500円
330万円を超え695万円以下	20%	42万7,500円
695万円を超え900万円以下	23%	63万6,000円
900万円を超え1800万円以下	33%	153万6,000円
1800万円を超え4000万円以下	40%	279万6,000円
4000万円超	45%	479万6,000円

例：課税所得300万円の場合
300万円×10%－9万7,500円＝20万2,500円

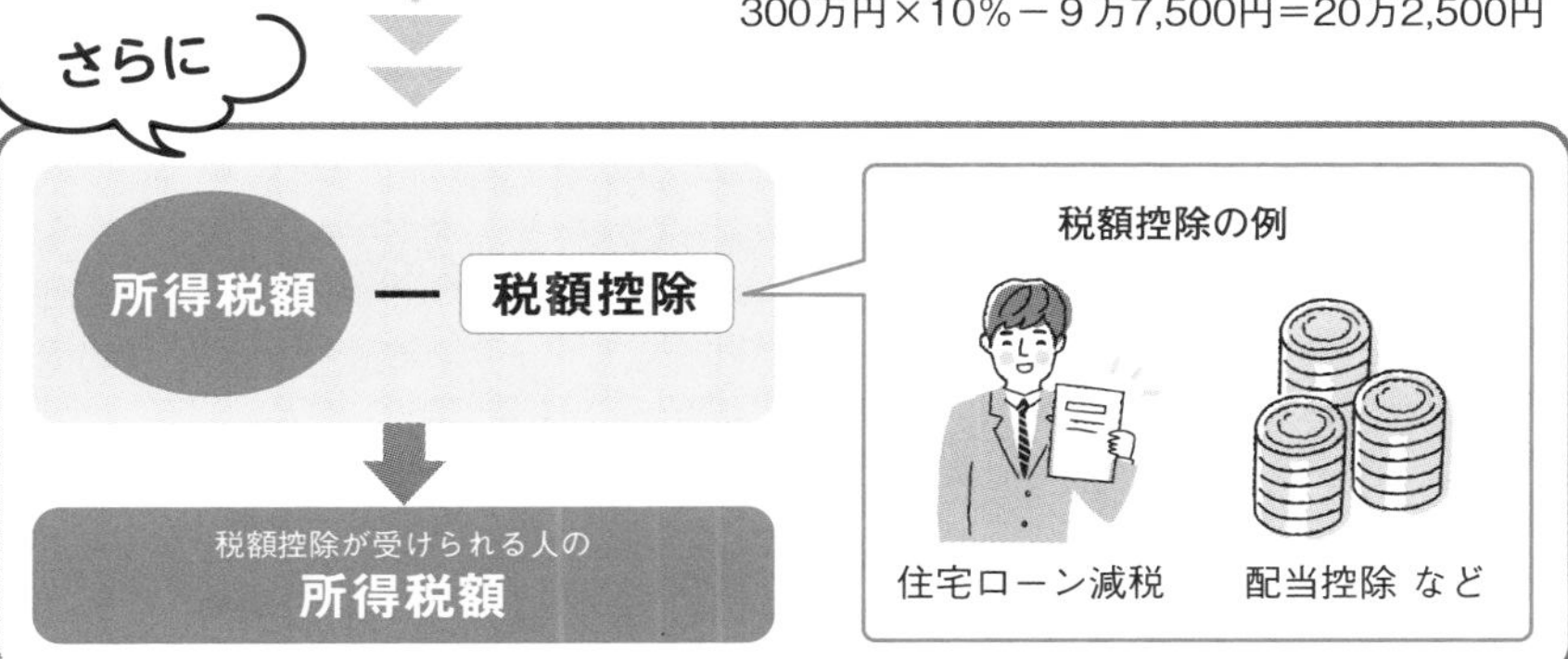

図❷ 所得控除で所得税を節税しよう！

家族構成など、その人の状況によって所得控除の金額が変わる。控除の項目を確かめよう。

人的控除

基礎控除 48万円

すべての人に認められているもの。本人の所得が2,400万円以下の場合

年間の所得がこの金額（48万円）以内なら所得税はゼロ！

配偶者控除 38万円

本人の所得が900万円以下で、配偶者の所得が48万円（年収103万円）以下の場合

配偶者特別控除 最高38万円

本人の所得が900万円以下で、配偶者の所得が48万円以上133万円以下の場合

配偶者の収入によって変わる
▶詳しくは第３章55

扶養控除
16歳以上19歳未満、23歳以上 **38万円**
19歳以上23歳未満 **63万円**

16歳以上の子どもや親、親族を養っている人

16～22歳の子どもがいると節税に！

ひとり親控除（2020年～） 35万円

所得500万円以下で同一生計に子がいる人

ひとり親だと負担減

障がい者控除 27～75万円

本人、同一生計配偶者または扶養家族が障がい者・特別障がい者・同居特別障がい者の場合

障がい者だと負担減

寡婦控除 27万円

夫と死別後、婚姻をしていない所得500万円以下の人

勤労学生控除 27万円

所得75万円（年収130万円）以下の学生

社会保険料控除 全額

厚生年金保険料、健康保険料、雇用保険料、国民年金保険料　など

物的控除

生命保険料控除 最高12万円

生命保険料、介護医療保険料、個人年金保険料

地震保険料控除 全額（最高５万円）

地震保険料

雑損控除

所定の計算式により算出

医療費控除 最高200万円

医療費（家族合計）ー保険金等ー10万円

一定以上の医療費を支払った人は負担減
▶詳しくは第２章20

寄附金控除

寄附額ー2,000円

ふるさと納税もコレ！
▶詳しくは第２章21

小規模企業共済等掛金控除 全額

小規模企業共済、確定拠出年金の掛金

図❸ 所得控除額と所得税額を計算してみよう！

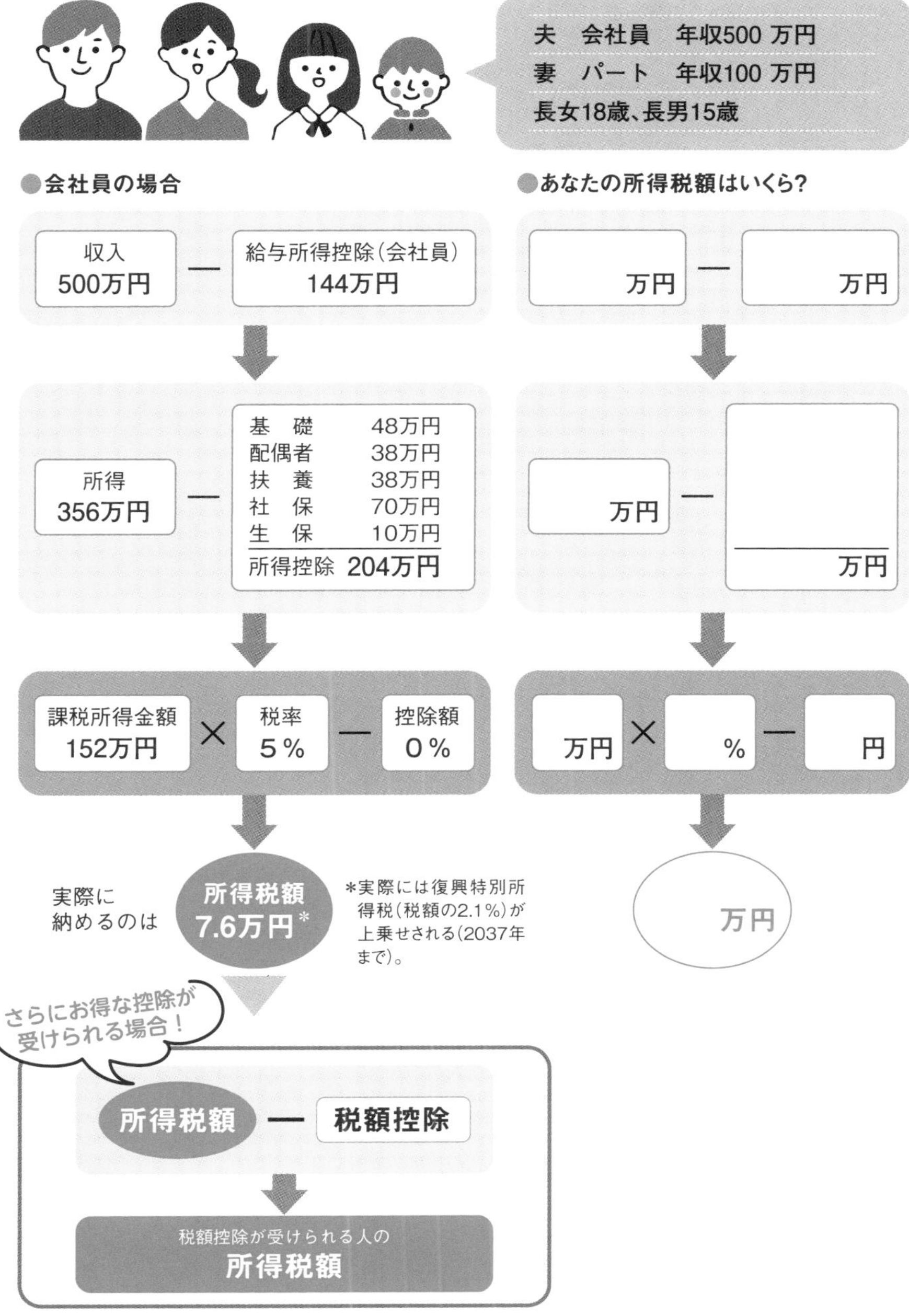
夫　会社員　年収500 万円
妻　パート　年収100 万円
長女18歳、長男15歳
会社員の場合
収入
500万円
給与所得控除（会社員）
144万円
所得
356万円
基　礎　48万円
配偶者　38万円
扶　養　38万円
社　保　70万円
生　保　10万円
所得控除　204万円
課税所得金額
152万円
税率
5％
控除額
0％
実際に
納めるのは
所得税額
7.6万円＊
＊実際には復興特別所得税（税額の2.1％）が上乗せされる（2037年まで）。
さらにお得な控除が受けられる場合！
所得税額
税額控除
税額控除が受けられる人の
所得税額
あなたの所得税額はいくら？
万円
万円
万円
万円
万円
％
円
万円

11 住民税は所得税と支払う時期が違う？

住民税の税率は一律10%

私は、千葉県柏市に20年ほど住んでいます。そのため毎年、千葉県に道府県民税、柏市に市町村民税を支払っています。

といっても、県と市に別々にではなく、まとめて支払います。これが、いわゆる住民税です。

住民税の計算の流れは、所得税と基本的には変わりません。しかし、所得控除の額が一部異なる点（図❶）と、税率が一律10%である点が違います。

また、住民税には、この税率10%の所得割だけでなく、1人あたり年間5000円程度の均等割の負担もあります。

均等割の金額は、自治体によって異なる場合があります（大半の自治体は4000円～6000円程度）。

退職した翌年は住民税の負担に要注意

忘れてはいけない住民税の大きな特徴が、**所得税と支払うタイミングが違うという点です**（図❷）。

特に会社員の場合、前年の所得に対する住民税を翌年の6月から翌々年の5月にかけて支払うため、所得税とは支払う時期が約1年半違ってくるのです。一般に、定年退職の翌年は「住民税の負担が重い」といわれるのは、このためです。

俗にいう一発屋芸人やスポーツ選手などで、大きく稼いだ翌年に仕事がなくなり、遅れて請求が来た住民税の支払いに困窮するという話を耳にすることがあるのも、所得税とのタイミングの違いを認識していなかったことが原因だといえるでしょう。

副業が会社に知られないようにする方法

住民税の徴収方法には、普通徴収と特別徴収の2種類があります。

普通徴収
納税者自身が翌年6月にまとめて支払うか、年4回に分割して支払う方法です。

特別徴収
納税者の勤め先が、翌年6月から翌々年5月まで給与天引きで支払う方法です（図❸）。

ちなみに、副業などで給与以外にも収入がある人が副業を会社に知られたくない場合、確定申告の際に住民税を普通徴収で支払うことを選択できるようになっています。

図❶ 所得税と住民税で異なる所得控除額の代表例

	所得税	住民税
基礎控除	48万円	43万円
配偶者控除	38万円	33万円
配偶者特別控除	38万円	33万円
扶養控除（一般）	38万円	33万円
扶養控除（特定）	63万円	45万円
生命保険料控除	12万円	7万円
地震保険料控除	5万円	2.5万円

図❷ 会社員の所得税と住民税それぞれの支払い時期

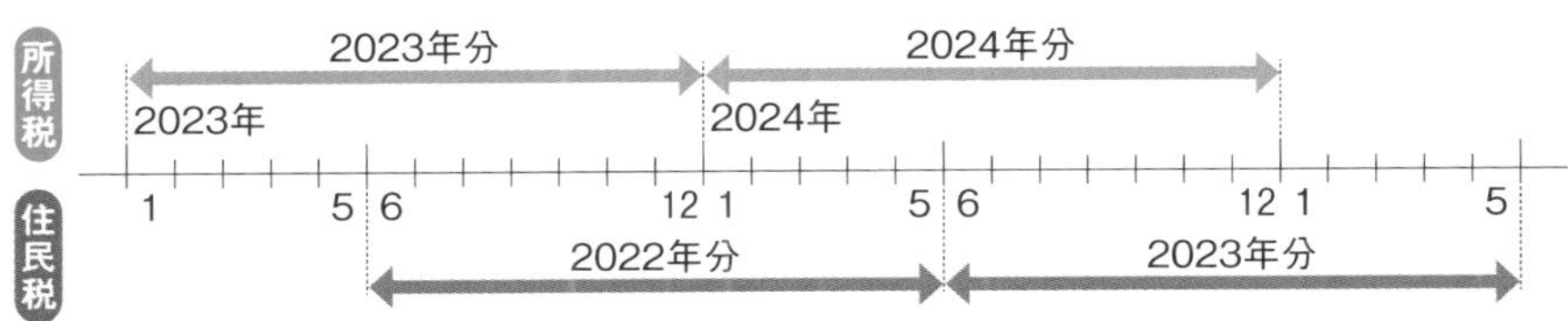

図❸ 給与所得等に係る市民税・県民税 特別徴収税額の決定通知書（納税義務者用）の例

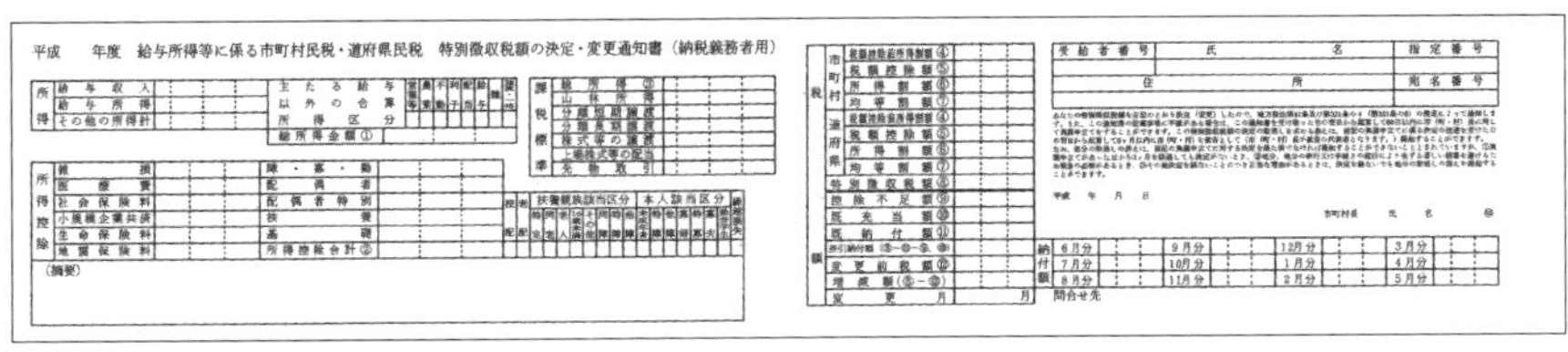

平成　　年度　給与所得等に係る市町村民税・道府県民税　特別徴収税額の決定・変更通知書（納税義務者用）

（出所）総務省

12 家計簿をつけるとお金が貯まる？

家計簿アプリで貯金額が1000万円変わる

皆さんは、家計簿アプリは使っていますか？ もし、将来のためのお金を効率よく貯めたいと思うなら、家計簿アプリは必須です。家計簿アプリを使っているか使っていないかで、将来貯まる金額が1000万円単位で違ってくる可能性も十分にあります。

「家計簿をつけるだけで？」と思うかもしれません。しかし、私が実際に10年ほど家計簿アプリを使ってみて、年間で20万円ほどムダ遣いが減ったと感じています。

人によって効果は違うと思いますので一概に断定はできませんが、年間20万円なら、10年で200万円、50年の間には1000万円近く貯金額が変わる人もいるはずです。

家計簿アプリはとにかく使いやすいものを

では、なぜ家計簿アプリを使うと貯金が増えるのでしょうか？

例えば、みなさんがダイエットを始めるとき、その第一歩は「体重計に乗ること」だと思います。同様に、**家計の見直しの第一歩は、「現在の収支状況を把握する」**ことなのです。現在、自分にはお金がどれくらい入ってきて、どれくらい使っているのかをきちんと記録しましょう。

最近の家計簿アプリはとても便利です。レシートをカメラで撮るだけで入力できたり、銀行口座や証券口座などと連携（アカウント・アグリゲーション）できたりするものまであります。まずは、人気のアプリをいくつか使ってみて、自分が使いやすいと感じるものを選んでみましょう（図❶）。

家計簿で最も重要なのは、とにかく続けることです。そのためにも、アプリは簡単に記録できるかどうかが重要です。最初のうちは、つけ忘れてしまうこともあるでしょう。でも、気にせず続けることが重要です。

✔浪費を減らし、投資を増やす

家計簿をつける習慣がついたら、毎月の家計収支を比較してみましょう。毎月の家計におけるお金の流れが見えてくるはずです。

私のFP友達でもある家計再生コンサルタントの横山光昭（よこやまみつあき）さんが提唱している考え方に、家計の支出を消費・浪費・投資の3つに分類するというものがあります。

分類したうえで、浪費をなるべく減らし、投資を増やしていくという考え方、これが重要です。

ぜひこれを機に、**家計簿アプリで家計収支を把握し、消費・浪費・投資に分類して、自分の家計がどんなバランスになっているかをみてみましょう**（図❷）。具体的な家計見直しの方法については第3章56で解説します。

図❶ どのような家計簿アプリが利用されているの？

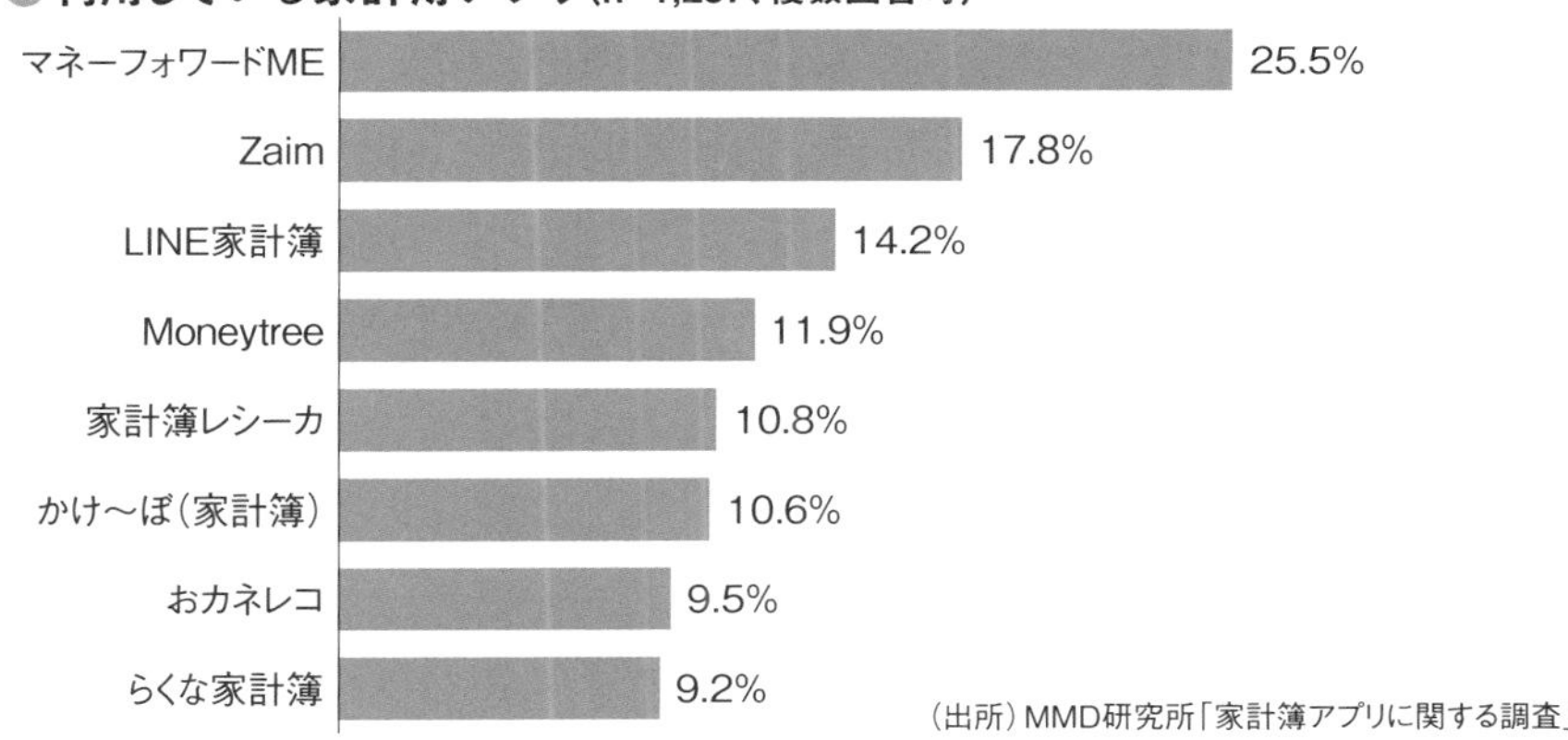

（出所）MMD研究所「家計簿アプリに関する調査」

図❷ 不必要なものの見極め方

〈生活に必要な支出〉
食費　家賃　交通費など

〈将来につながる支出〉
書籍　英会話教室授業料など

消費 70%　浪費 5%　投資 25%

〈無くても困らない支出〉
タバコ　お酒
高価なファッションなど

13 社会人になったら生命保険に入るべき？

若いうちに入ったほうがトクとは言い切れない

社会人になると、生命保険の勧誘を受ける機会が増えると思います。「若いうちに入ったほうが保険料は安いのよ！」などと言われ、すすめられるがまま加入してしまった人もいるかもしれません。

確かに、若いうちに入れば月々の保険料は安いのですが、その分長期間支払うので、トータルの保険料は高くなることが多いのです。一概にトクとは言い切れません。

若い人ほど保険よりも貯金

そもそも保険の仕組みは、助け合いです。みんなで保険料を支払って、万が一のことが起きた人に保険金を支払います。その仕組みを運営しているのが保険会社です。

当然、保険会社も運営コストがかかりますから、確率を計算すれば加入者は損をします。もし保険会社が損をするようにできていたら、保険会社は皆つぶれてしまいます。**万が一の保障がそれほど必要ない若い人ほど、まずは貯金を増やしておくのがよいでしょう。**不測の事態が起きても、貯金でなんとかなるなら、保険はいらないからです。

生命保険はいつから必要？(図❶)

死亡保障は、子どもが生まれてから考えればよいでしょう。独身や、結婚しても子どもがいないなら、亡くなっても金銭的には困らないからです。**金銭的に困る人がいるなら加入を検討すべきですが、困る人がいないなら必要ありません。**なお、死亡保障を考える際には、遺族年金などの公的な保障も考慮すべきです（第3章37）。

また、医療保険やがん保険についても、公的医療保険（健康保険）の給付では不足する部分がどの程度かを考慮して、加入すべきかどうかを検討することが重要です(第2章6)。

 図❶ 代表的な生命保険商品の種類

定期保険 ・掛け捨て ・満期保険金なし ・保険料が安い	死亡保険金 保険料払込期間 契約　満期	10年や20年など、満期が来るまでに死亡した場合保険金が出る保険
収入保障保険 ・掛け捨て ・満期保険金なし ・保険料が安い	**ケース1** 死亡から満期までの年金受取回数が最低保証分以上となるケース 年金受取期間　年金 死亡 保険料払込期間 契約　満期 死亡 **ケース2** 死亡から満期までの年金受取回数が最低保証分に満たず最低保証分を受け取るケース 年金 年金受取期間 （最低保証分）	いつ死亡しても、当初契約した満期（65歳など）まで、月10万円などの年金が支払われる保険。早く亡くなるほど受取総額は多く、満期の直前で亡くなった場合は、支払期間が1年間または2年間などの最低保証がついているのが一般的
養老保険 ・貯蓄性がある ・満期保険金あり ・保険料が高い	死亡保険金　満期保険金 保険料払込期間 契約　満期	当初契約した満期までに死亡した場合に保険金が出るだけでなく、満期時に生存していた場合にも同額の保険金が出る保険
終身保険 ・貯蓄性がある ・満期保険金なし ・保険料が高い	死亡保険金 保険料払込期間 契約　払込満了	契約後は、いつ死亡しても必ず保険金が出る保険。一生涯の死亡保障。保険料の払込期間は、有期タイプと終身タイプがあるのが一般的
医療保険	病気やケガによる入院や、所定の手術をしたときに給付金が出る保険。一定期間だけ保障する定期タイプと、一生涯保障する終身タイプがある。終身タイプは、保険料も終身払いになっているケースもあるので注意が必要	
がん保険	がんで入院したり、手術をしたりしたときに給付金が出る保険。死亡した場合に死亡保険金が出るタイプもある。契約日から90日（3ヵ月）など支払い対象外となる期間が設定されている	
こども保険	子どもの進学に合わせて祝金や満期保険金が出る保険。契約者である親が死亡した場合には以後の保険料が免除され、育英年金などが出るタイプもある	
個人年金保険	契約時に定めた一定年齢から年金を受け取れる保険。年金の受取期間は、一定期間のものと終身のものがある	
介護保険	寝たきりや認知症など、要介護の状態になったときに一時金や年金が受け取れる保険。公的介護保険の要介護認定と連動して一時金や年金が出るタイプもある	

14 医療保険、がん保険はいつから加入すべき?

健康保険だけで十分?

病気やケガによる入院、手術などに備えるのが医療保険です。単体で加入していなくても、生命保険の特約として付けている人も多いことでしょう。

しかし、高額療養費制度によって、月100万円の医療費でも自己負担は9万円程度と、それほど大きな金額にはならないのが一般的です（第2章7）。

最近の医療保険では長期入院を保障するタイプもありますが、長期入院になる病気はそれほど多くないことがわかります（図❶）。

長期入院や無収入が心配なら加入する

誰しも、長期入院の可能性はゼロではありません。また、自営業やフリーランスの人などは、入院中は無収入になる可能性があります。そのため、長期入院や無収入が心配なら、医療保険や所得補償保険等の加入を検討しましょう。

それから、個室で快適な入院生活を送りたい人も、差額ベッド代に備えて加入を検討してもよいかもしれません。

日本人の死亡率トップはがん

国立がん研究センターの2022年のデータによると、日本人ががんで死亡する確率は男性25・1%、女性17・5%。そして、日本人が一生のうちにがんと診断される確率（2019年）は、男性65・5%、女性51・2%だったようです。

つまり、日本人の2人のうち1人はがんと診断され、4、5人に1人はがんで亡くなるということです。少しずつがんも治る病気になってきてはいますが、依然として日本人の死亡率のトップはがんとなっています。

それなら、がん保険は絶対に入っておくべきだと思うかもしれませんが、実はそうとも限りません。**健康保険の使**

図❶ 傷病、性別、年齢別の平均入院日数*1

ガンの入院日数は長期化しにくい

すべての入院の平均日数は32日

平均で500日を超えるものも

（日）

主な傷病	総数	0～14歳	15～34歳	35～64歳	65歳以上	75歳以上(再掲)
全体*2	32.3	8.9	12.2	24.4	40.3	45.0
結核	59.5	3.2	36.6	38.7	66.8	67.7
ウイルス性肝炎	13.8	4.3	10.4	8.9	20.5	27.6
胃の悪性新生物	22.3	7.8	14.2	19.4	22.9	26.4
結腸および直腸の悪性新生物	16.4	9.5	9.8	12.7	17.6	20.4
肝および肝内胆管の悪性新生物	20.8	8.6	22.8	16.5	21.5	24.6
気管, 気管支および肺の悪性新生物	21.1	11.2	17.5	16.1	22.3	26.6
糖尿病	30.6	16.7	11.5	15.6	40.7	51.1
血管性および詳細不明の認知症	312.0	-	109.0	271.0	313.7	312.3
統合失調症等*3	570.6	60.3	153.3	334.4	1147.7	1397.2
気分(感情)障害*4	137.4	42.5	40.1	116.7	193.5	208.4
アルツハイマー病	273.0	-	159.7	190.1	274.6	270.8
高血圧性疾患	47.6	6.3	25.2	10.7	53.4	55.7
心疾患*5	24.6	23.8	17.1	12.6	27.6	33.7
脳血管疾患	77.4	31.3	61.7	51.8	83.6	93.2
肺炎	38.0	7.0	15.5	21.9	41.0	43.1
肝疾患	23.4	7.7	10.1	16.4	28.6	35.0
骨折	38.5	5.5	10.6	21.3	46.2	50.3

*1　2020年9月1日～30日に退院したものを対象としたもの
*2　総数には、年齢不詳を含む
*3　統合失調症には、統合失調症型障害と妄想性障害を含む
*4　気分（感情）障害には、躁うつ病を含む
*5　心疾患は高血圧性のものを除く

（出所）厚生労働省「令和２年（2020）患者調査」

図❷ 年齢階級別 罹患率

男性

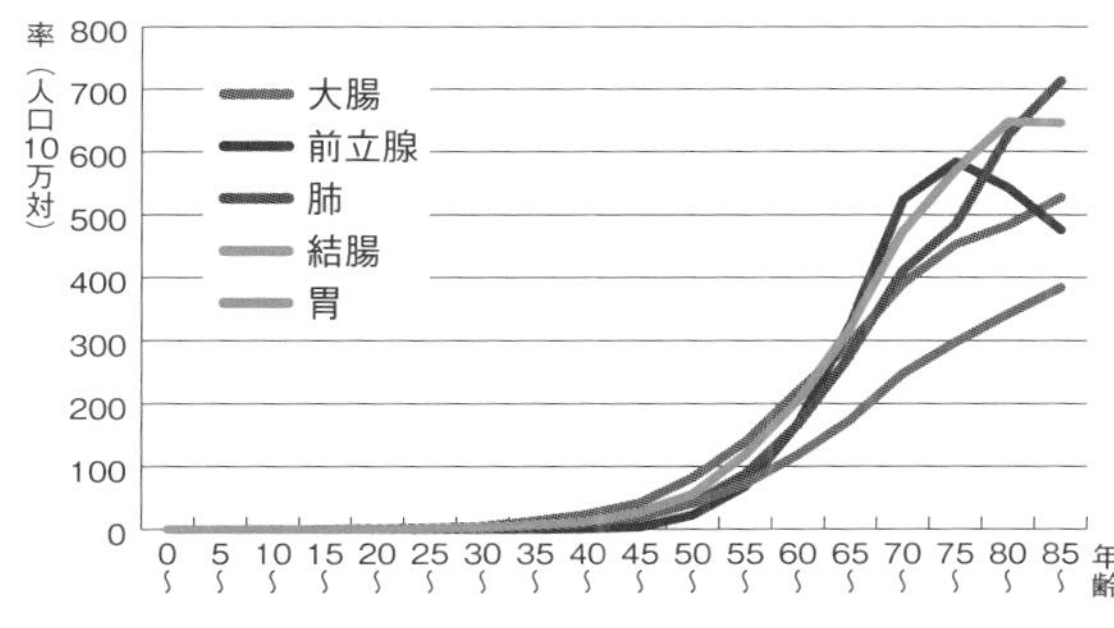

女性

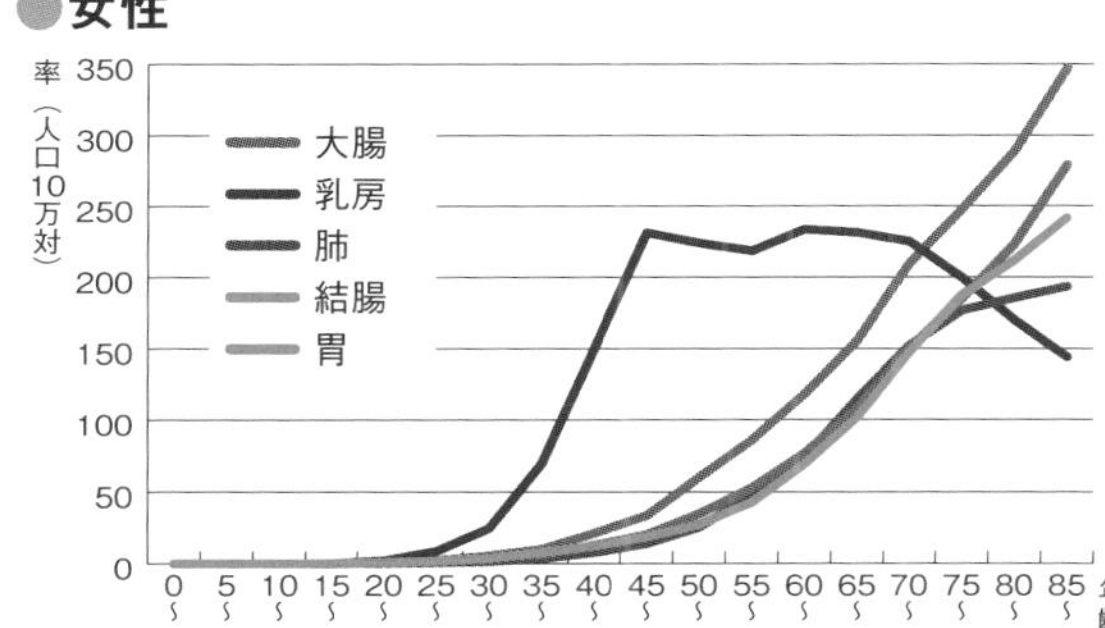

（出所）国立がん研究センターがん対策情報センター　Webサイト「がん情報サービス」より作成

える治療や投薬で済むなら、自己負担は重くはならないからです。

ただし、先進医療などを利用すると自己負担は高額になる可能性があります。やはり、心配なのであれば加入しておくとよいでしょう。また、女性の場合は乳がんにかかるピークの年齢が40代であり、男性よりも若くしてがんになる可能性があります。その点も考慮に入れて検討するとよいでしょう（図❷）。

15 車についてどう考える？ 買うor借りる

車にかかるお金は、車体の購入代金と諸費用を合わせて、**普通車で150〜300万円、軽自動車で100〜200万円ほど**です。中古車なら100万円を切るものもありますが、安い車ほど、メンテナンスにお金がかかる可能性が高くなります。

さらに、**駐車場代やガソリン代、自動車税、自動車保険の保険料、車検費用などのランニングコストも年間数十万円はかかる**のが一般的です。

家族構成の変化などに応じて5年や7年ごとに車を買替えると、車関連の1年あたりの平均出費は100万円前後になるでしょう。

✔車は高いオモチャ？

皆さんは、車は好きですか？

私は車が好きです。これまで7台の車を乗り継いできました。まだまだ欲しい車、運転してみたい車があります（今どき、この気持ちがわかる人は少ないかな……）。

車に乗ることには次のようなメリットがあります。

・行動範囲が広がる
・買い物やレジャーに大活躍
・ドアtoドアで人やモノを運んでくれる
・ドライブがストレス解消になる　など

一方で、お金（家計）の面を考えると、車は高いオモチャです。住む地域によっては移動手段として欠かせない場合もあると思いますが、公共交通機関が発達している都市圏に住んでいる人にとっては、嗜好品の一種だともいえるかもしれません。

✔週1、2回しか乗らないならレンタカー

車を利用する方法としては、ほかにカーリース、レンタカー、カーシェアリングなどがあります。

カーリースは、自営業者や中小企業の経営者にとっては

リース料が経費にできるなどのメリットがありますが、駐車場やガソリン代、保険料などを含めたトータルの出費は購入の場合と大きくは変わりません。やはり、週1、2回程度の使用なら、レンタカーやカーシェアリングのほうが出費を抑えられるでしょう（第2章16）。

例えば、週1回6時間から12時間の利用で1万円弱の料金だったとしたら、年間で50万円前後。毎週2回フルに利用するとして年間で100万円程度です。そこまで頻繁に使わないなら、マイカー購入よりもレンタカー利用の方が出費を抑えられる可能性が高いでしょう。

さらに、週1、2回かつ1回あたり1、2時間程度の買い物くらいにしか使わないなら、カーシェアリングのほうがもっと安くなる可能性があります。本人や家族の利用シーンを想像して、最も効率のよい利用方法を考えてみるとよいでしょう（図❶）。

中古車には買い時と売り時がある?

以前、中古車販売の経営者に聞いたところ、中古車は、走行距離3万キロ前後で買って、10万キロ手前の9万キロ前後で売るのが、最も値下がりを小さくできるそうです。車を購入するときは、トータルの出費をできる限り減らすためにもリセールバリューの高い（＝価値の下がりにくい）車を探すのも1つの手段です。

図❶ 車の主な利用方法

	買う（所有する）	カーリース（年単位で借りる）	レンタカー（数時間から1日単位で借りる）	カーシェアリング（分単位や時間単位で借りる）
かかる費用	・**購入代金** 新車で約100万円〜、中古車で数十万円〜 ・**自動車税、自動車重量税、車検費用、自賠責保険料、任意保険の保険料** 年間10〜30万円程度 ・**駐車場代、ガソリン代、メンテナンス代など** 年間30〜70万円程度	・**リース料** 毎月約1万円〜10万円程度。メーカーや車種、新車か中古車かで異なる ・**メンテナンス費用** オプションで月額制にできるところも有 ・**駐車場代、ガソリン代、任意保険の保険料など** 年間30〜60万円程度	・**レンタル料** 数千円から数万円。車種や使用時間、使用日数によって異なる ・**オプション料** 事故が起きた際の自己負担ゼロなどの免責補償、チャイルドシート、カーナビなど	・**初期費用** 無料〜2,000円前後 ・**月額基本料** 無料〜1,000円前後 ・**利用料金** 15分200円程度など ・**距離料金** 1キロあたり無料〜20円程度
メリット	・いつでも好きなときに乗ることができる ・自分で好きなようにカスタマイズできる	・いつでも好きなときに乗ることができる ・リース料に自動車税なども含まれる ・まとまった出費が不要	・旅行先などで借りることで移動が便利になる ・利用シーンに合わせて車種を変えられる	・短時間の使用に便利で価格が安め ・費用負担がわかりやすい
デメリット	・駐車場が必要 ・購入時にある程度まとまったお金が必要 ・任意の保険は自分で加入する ・保有時のコストの負担が重め	・駐車場が必要 ・任意の保険は自分で加入する	・使いたいと思ったときにすぐに希望の車が借りられるかはわからない ・近くに借りられるところがないと不便 ・返却しなければならない	・近くに借りられるところがないと不便 ・返却しなければならない

16 マイカーorレンタカー どっちがトク？

週2日以上確実に乗るなら購入

マイカー購入とレンタカー利用のどっちがトクなのか、同じ車種（トヨタのプリウス）で比較してみました。

結論としては、**週2日（月8日）以上、確実に乗るなら買ったほうがトクでしょう**（図❶）。

週2日は乗らない、乗っても週1日という人は、レンタカーのほうが安い可能性があります。特に、駐車場代が月2万円よりも高い場合は、確実にレンタカーのほうが安くなるでしょう。

ただし、一戸建てなどに住んでいて、駐車場代がかからない人は、図❶の試算よりも年間24万円、20年間で480万円ほど負担が軽くなります。そのため、駐車場代がかからない場合は、週1日程度しか乗らなくても、頻繁に車を買替えない限り、マイカー購入のほうがトクになる可能性もあります。

中古車は、売る前提で買うor乗りつぶす

今回のシミュレーションでは、マイカー（新車）購入とレンタカー利用で比較しましたが、当然車を買う場合は、新車だけでなく中古車という選択肢もあります。

さらに、同じ中古車でも、走行距離が比較的短くリセールバリューの高いものもあれば、走行距離が10万キロを超えているリセールバリューのほとんどないものもあります。

どちらがおトクかは一概に言えませんが、**人気の車種の走行距離3万キロ前後のものを買って、10万キロに達する前に売ると、値下がりが小さくて済みます。**例えば、400万円で買った車を5年間乗って250〜300万円で売るようなイメージです。

人気の車種ほど、買うときの値段が高くなりますが、売るときにもある程度の値段で売れることが期待できます。100〜150万円で5年間乗れたと思えば、安いといえ

るかもしれません。

一方、**100万円未満の安い中古車を乗りつぶすつもりで買うのも1つの方法です。** 頻繁に故障して修理代がかさむリスクはありますが、ローンを組まずに買えれば、毎月の負担も少なく、家計運営面でも安心できるでしょう。

都心から少し離れていて、車が生活の足として不可欠な地域に住んでいる人は、トータルの費用負担を軽くするためにも、車の買い方を工夫すべきでしょう。

車もサブスクで乗る時代？

近年、毎月定額のサブスクで新車が乗れるサービスを展開しているメーカーや専門業者も登場しました。毎月定額の負担だけで済むというお手軽感はありますが、トータルの費用負担は重くなる可能性もありますので、冷静に比較検討したほうがよいでしょう。

図❶ マイカーVSレンタカー、累積費用比較（プリウス1.8Lの場合）

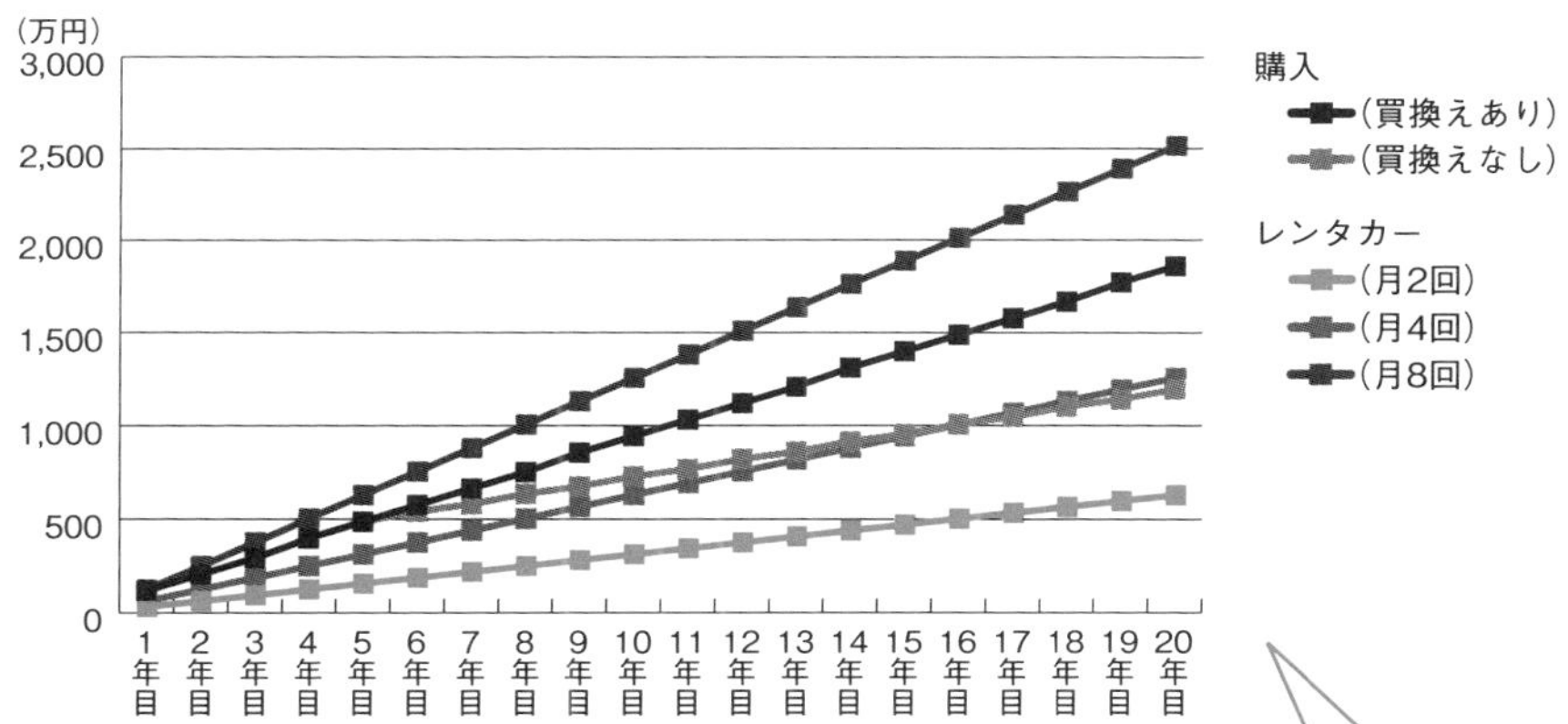

前提条件

マイカー　プリウス1.8L（新車）

本体価格	2,337,300円（2,597,000円の10％値引きがあったと仮定）
諸経費（概算）	300,000円
車検費用	150,000円（新車3年、以降2年ごと）
自動車税	39,500円（初年度はエコカー減税によって実質1万円程度）
自動車保険	約40,000円（年払い）
駐車場代	毎月20,000円
ガソリン代	毎月5,000円
洗車代	毎月1,000円
マイカーローン	金利2%、5年払い（諸費用のみ現金払い）

※買替えありは、5年ごとに同じ車を新車に買替えるものとして試算。

レンタカー

プリウス1.8L（トヨタレンタカー）

※以下の料金プランで、24時間以内使用の料金で試算。
※ガソリン代を1回あたり1,000円加算。

	通常料金
6時間まで	8,800円
12時間まで	9,900円
24時間まで	12,100円
以降24時間毎	9,900円
超過料金	1,650円/時

17 車を買ったら絶対に自動車保険に入るべき理由

任意保険にもしっかり加入しよう

自動車保険には、法律上加入が義務づけられている強制保険と、加入するかどうかは本人が決められる任意保険の2種類があります。

強制保険は、自動車損害賠償責任保険（自賠責保険）といい、交通事故を起こして他人をケガまたは死亡させたときに、最高3000万円（後遺障害で最高4000万円）まで補償するものです（図❶）。

しかし、相手に与えてしまった損害がもっと大きかった場合や、自分への補償も受けたい場合は、自賠責保険だけでなく、任意の自動車保険にも加入しておく必要があります。

特に、図❷のような高額判決の例を見ると、自賠責保険の補償だけでは到底足りません。貯金でカバーすることもほぼ不可能でしょう。だとすると、高額な損害賠償を請求される確率が低いとはいえ、誰でもそのような事故を起こしてしまう可能性があると考えると、任意保険にもきちんと入っておくべきです。

対人・対物補償は限度額無制限で加入するべし

任意の自動車保険は、損害保険会社やJA、全労済などが取り扱っています。インターネットで加入申込みが完了するところもありますので、保険料を比較しながら、加入するところを決めましょう（図❸）。

補償内容としては、対人・対物は無制限が必須。人身傷害補償も多めに加入しておいたほうが、もしもの場合に安心でしょう。

ただし、車両保険は、保険料が高いので慎重に検討します。事故によって車が壊れた際に、自分で修理代を支払うのか、保険でカバーするのか、そして車両保険の有無で保険料がどの程度変わるのかを確認しましょう。

自賠責保険の期限に要注意?!

自賠責保険は、車検期間よりも1ヵ月長く加入するのが一般的なので、車検を通っている車は必ず加入しています。しかし、原付バイクなどの250cc以下のバイクには車検がないので、気をつけないと自賠責保険の期限が切れた状態でバイクを走らせることになります。その場合、罰金刑または懲役刑に加え、免許停止処分を受けることになるため、自賠責保険の期限切れには注意しましょう。

図❶ 自賠責保険の補償内容と保険金の限度額

●補償内容

- 交通事故で他人を死亡させてしまった
- 交通事故で他人にケガを負わせてしまった

●払われる保険金の限度額

死亡	3,000万円
ケガ	120万円
後遺障害	後遺障害の程度に応じた等級よって75万円～4,000万円*

*神経系統・精神・胸腹部臓器に著しい障害を残して介護が必要な場合
常時介護：4,000万円（第1級）、随時介護：3,000万円（第2級）
※上記以外の後遺障害　3,000万円（第1級）～75万円（第14級）

図❷ 高額判決の例（金額は、すべて認定総損害額）

対人事故

判決	金額	被害者	内容
2011年11月1日判決	5億2,853万円	眼科開業医（41歳・男性）	死亡
2016年3月30日判決	4億5,381万円	公務員（30歳・男性）	後遺障害
2017年7月18日判決	4億5,375万円	コンサルタント（50歳・男性）	後遺障害

対物事故

判決	金額	内容
1994年7月19日判決	2億6,135万円	積荷（呉服・洋服・毛皮）
1996年7月17日判決	1億3,450万円	店舗（パチンコ店）
1980年7月18日判決	1億2,036万円	電車・線路・家屋

運転者の年齢を限定すると割安に

任意の自動車保険の保険料は、無事故実績の等級による割引や、運転者の年齢を限定する特約などの割引が受けられるようになっています。

ただし、保険料そのものや割引の度合いは、損害保険各社によって異なりますので、比較検討が重要です。一般的な自動車保険は1年契約で、毎年更新していきます。更新のタイミングで保険会社を変更することも可能ですので、定期的に見直していくとよいでしょう。

車のタイプによっても保険料は変わる

私が免許を取った35年近く前の平成バブル期と比べると、最近はスポーツカータイプの車がすっかり減ってしまいましたね。自称走り屋（笑）としては、少し寂しい気がします。CMを見ていても、ワンボックスやコンパクトカーばかりが人気のようです。

実は、そのような車のタイプによっても自動車保険の保険料は変わります。「型式別料率クラス」と呼ばれ、普通車・小型車では17区分、軽自動車では3区分が設けられています。どの区分に属する車なのかによって、保険料率が異なり、保険料が変わるわけです。

簡単に言えば、スポーツカーなどの過去のデータで事故率の高い車の保険料は高くなり、ワンボックスなどのファミリーカーで過去の事故率の低い車の保険料は安くなるのです。

そのため、もし購入する車を迷っているなら、その車の型式別料率クラスを調べて、自動車保険料が安くなりそうなほうを選ぶというのも1つの方法でしょう。型式別料率クラスは、損害保険料率算出機構のWEBサイトで確認できます。

図❸ 任意の自動車保険の分類

補償の対象	ヒト		モノ
相手への賠償	他人を死傷させた場合 **対人賠償責任保険** 自動車事故により、他人を死亡させたり、ケガを負わせたりして法律上の損害賠償責任が生じた場合、自賠責保険の補償額を超える部分に対して補償		他人のモノを壊した場合 **対物賠償責任保険** 自動車事故により、他人の自動車や建物などの財物に与えた損害に対して、法律上の損害賠償責任を負った場合
自分の補償	自分や搭乗者が死傷した場合 **人身傷害補償保険** 自動車事故により、死亡したり、ケガを負ったりしたときに、自分の過失部分を含めて、自分の契約している損害保険会社から損害額の全額	**搭乗者傷害保険** 運転者や同乗者など、自動車に搭乗中の人が事故によって死亡したり、ケガを負ったりした場合	自分の車が壊れた場合 **車両保険** 偶然の事故により、自動車が損害を受けた場合。一般的な車両保険と、補償範囲を限定して保険料を抑えたタイプの車両保険がある
	または **自損事故保険*** 自賠責保険では補償されない運転者自身の自損事故（運転ミスによる電柱への衝突など）で、運転者などが死亡したり、ケガを負ったりした場合	**無保険車傷害保険*** 対人賠償保険を契約していないなど、賠償資力が十分でない他の自動車に衝突されて、運転者や同乗者が死亡または後遺障害になった場合	

組み合わせ可能

＊人身傷害保険を付けない場合の限定的な補償として用意されている

※保険商品によっては、示談代行サービスがついている保険商品もある（被害者との示談交渉を保険会社が代行して行うサービス）

18 便利なキャッシュレス決済、使い過ぎに要注意！

同じキャッシュレス決済でも支払うタイミングが違う？

最近、キャッシュレス決済が広まってきているため、現金はほとんど持ち歩かないという人も増えているようです。キャッシュレス決済は、支払うタイミングによって3つに分類できます（図❶）。

後払い式

後払い式は、**設定された利用可能額の範囲内で買い物ができ、翌月または翌々月の指定された日にまとめて支払う仕組み**です（クレジットカード等）。

他のカード等との大きな違いは、一括払い、ボーナス払い、分割払い、リボ払いなどの支払方法が選べる点です。通常、一括払い、ボーナス払い、分割払い（2回払いのみ）は手数料がかからず、それ以外は手数料がかかります。

また、多くのカードは利用金額に応じてポイントが貯まります。ポイント還元率は他の支払方法に比べて高めです。

即時払い式

即時払い式は、**銀行口座の残高の範囲内で買い物ができ、会計をした瞬間に銀行口座から代金が引き落とされる仕組み**です（デビットカード等）。

一括払いのみが利用可能で、クレジットカードに比べるとポイント還元率は低めですが、ポイントの代わりにキャッシュバックがあるものもあります。

前払い式

前払い式は、**基本的には先にお金をチャージして、その残高の範囲内で買い物をする仕組み**です（電子マネー等）。

ただし、クレジットカードと連携することで、残高が一定以下になったとき自動チャージできるものもあります。その場合は、連携したクレジットカードで支払うことになるため、実質的には後払いになります。

図❶ キャッシュレス決済の分類

後払い式
（クレジットカードなど）

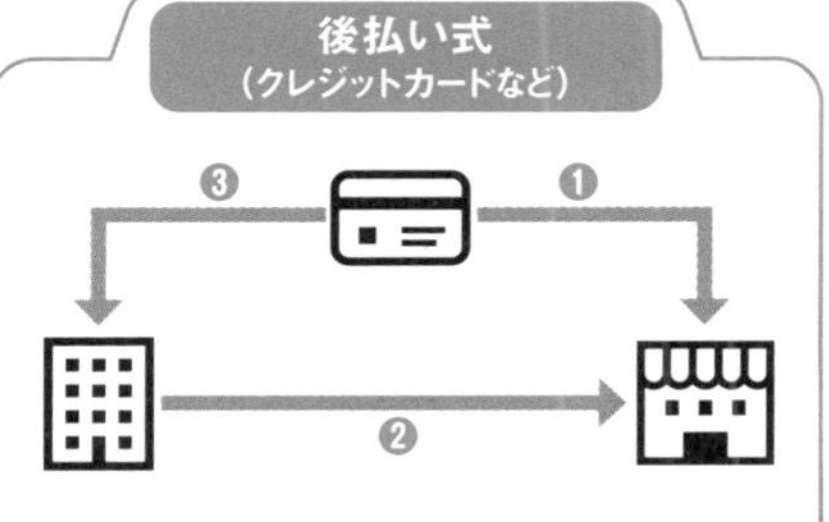

❶クレジットカードを利用する
❷支払代金はカード会社が立て替える
❸買い物の分だけ、後からカード会社に支払う

即時払い式
（デビットカードなど）

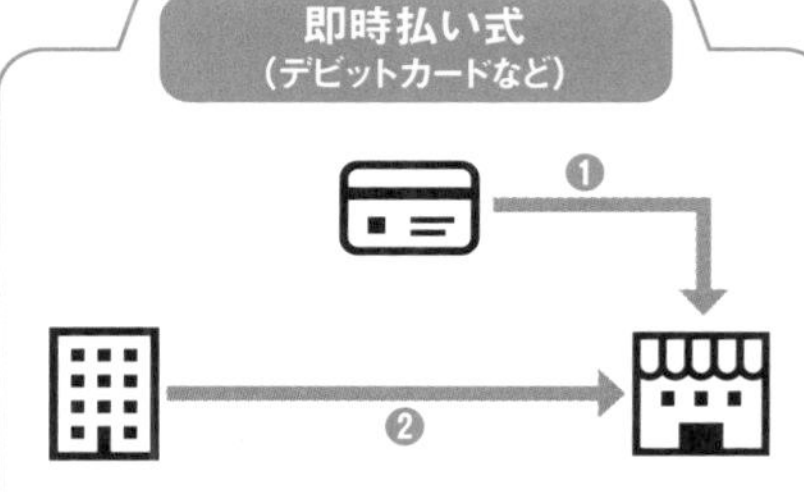

❶デビットカードを利用する
❷自分の銀行口座から即時引き落としで代金を支払う

主な対象決済手段：VISA、mastercard、JCB 、J-Debitなど

前払い式
（電子マネー、プリペイドカード）

❶専用のカードやスマートフォンに前もって入金する（チャージ）
❷店頭でカード等を読み取り、代金を支払う

主な対象決済手段：
Suica、PASMO、nanaco など

知っトク！

賢く「ポイ活」をしよう！

カードなどでもらえるポイントを上手に貯めて、上手に使うことは「ポイ活」とも呼ばれ、ポイントは基本的に現金には換えられない、利息がつかない、サービスを提供している会社が破綻したら無価値になるなどの注意点があります。ただ、最近ではポイントで投資信託を買えるなど、ポイントで投資できるようなところも増えています。

QR・バーコード決済で個人間送金も楽チン

QR・バーコード決済

近年増えているのが、QRコード※やバーコードで決済できるサービスです。クレジットカードやデビットカードと連携して、後払いや即時払いにでき、さらに事前チャージするよう設定することで電子マネーのようにも使えます。個人間で簡単に送金できるサービスも便利です（図❷）。

リボ払いには要注意！

キャッシュレス決済はとても便利ですが、お金を使っている感覚がなくなるという非常に危険な一面もあります。

特に、クレジットカードのように後払いのものは、借金であると認識すべきです。安易に「リボ払い」（毎月一定額を返済していく支払方法）を使ってしまうと、重い手数料（金利）負担で、なかなか支払いが終わらないという事態にもなりかねません。まさに、「お金がない」という意味の「キャッシュレス」にならないよう注意しましょう。

※QRコードは㈱デンソーウェーブの登録商標です

納税にもキャッシュレス決済が広まる！

東京都では、2011年から自動車税の支払いにクレジットカードが利用できるようになり、2015年からは固定資産税や都市計画税の支払いにも利用できるようになっています。

その後、2017年1月からは所得税や法人税などの国税も、クレジットカード納付が認められるようになりました。そして最近では、電子マネーやQRコード決済での支払いに対応する自治体も増えてきています。

近年このような動きが進んできている理由は、国が積極的にキャッシュレスの普及に力を入れているからです。キャッシュレスの普及は、利便性の向上だけでなく、ペーパーレスなどの事務コスト削減、顧客の購買動向把握などの企業側のメリット、海外観光客のインバウンド消費拡大による経済効果などのさまざまなメリットが期待できます。

そのような背景から、経済産業省がキャッシュレス推進への課題と方向性を「キャッシュレス・ビジョン」として打ち出したのが2018年4月でした。そして、キャッシュレスを進めていくためにはオールジャパンでの取り組みが必要だとして、産学官が連携した組織「キャッシュレス推進協議会」が2018年7月に設立されたのです。

諸外国に比べてキャッシュレス化が遅れているといわれる日本も、今後さらにキャッシュレス化が進んでいくことでしょう。

図❷ 主なQR・バーコード決済サービスの仕組みと比較

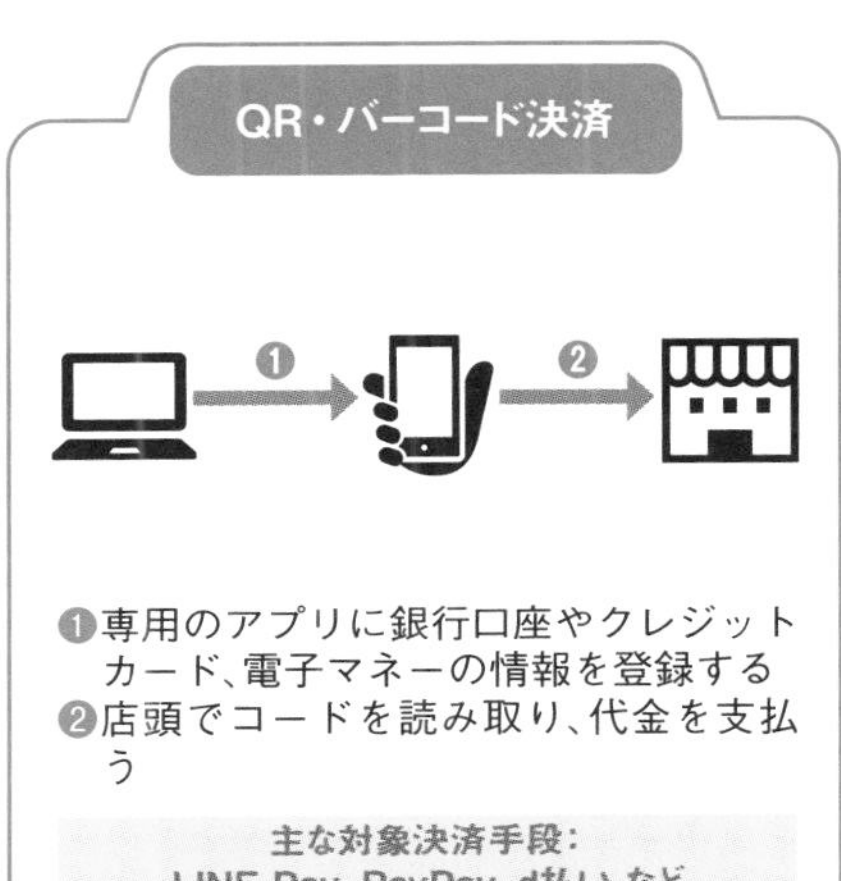
QR・バーコード決済
❶
❷
❶専用のアプリに銀行口座やクレジットカード、電子マネーの情報を登録する
❷店頭でコードを読み取り、代金を支払う
主な対象決済手段:
LINE Pay、PayPay、d払い など

	サービス名	使える場所	支払方法	個人間送金機能	割り勘機能	クレジットカードとの紐付け
ネット系	楽天ペイ	500万ヵ所以上 *1	・事前チャージ ・即時ポイント払い ・後払い	○ (楽天キャッシュの送付)	×	○
	LINE Pay	330万ヵ所以上 *2	・事前チャージ ・後払い	○	○	○*3
	PayPay	230万ヵ所以上 *2	・事前チャージ ・後払い	○	○	○
	メルペイ	161万ヵ所以上 *4	・事前チャージ ・後払い	○	×	×
通信系	d払い	194万ヵ所以上 *2	・事前チャージ ・即時チャージ ・後払い	○	×	○
	au Pay	240万ヵ所以上	・事前チャージ ・即時チャージ ・後払い	○*5	×	○

*1 楽天ペイ、楽天ポイントカード、楽天Edyを含む楽天グループのスマホ決済対応数　*2 2020年6月現在
*3 「Visa LINE Payクレジットカード」のみ。Visa LINE Payクレジットカード発行で、使える場所は国内外Visa加盟店約6,100万店
*4 導入予定を含む。iD/QR重複除く　*5 一定の条件あり

19 年末調整の仕組みと源泉徴収票の内容を知っておこう！

年末調整の還付は臨時収入じゃなかった！

会社員時代、毎年1月15日が楽しみでした（当時、山一証券は毎月15日が給料日）。

というのも、その日は、通常の給与とは別に臨時収入が5万円ほどあったからです。当時20代の私は「超ラッキー！」と思い、先輩と飲みに行ったのを覚えています。

このとき何が起こっていたのでしょうか？　そう、年末調整の還付です。山一証券が破たんしてからFPの勉強を始めて、あれは支払いすぎていた税金の還付であって、臨時収入ではないことを知りました……。

年末調整は所得税の精算

会社員などの給与所得者は、毎月の給与と扶養親族の人数に応じた概算の所得税額が給与から差し引かれるようになっています。そして、勤務先の会社などが年末に正確な所得税額を算出し、過不足を調整するのが年末調整です。

生命保険、地震保険等の加入状況や、その年の途中で扶養親族の人数が増えた場合など、給与天引きされていた所得税よりも実際の所得税が少なかった場合は、その分が還付されます。逆に、実際の所得税のほうが多かった場合は、その分が徴収されます。還付や徴収は、12月または翌年1月の給与支給時に行われるのが一般的です。そして、年末調整の結果が源泉徴収票に記載されています。

自分が支払っている税額は知っておこう

自分の所得税額がどのように計算されて、最終的にいくらで確定したのか、源泉徴収票を確認しましょう（図❶）。あわせて、1年間で支払った社会保険料（厚生年金、健康保険、雇用保険など）の金額も確認し、税金や公的保険料の負担がどの程度なのか、合計を計算してみてください。

おそらく、年収の20％強の方が大半なのではないでしょうか。

毎年確認していけば、きっと1人の国民としての参加者意識が高まるはず。そうすれば、税制や社会保険の制度についての問題意識も高まるかもしれません。

Q 年間の手取り収入はどのように計算しますか？

A 年間の手取り収入（可処分所得）は、源泉徴収票の「支払金額」（年収）から、「源泉徴収税額」（所得税額）と「社会保険料等の金額」（社会保険料）を差し引き、さらに、住民税の特別徴収税額の決定通知書に載っている「特別徴収税額」（住民税額）を差し引くことで計算できます。

図❶ 源泉徴収票の見方

20 確定申告はトクになることが多い!?

✔確定申告ってどんなもの?

確定申告は、1年間の所得について、翌年2月16日から3月15日までの間に税務署に申告し、納税する仕組みです。 会社員のほとんどは、年末調整で所得税の精算を済ませるため、確定申告の必要はありません。確定申告が必要なのは、個人事業主の方と、一部の会社員だけです（図❶）。

近年では、e-Tax（イータックス）（国税電子申告・納税システム）が導入され、オンラインでも申告できるようになりました。

✔確定申告したほうがトクな人とは?

確定申告が必要ない会社員の方でも、実は、確定申告をしたほうがトクになる人もいます（図❷）。

例えば、医療費控除や住宅ローン控除等は、年末調整では受けられません。 そのため、会社員でも確定申告が必要になるわけです。

✔医療費の領収書は年末まで取っておこう!

私も、医療費控除は2人の子どもが生まれたタイミングで受けました。検診費用や分娩費用を含め、その年に支払った家族全員の医療費の合計から、出産育児一時金を差し引いた金額で確定申告をしました。結果として10万円程度の医療費控除を受けられ、所得税と住民税で2万円ほどトクになりました。

医療費控除の対象になる医療費は、基本的に治療に直接関係あるものとなっており、市販の風邪薬でも対象になります。 家族全員分が対象なので、家族全員分の領収書やレシートは、家族全員分を年末まで保管しておいて、年末に合計金額を計算してみましょう。合計額が10万円を超えていれば、医療費控除が受けられる可能性があります。

図❶ 会社員でも確定申告が必要な場合

年収が2,000万円超	年末調整の対象外のため、確定申告による所得税の精算が必要
副業などによる所得が20万円超	給与所得と退職所得以外に年間20万円を超える所得（＝収入－経費）を得ている場合、確定申告が必要（20万円以内なら不要）
2つ以上の会社から給与をもらっている	複数の会社から得ている給与所得の合計額にかかる所得税は、1つの会社の年末調整だけでは精算できないため、確定申告が必要（20万円以内なら不要）

図❷ 会社員でも確定申告したほうがトクな場合

所得から控除	医療費控除	本人と同一生計の家族の分を合わせて年間合計10万円を超える医療費がかかった場合、10万円を超えた分について控除可能
	寄附金控除	特定の団体等への2,000円以上の寄附（ふるさと納税等）が対象。「年間の寄附額」または「総所得金額の40%」の内低いほうの金額から2,000円を差し引いた金額が控除可能
	雑損控除	災害・盗難等により住宅・家財等の資産に対し、保険金等を超える損害が生じた場合、一定額控除可能
税額から控除	住宅ローン控除	住宅ローンを組んで住宅を建築・購入・増改築した場合、年末ローン残高の0.7%が10年または13年にわたって控除可能。また、会社員の場合、初年度のみ確定申告が必要（2年目以降は年末調整で控除可能）
	配当控除	所得が1,000万円以下の場合、上場株式等の配当金の10%または5%が控除可能。所得税率が20.315%以上なら配当控除を受けない方がトク

●医療費控除の計算式

医療費控除（最高200万円） ＝ **実際に支払った医療費の合計額**（同一生計の家族全員の医療費） － **保険金等で補填された金額**（公的保険民間保険の保険金等） － **10万円**（総所得金額等が200万円未満の場合は、総所得金額等×5％）

●医療費控除の対象になる医療費とならない医療費

区分	対象になる医療費（治療に直接関係があるもの）	対象にならない医療費（治療に直接関係がないもの）
通院・入院	診療費・治療費・通院費・交通費・入院時の部屋代・食事代・マッサージ・鍼灸師の施術費・松葉杖・補聴器などの医療機器購入代	マッサージ・鍼灸師の施術費 医師・看護師に支払う謝礼金
医薬品	治療や療養に必要な医薬品代（風邪のためなどに購入した一般医薬品など）	病気予防・健康増進・美容目的のサプリメント代
歯科費用	歯の治療費・治療目的の歯列矯正費	美容目的の歯列矯正費
出産費用	妊娠後の検査・定期健診費・助産師による分娩介助費	手伝いに対して支払う謝礼金

Q 健康診断や人間ドックは医療費控除の対象になりますか？

A 健康診断や人間ドックの費用は、治療に直接関係がないため、基本的には医療費控除の対象になりません。しかし、それにより重大な病気が見つかってすぐに治療に移った場合など、医療費控除の対象になることもあります。

21 ふるさと納税って、おトクなの？

本来は故郷の自治体に納税できる仕組み

学生時代、長期休みに帰省をする友人が何人かいました。東京育ちの私は「帰省する故郷があるっていいなぁ」と思ったものです。そんな友人たちも、多くが東京で就職しました。そのようにして都会は人口が増え、税収も増えます。一方、地方都市は人口が減り、税収も減ります。

このような事態に対応するため、**自分を育んでくれた「ふるさと」に、自分の意思で納税できる制度として、2008年に「ふるさと納税」がスタートしました。**「納税」という言葉を使っていますが、正確には、都道府県や市区町村に対する「寄附」です。生まれ育った「ふるさと」のほかに、自分の意思で応援したい自治体を、全国の都道府県・市町村から選ぶことができます。

2000円で特産品が買えるイメージ

ふるさと納税を利用し、確定申告をすると、所得税・住民税の「**寄附金控除**」を受けることができます。

1年間に寄附した金額から2000円を引いた分だけ税金が安くなるので、実質2000円の負担で、寄附した自治体の特産品などの返礼品がもらえる仕組みです（図❶）。ただし、総所得金額および家族構成によって、控除できる金額に上限があります（図❷）。

「ワンストップ特例」で確定申告不要に

ふるさと納税で寄附金控除を受けるには、確定申告が原則ですが、「**ワンストップ特例制度**」を利用すれば、**確定申告が不要です。**次の要件すべてを満たせば利用できます。

①給与所得者である
②2か所以上から給与を受けていない
③年収が2000万円以下
④給与所得以外の所得が20万円以下

⑤ふるさと納税を行った自治体が5つ以内
⑥確定申告をしていない
⑦翌年1月10日までに、ふるさと納税を行ったすべての自治体に、ワンストップ特例制度の申請書を送付した

なお、この特例を受けられる対象であっても、原則どおり確定申告によって寄附金控除を受けることも可能です。

図❶ 寄附金控除で税金が安くなる金額の計算式

自己負担額	適用の下限額2,000円
控除の対象	所得税の控除額 【ふるさと納税額−2,000円】 ×所得税の税率
	住民税の控除額（基本） 【ふるさと納税額−2,000円】 ×住民税の税率（10%）
	住民税の控除額（特例） 住民税（所得割）額の 20%が限度

図❷ 寄附金控除の上限額の目安（給与収入・家族構成別）

本人の給与収入	ふるさと納税を行う方の家族構成						
	独身 共働き	夫婦	共働き 子1人 （高校）	共働き 子1人 （大学）	夫婦 子1人 （高校）	共働き 子2人 （高校と大学）	夫婦 子2人 （高校と大学）
300万円	28,000円	19,000円	19,000円	15,000円	11,000円	7,000円	-
400万円	42,000円	33,000円	33,000円	29,000円	25,000円	21,000円	12,000円
500万円	61,000円	49,000円	49,000円	44,000円	40,000円	36,000円	28,000円
600万円	77,000円	69,000円	69,000円	66,000円	60,000円	57,000円	43,000円
700万円	108,000円	86,000円	86,000円	83,000円	78,000円	75,000円	66,000円

（出所）総務省ふるさと納税ポータルサイトより作成

図❸ 国税庁長官が指定した特定事業者の一覧（2023年1月13日現在）

表示番号	ポータルサイト名	表示番号	ポータルサイト名	表示番号	ポータルサイト名
FN	ふるなび	FH	ふるさと本舗	SF	さとふる
MI	三越伊勢丹ふるさと納税	RA	楽天ふるさと納税	JL	JALふるさと納税
FC	ふるさとチョイス	AU	au PAY ふるさと納税	TK	ふるさとパレット
AF	ふるラボ	FP	ふるさとプレミアム	IF	ふるさと納税ニッポン!
PL	ふるさとぷらす	GF	G-Call ふるさと納税	CS	セゾンのふるさと納税
AN	ANAのふるさと納税	AN	ANAのふるさと納税	JR	JRE MALL ふるさと納税

（出所）国税庁Webサイトより作成

寄附金控除申請がもっと楽に？

複数の自治体にふるさと納税をした場合、それぞれの自治体が発行する「寄附金の受領書」を確定申告書にすべて添付する必要がありましたが、2021年分からは、「寄附金の受領書」に代えて、ふるさと納税を取り扱っている特定事業者（図❸）が発行する「寄附金控除に関する証明書」を添付することが認められるようになりました。

22 やっちゃえ!? 副業・兼業

副業・兼業を国が推奨している?

いま、国が副業や兼業を普及促進させようとしているって、ご存じですか?

2018年、厚生労働省が「副業・兼業の促進に関するガイドライン」を公表。さらに、2020年、**企業と労働者が安心して副業・兼業できるようにするために、本ガイドラインの改定を行いました。**

また、企業が就業規則を作る際に参考にする「モデル就業規則」(厚生労働省)も、今回のガイドラインにあわせて改定され、「労働者は、勤務時間外において、他の会社等の業務に従事することができる」ように変わりました。つまり、勤務時間外なら自由に副業や兼業をしていいよ、というわけです。

ただし、本業に支障を来す場合や、企業秘密が漏れる場合、企業の名誉や信用、利益を害する場合は、企業が副業を禁止または制限できるようにすることが可能です。

副業はメリットがたくさん!

副業・兼業のメリットは、何といっても収入増でしょう。仮に、毎月5万円でも副業収入が得られたら、年間60万円、10年間で600万円にもなります。

副業収入5万円を消費に回さず、毎月の積立投資にした場合、年4~5%の利回りだと、30年間で3000~4000万円の資産になります。副業収入だけで老後資金を準備することも可能かもしれません。

そのほか、スキルアップやキャリアアップだけでなく、人脈や視野が広まるなどの効果も期待できます。また、副業の内容(図❶)によっては、本業のスキルを活かせたり、副業が本業に役立てられたりすることもあるでしょう。副業には、単なる収入アップだけではない、さまざまなメリットがあるのです。

一方、デメリットとしては、労働時間が増える点や、副業による所得が年間20万円を超えると確定申告が必要になる点が挙げられます。

副業が安定してきたら開業届を

副業といっても、最初は収入も多くないはず。事業的な規模で継続的にしていなければ、税務署に開業届を出す必要はないでしょう。開業届を出すと、個人事業主としても収入を得ていることになるので、会社を辞めたときの失業手当（雇用保険の基本手当）が受け取れなくなります。

副業収入が順調に増え、事業的規模になってきてから、改めて開業届と青色申告承認申請を税務署に提出すればよいでしょう。

図❶ 副業にはこんな種類がある！

アフィリエイト
自分のブログやHPで企業の商品・サービスを紹介し、それを見た人がクリックして商品を購入した際に、企業から報酬を得る

せどり、物販
商品を安く仕入れて高く売り、その差額を利益とする。未使用品であっても一般消費者から買い取って転売する場合は「古物商の許可」が必要（新品を転売する場合は不要）

株式、FX、暗号資産（仮想通貨）などの投資
将来が有望な投資先に、長期的に資金を投じること。利益は譲渡所得または雑所得として課税対象

WEBライター・デザイナー
インターネットサイト上の文章や、デザインを制作することで報酬を得る

モニター
アンケートへの回答や座談会への参加、商品やサービスのモニターとして感想を書くなどして報酬を得る

家事代行、ベビーシッター、ハウスクリーニング
家事代行やベビーシッター、ハウスクリーニングをして報酬を得る

デリバリー、宅配
UberEats（ウーバーイーツ）などのデリバリーをして報酬を得る

不用品販売
フリマアプリやネットオークションで不用品を販売する。日用品などの生活用動産を売って利益が出ても、基本的には課税されない

ハンドメイド作品の販売
自分で作ったハンドメイド作品を、通販サイトなどで販売する。不用品の販売と違い、モノを作って売るため利益は課税の対象

不動産投資
中古のマンションやアパートを買って貸し出し、家賃収入を得る。持っている土地を駐車場として貸し出し、駐車場代を得る。いずれも利益は不動産所得として課税対象

副業を始めるときは、必ず会社の就業規則を確認しよう！

副業を始めるなら会社の就業規則を確認しましょう。なぜなら、就業規則に「副業は禁止」とされている可能性があるからです。就業規則上の副業禁止には、法的拘束力はありませんが、会社や上司とのトラブルは避けるべきです。勤務時間外に行うことや本業に支障を来さないことなどを、誠実に伝えることが重要でしょう。

23 人生で2、3回の転職は当たり前の時代に？

仕事が楽しくないなら環境を変えよう！

みなさん、今の仕事は楽しいですか？

「楽しい！」と即答できる人は素晴らしいですね。そんな仕事に出会えたことに感謝しましょう。

「ちっとも楽しくない」とか、「ツライ」と思っている人は、とっとと転職を考えたほうがおよいかもしれません。

私たちは、20歳代前半から60歳代半ば（最近では70歳前後）まで40年以上の長い期間、仕事に就くのが通常です。休みの日があるとはいえ、仕事に多くの時間を費やす必要があります。その仕事の時間が、「楽しくない」「ツライ」ものだとすると、人生の大半の時間がそのような時間になってしまうのです。

それでも昔であれば、年功序列型の賃金制度によって、ガマンして勤め続けるほど収入が増え、たくさんの退職金が出ました。ガマンの対価としての報酬が得られたのです。

しかし現在は、終身雇用や年功序列型の賃金制度はほぼなくなったといってよいでしょう。**人生で2、3回の転職をするのは当たり前の時代になってきています**（図❶）。

今まさに、楽しくない、ツライのであれば、環境を変えることを検討すべきでしょう。

目の前の仕事を全力で楽しもうとすること！

もちろん、環境を変えればすべてのことが好転するかというと、必ずしもそうとは限りません（図❷）。どんな仕事でも、1から10まですべてが楽しいと言える仕事はなかなかないからです。悩んだり、苦しんだりすることもあるでしょう。

それでも、少しでも「楽しい」と思える仕事、もしくは、一生懸命頑張った先に「楽しさが待っている」と信じられる仕事であれば、悩みや苦しみを乗り越えられるでしょう。

だからこそ、「楽（らく）な仕事」を選ぶのではなく、「楽しい仕事」

や「楽しめそうな仕事」を選ぶことが重要でしょう。

同じ「楽」という漢字でも、「楽（らく）」と「楽しい」は、大きく違います。「楽しい」は、人から与えられるものではなく、内から湧き出る感情です。

したがって、「楽しい」状態を作るためには、自ら楽しもうとする姿勢が重要になります。仕事があることに感謝をしながら、全力で楽しもうとする姿勢が、「楽しい」状態を作るのです。

人生はいつでも、「これから」です。過去と他人は変えられません。自分の将来にワクワクを作っていきましょう。

図❶ 転職理由ランキング
（2021年7月～2022年6月）

順位	転職理由	割合
1位	給与が低い・昇給が見込めない	36.9%
2位	社内の雰囲気が悪い	26.9%
3位	人間関係が悪い／うまくいかない	26.6%
4位	尊敬できる人がいない	24.7%
5位	会社の評価方法に不満があった	23.3%
6位	肉体的または、精神的につらい	21.5%
7位	社員を育てる環境がない	21.2%
8位	意見が言いにくい／通らない	20.8%
9位	昇進・キャリアアップが望めない	20.4%
10位	ハラスメントがあった（セクハラ・パワハラ・マタハラなど）	19.7%

（出所）転職サービスdoda「転職理由ランキング【最新版】」
https://doda.jp/guide/reason/より作成

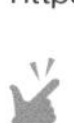

図❷ 転職のメリット・デメリット

転職のメリット	転職のデメリット
• **収入アップの可能性あり** それまでに培った技術や資格によっては収入が増える可能性がある • **人間関係がリセットできる** 職場内の人間関係のしがらみから解放される • **人事評価がリセットできる** それまでの人事評価は新しい会社に行けば完全にリセットされる • **自分に合った環境・仕事を選べる** • **新しいことにチャレンジできる** いままで経験したことのない職種や仕事にチャレンジできる • **人脈や視野が広がる** 職場環境や人間関係が変わることで人脈が広がったり視野が広がったりする	• **収入ダウンの可能性あり** 何らかの専門技術や知識、資格などをアピールできないと収入が減る可能性がある • **退職金が少なくなる** 退職金は勤続年数が長いほど増えるのが一般的なため、早く退職すると少なくなる • **年金受給額が減る可能性がある** 厚生年金は加入期間と報酬で決まるため、転職活動中の未加入で減る可能性がある • **新しい環境に慣れるまで時間がかかる** • **ローンの審査に通りづらくなる** 転職したばかりのうちは勤続年数が短いため、住宅ローンなどの審査に通りづらい。ただし、転職前にローンを組むと、転職後に収入が減り、返済が苦しくなる可能性があるため要注意

Q｜転職した翌年は確定申告が必要ですか？

A 会社を退職すると、その年の収入についての源泉徴収票をもらえるので、それを転職先の会社に提出します。そうすれば、新しい会社で1年間のトータルの収入に対する年末調整（税金の精算）をしてくれるので、翌年の確定申告は原則必要ありません。

24 あなたはどうする？パートナーシップ

4人家族は1割程度しかいない？

最新の国勢調査（2020年）によると、日本では1人世帯が最も多く（38%）、次いで2人世帯（28%）が続きます。合計で66%、つまり、全体の3分の2が1人か2人の世帯となっているようです（図❶）。

その昔、「標準世帯」と呼ばれた夫婦＋子2人の4人家族の割合は、着実に減少傾向にあり、現在は全世帯の1割程度しかいません。サザエさんのような1つの家に7人（タマを入れると8人？）で住んでいる世帯は、いまや超レアな存在といえるでしょう。

近年では、平均初婚年齢も生涯未婚率も上がっています（図❷❸）。晩婚化と未婚化が進んできているようです。

健康的な生活のためにも絆が大切

もちろん、だからといって皆さんに、「早く結婚しましょう！」と言いたいわけではありません。人それぞれの価値観や考え方があります。どう考えるかは自由だと思います。

私の場合は、25歳で結婚しましたが、45歳のときに離婚、3人の息子を引き取りシングルファーザーになりました。まったくもって想定外の出来事でした。

それでも、どちらかと言えば「結婚はいいものですよ」と言いたい気持ちのほうが大きいのも事実。息子たちも元気に育ってくれていますし、数年前に知り合ったパートナーともよい関係を築けています。

人は、1人で暮らすことはできても、1人で生きていくことはできません。パートナーや家族、友人などとのつながり、社会とのつながりがあってこそ、健康的な生活ができるのです。

まずは「お友だち」作りから

結婚にもメリット・デメリットがあります。当然ながら、生涯独身もメリット・デメリットがあります（図❹）。

どう考えるかは個人の自由ですが、ひとりでも多くの「お友だち」（年齢、性別、リアル、オンライン上を問わず）を作っておくとよいでしょう。

友だち作りで重要なのは、嫌われないこと。「常に笑顔で、相手の話を真剣に聞く」ことです。話し上手になる必要はありません。笑顔で話を聞いてあげれば、きっと好かれます。

友だちがたくさんできれば、その中で将来的にパートナー（異性でも同性でも）になる人が見つかるかもしれません。まずは、「持つべきものは友」を意識したいものです。

図❶ 世帯人員別一般世帯数の推移（2000～2020年）

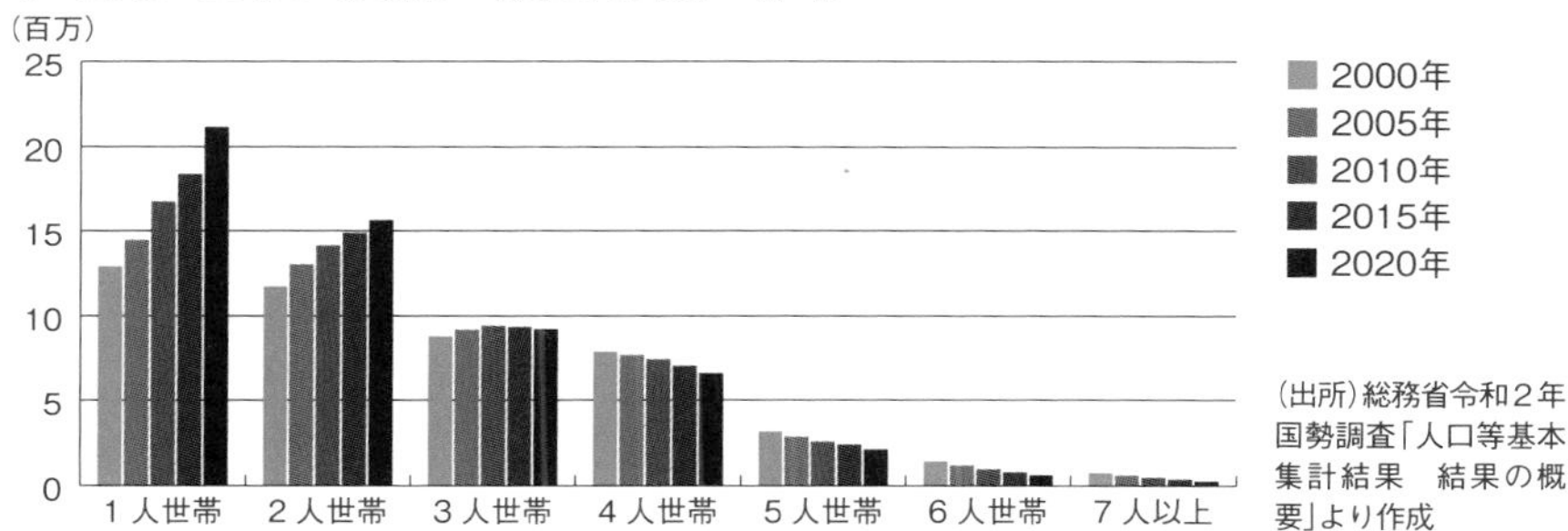

（出所）総務省令和2年国勢調査「人口等基本集計結果　結果の概要」より作成

図❸ 50歳時の未婚割合の推移

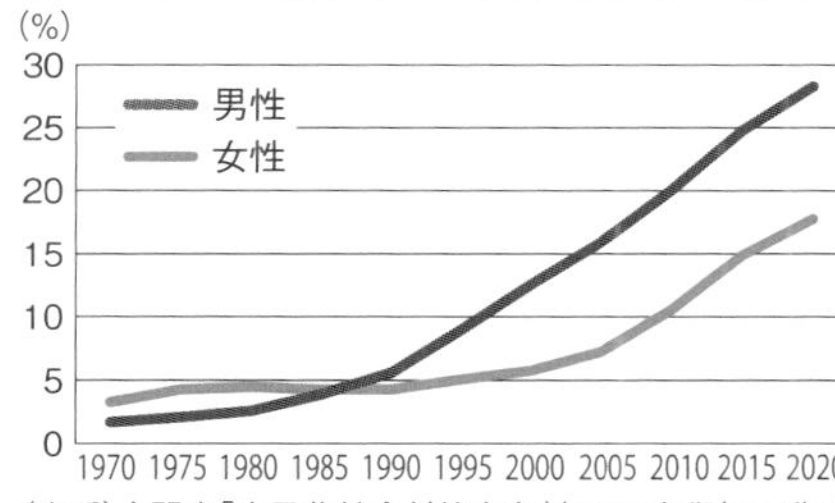

（出所）内閣府「少子化社会対策白書」（2023年版）より作成

図❷ 平均初婚年齢の推移

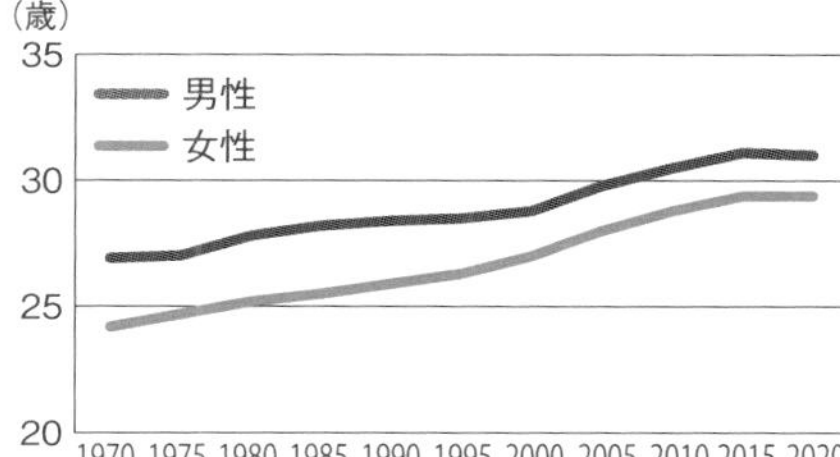

（出所）内閣府「少子化社会対策白書」（2023年版）より作成

図❹ 結婚・独身それぞれのメリット・デメリット

	メリット	デメリット
結婚	・好きな人と一緒にいられる ・新しい家庭、子どもが持てる ・親を安心させられる ・共働きで経済面での余裕ができる ・税制面での優遇を受けられる ・配偶者は必ず相続人になる	・自由な時間が少なくなる ・自由に使えるお金が少なくなる ・家事の負担が増える ・親戚付き合いがそれなりに必要
独身	・時間やお金を自由に使える ・親戚付き合いを気にしなくていい ・家事の負担が少ない ・趣味を楽しめる	・病気のときに頼れる人がいない ・孤独死に対する不安がある ・経済的な不安がある ・親を安心させられない

25 多様化するパートナーシップ

✔進むパートナーシップ制度の導入

近年、同性カップルを「結婚に相当する関係」として認めるパートナーシップ制度を導入する自治体が増えてきました。2015年に渋谷区と世田谷区でスタートし、今では全国328の自治体が導入。人口カバー率も70％超と、ここ数年で一気に進んだことがわかります（図❶）。

日本における性的マイノリティ（性的少数者。LGBTQ）の方の割合は、約3％～10％程度といわれています。単純計算で数百万人規模に上るようです。

それだけ多くの方が、悩みを抱えて生活している可能性を考えると、もっともっと国や自治体によって制度が推進され、人々の理解が進むことが期待されます。

✔事実婚はここに注意！

最近は、同性カップルだけでなく、夫婦別姓を選択する異性カップルなど、法律上の婚姻ではなく事実婚を選択する夫婦が増えてきているようです。法律上の結婚か事実婚かは、人それぞれの価値観や考え方がありますので、自由だと思います。

ただ、**事実婚にもメリットやデメリット、注意点がいくつかあるので、事実婚を選択する際には、事前に対策できるものは実行しておきましょう**（図❷）。

例えば、事実婚でも要件さえ満たしていれば、健康保険や年金などの社会保険の扶養、生命保険の受取人、携帯電話の家族割などについては認められるのが一般的です。

一方、法律上の婚姻関係がないと認められないのが、税金関係（配偶者控除が受けられないなど）と相続関係（相続人になれないなど）です。

また、子どもが生まれた場合も、入籍していないと子は母親の戸籍に入ります。父と子の関係を認めてもらうためには認知が必要ですし、父親の姓を名乗るためには家庭裁判所の許可が必要です。

事実婚の場合に望まれる手続き

事実婚を選択した場合、入院や手術のときの同意書へのサインも認められないケースがあるので、明らかに事実上の夫婦であることを証明するために書類を作成しておきましょう。

例えば、住民票を2人で同一世帯にして、世帯主との続柄を「夫（未届）」「妻（未届）」とする、事実婚であることの証明書として公正証書を作っておく、などがあります。

また、事実婚だと、お互いに相手の法定相続人になれないので、万が一のために、お互いが相手の相続人となれるよう遺言書を作っておくのもよいでしょう（第8章98）。

図❶ パートナーシップ登録件数と制度導入自治体数

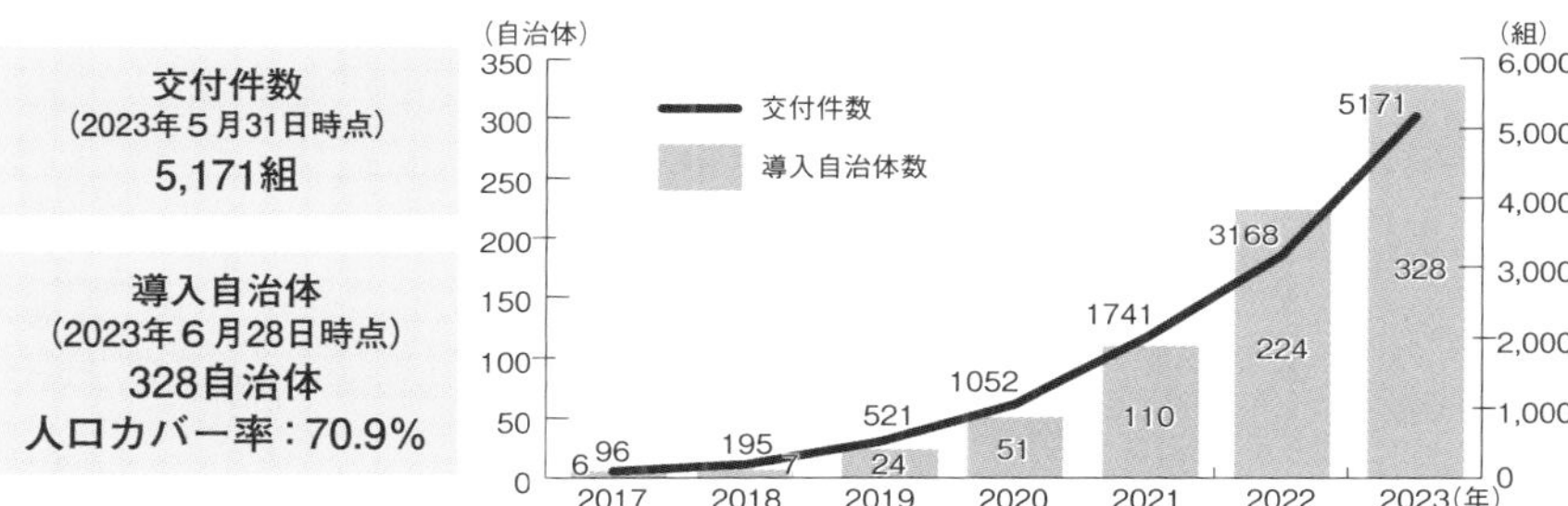

（出所）渋谷区・認定NPO法人虹色ダイバーシティ 全国パートナーシップ制度共同調査 より作成

図❷ 事実婚のメリット・デメリット

事実婚のメリット	事実婚のデメリット
• 夫婦別姓が可能 • 苗字変更の手続きが不要 • 事実婚を解消（離婚）した際の手続きが不要 • 事実婚を解消したときの財産分与や養育費の請求が可能 • 健康保険や厚生年金の扶養に入ることができる • 生命保険の受取人になれる • 携帯電話の家族割が適用される	• 配偶者控除、配偶者特別控除が受けられない • 相続権がない • 生命保険の受取人になるために手続きが必要 • 手術などの同意書へのサインや面会などが認められない可能性がある • 子どもが婚外子となる • 認知しないと父親と認められない • 子どもが父親の姓になるには手続きが必要

Q LGBTQは、どのような人を表しますか？

A LGBTQとは、Lesbian（レズビアン）（女性同性愛者）、Gay（ゲイ）（男性同性愛者）、Bisexual（バイセクシュアル）（両性愛者）、Transgender（トランスジェンダー）（性自認と出生時に割り当てられた性別が異なる人）、Queer（クイア）やQuestioning（クエスチョニング）の頭文字をとった言葉で、性的マイノリティ（性的少数者）を表す総称の1つです。

自分の発する言葉によって人生は大きく変わる！

あなたの言葉を一番よく聞いているのは、あなた自身だということを知っていましたか？　そして、あなたの脳はあなたの言葉を、その言葉どおりに受け止め、それを支持する情報ばかりを集めます。これは、認知心理学や社会心理学の世界で「確証バイアス」と呼ばれる脳の性質です。

例えば、あなたが「あ～疲れた～」というマイナスの言葉を使うと、脳は「疲れた」という言葉を支持する情報ばかりを集めてしまうのです。

「そうだよね。今日は１日中外回りして、ちっとも成果が上がらなかったし、疲れちゃったよね。帰り道でビールも買い忘れちゃったし……。それに、これからスーパーに行くのは面倒だよね。あ～あ、明日も仕事かぁ」というように、マイナスの感情に支配されてしまうのです。

これを「よく頑張った～」というプラスの言葉に変えると、あなたの脳は「頑張った」という言葉を支持する情報を集めていきます。

「そうだよね。今日は１日中外回りして、ちっとも成果は上がらなかったけど、よく頑張ったよね。この頑張りが半年後や１年後に成果として現れるはず。大丈夫。あ、帰りにビールを買い忘れちゃったけど、今日の頑張りに乾杯しよう！　あのスーパーは遅くまで開いていて助かるなぁ。よし！　明日も頑張ろう！」というように、プラスの感情や感謝の気持ちをもって１日を終えられるのです。

あなたは自分の脳に「プラスの言葉」を聞かせていますか？「よく頑張った」「おかげで助かる」「ありがたい」「ツイてる」「嬉しい」「幸せだなぁ」などのプラスの言葉を意識してみましょう。きっと人生が変わりますよ。

第3章

30歳代にかかわるお金の知識

知っているか知らないかで老後が大きく変わる!?

26 未来の自分のための資産形成を始めよう！

✔「老後2000万円問題」は気にしないこと！

数年前に、「老後2000万円問題」がメディアで騒がれましたね。高齢無職夫婦世帯の収入と支出を比べると、収入が平均で毎月約5万円足りない、30年間だと約2000万円足りないという統計上の数値がクローズアップされたものでした（図❶）。

平均額は、あくまでも平均額です。すべての人に当てはまるわけではありませんし、将来の年金額などは、働き方や家族構成によって異なりますから、気にし過ぎないようにしましょう（図❷）。

✔人生の目的は「幸せに暮らすこと」

では、実際に老後資金はいくら貯めればよいのでしょうか。

そもそも、「老後」自体がピンとこない方もいるかもしれませんが、老後資金の目安を考えるうえで、人生における目的を若いうちから明確にしておくとよいでしょう。

人生における目的とは、「幸せに暮らすこと」です。これは、みなさん共通していると思います。不幸になるために生きている人はいないはずです。これを機会に、あなたにとっての幸せとは何かを考えてみましょう。

その幸せを達成するためには、ツールとして、ある程度のお金が必要になるはずです。それが、将来のあなたの幸せのために、あなたが貯めたい金額です。

✔「幸せ」のためにいくら貯めるべき？

最初は夢物語でも構いません。「こうしたい」「ああしたい」という希望をたくさん出し、そのためにお金がいくら必要かを考えてみましょう。

若いうちは、まだザックリとした金額でよいので、最低でも3000万円は必要だな、余裕をもって6000万円は欲しいな、などと目標を立てます。30年~40年の準備期間があれば、6000万円でさえ、そんなに厳しい目標ではありません。明るく幸せな未来を想像しながら、準備を始めていきましょう!

図❶ 老後2,000万円問題はなぜ騒がれたのか?

老後の生活費
月約26万円
ー
年金などによる収入
月約21万円
＝
月約5万円
足りない

30年後には約2,000万円が不足!?

(出所)金融審議会 市場ワーキング・グループ報告書「高齢社会における資産形成・管理」(令和元年6月3日)より作成

図❷ 働き方による将来の年金額の違い

家族構成と働き方	65歳からの概算の一月あたりの年金額(2023年度価額)	備考
独身(自営業、国民年金のみの加入)	月6.5万円	国民年金保険料を40年間すべて支払った場合
独身(会社員または公務員)	月10～20万円	働いていたときの収入によって異なる
夫(会社員または公務員) 妻(専業主婦またはパートで厚生年金には未加入)	月20～25万円(夫婦2人分)	夫が働いていたときの収入によって異なる
夫(会社員または公務員) 妻(会社員または公務員)	月30～40万円(夫婦2人分)	働いていたときの収入によって異なる
夫(40歳で脱サラ、自営業になり、国民年金のみに) 妻(専業主婦またはパートで厚生年金には未加入)	月15～20万円(夫婦2人分)	夫が働いていたときの収入によって異なる
夫(自営業、国民年金のみ加入) 妻(自営業、国民年金のみ加入)	月13万円(夫婦2人分)	国民年金保険料を40年間すべて支払った場合

27 預貯金だけで資産形成はムリ！

理由1 増えない

2024年4月現在、大手銀行の定期預金にお金を預けたとして、お金が2倍に増えるまでに何年かかるかわかりますか？　なんと、2773年です！

現在の年0・025％という金利では100万円を1年間預けても、たった250円（税引後では200円）しか利息がつきません。ちっとも増えないのです。

私が学生だった35年ほど前は、金利水準が年5～6％で、100万円に対して5～6万円の利息がつきました。12～14年ほど預けていれば、お金が2倍に増えたのです。

まずは、預貯金でお金を貯めていくことも大切ですが、それだけでは不十分であることを知っておきましょう。

理由2 守れない

預貯金にも2つのリスクがあるって、知っていましたか？

インフレリスク（図❶）

インフレとは、インフレーションの略で、物価上昇のことをいいます。

物価が上昇すると、お金が目減りします。見た目の金額は変わらなくても、実質的には減っているのです（図❷）。消費者物価指数*でみると、2022年は前年比2・5％、2023年は前年比3・2％の物価上昇を記録しています。簡単に言えば、その上昇率よりも高い金利で利息がつかないと、預貯金に預けてあるお金が目減りしていくことになるのです。

物価上昇率が高かった昭和の頃のお金持ちは、**預貯金だけでなく株式や不動産にも分散する「財産3分法」を実践することで資産を実質的な目減りから守ったといわれています**（図❸）。この考え方は、現在でも通用するはずです。

＊家計の消費構造を一定のものに固定したとき、これに要する費用が物価の変動によってどう変化するかを指数値で表したもの。

円安リスク（図❹）

円安とは、諸外国の通貨に対して円の価値が下がることをいいます。インフレ同様、見た目の金額が変わらなくても、お金の価値が目減りしているのです。

円安が進むと、輸入品や海外旅行の費用が値上がりします。円で保有している資産の価値も相対的に目減りしまうのです。

だからこそ、円だけで資産をもつのは安全ではありません。外国債券や外国株式、また、それらに分散投資している投資信託などを通じて、海外にも資産を分散しておくことが、円安リスクに備えることにつながることを知っておきましょう。

図❶ インフレリスク

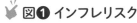

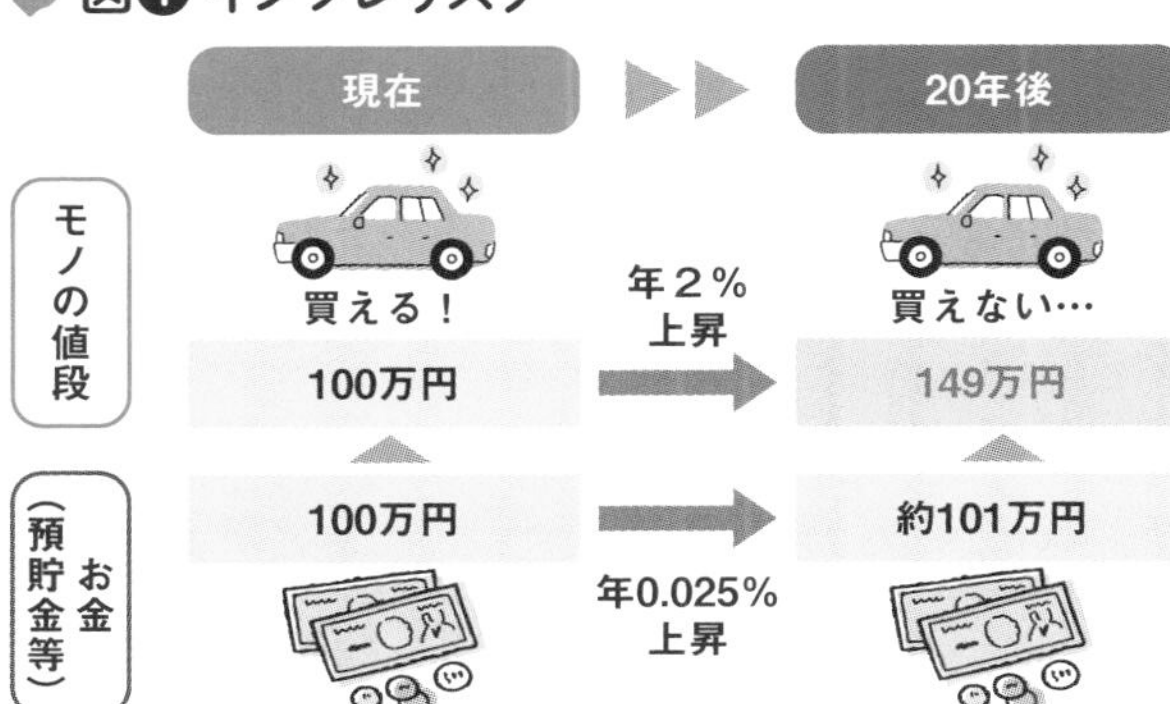

図❷ インフレ率によるお金の価値の減り方の違い

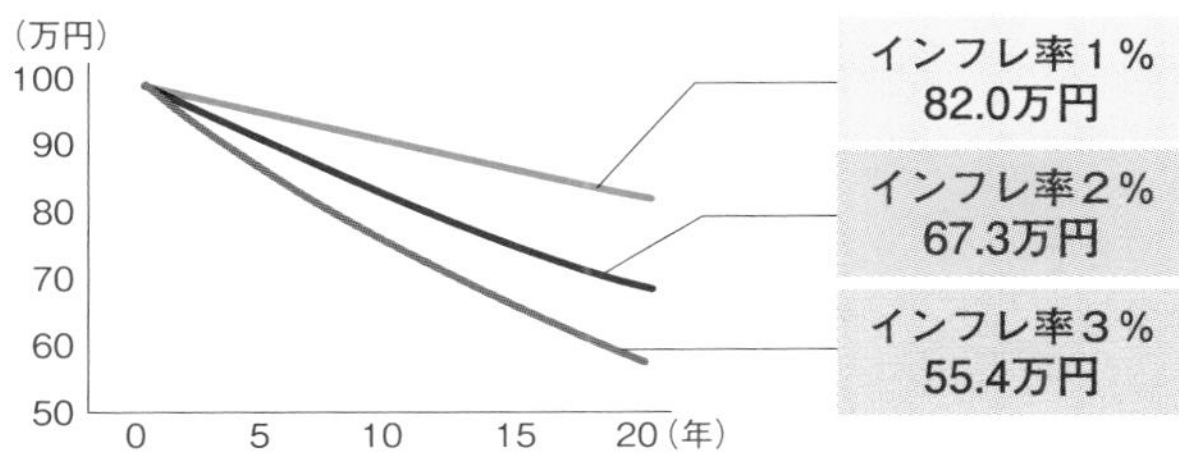

図❸ 財産3分法のイメージ

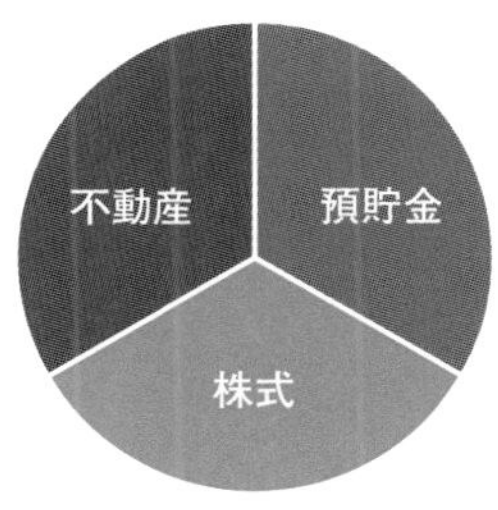

図❹ 円安リスク

28 増やすため・守るために投資をしよう！

✔難しく感じるのは慣れていないだけ！

預貯金以外の金融商品にも、さまざまなものがあります（図❶）。初めは「なんだか難しそう」と感じるかもしれませんが、それは慣れていないからです。

誰でも、初めての勉強や仕事は難しく感じるものです。スポーツや楽器の経験がある方なら特にわかるはずです。練習して、少しずつ慣れていったから上手になりましたよね？

金融商品や投資の勉強も同じで、慣れれば大丈夫です。少しずつ勉強していきましょう。

✔リスク・リターンの大原則を知ろう

資産運用には、リスクとリターンが付き物です。

リターンとは、実績として得られた利益（実現リターン）もそうですが、将来期待できる利益（期待リターン）の度合いを指すのが一般的です。

一方、リスクとは、簡単に言えば値動きの大きさの度合いを意味しています。

金融商品によってリスク・リターンの度合いは異なります（図❷）。ローリスク・ローリターンの商品から、ハイリスク・ハイリターンの商品までさまざまなものがあります。

そして、絶対に覚えておいてほしいのが、リスク・リターンの大原則です。

「大きなリターンを希望するほど、大きなリスクを取らなければならない。リスクを嫌うほど、小さなリターンで我慢しなければならない」

これは、普遍の真理といってもよいでしょう。

安全でおトクな商品は、この世の中には存在しません。安全なものはおトクではないし、おトクなものは安全ではないのです。

 図❶ 預貯金以外の金融商品

債券

国内債券
外国債券

取扱機関
・証券会社
・銀行　　　など

株式

国内株式
外国株式

取扱機関
・証券会社

投資信託

投資信託
ETF*
J-REIT*
*証券会社のみ

取扱機関
・証券会社
・銀行
・信用金庫
・JA　　　など

外貨預金

取扱機関
・銀行

FX、暗号資産（仮想通貨）

取扱機関
・証券会社
・専門業者

 図❷ 値動きがある商品のリスク・リターン分布図

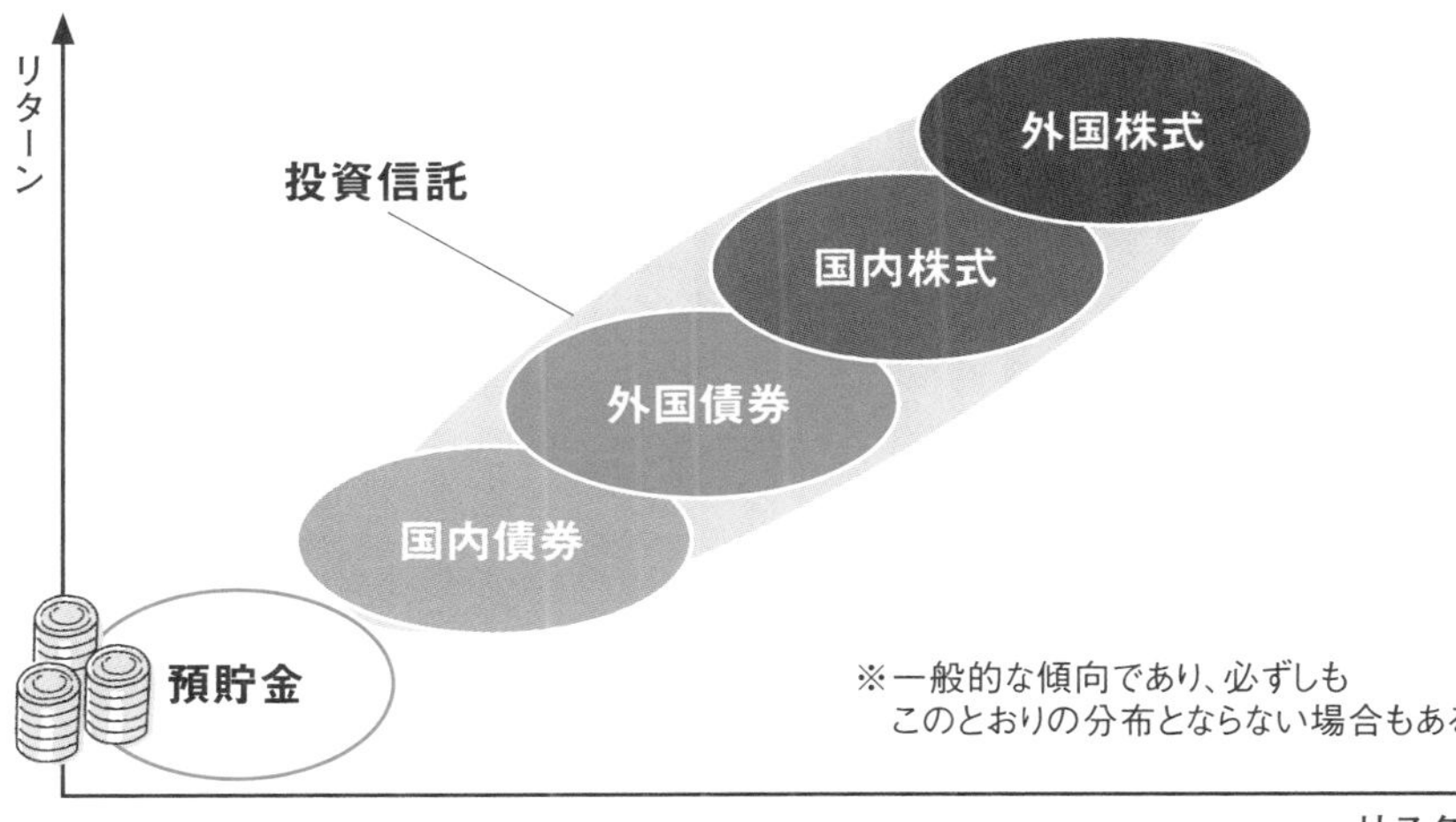

代表的な金融商品の特徴

最も基礎的かつ代表的な金融商品に、債券と株式、そして投資信託があります。

初心者は、少額から利用できる投資信託から始めるべきでしょう。

ただ、投資信託は、債券や株式などで運用している商品なので、債券や株式の基本的な仕組みは理解しておきましょう。

債券

債券とは、国や企業がお金を借りるために発行している証券の一種です。

私たち投資家は、債券を買うと、半年ごとに利息がもらえて、満期がくるとお金が戻ってきます。

定期預貯金のようなものといえますが、中途解約ができないので、途中でお金が必要になったら、証券会社を通じて売却する必要があります。

売却するときに、いくらで売れるかが債券の値動きになります。

株式

株式とは、企業が投資家から資金調達をするために発行している証券の一種です。

私たち投資家は、株式を買うとその企業の利益の配当を受けられたり、株主優待を受けられたりします。

換金するためには、原則として取引所を通じて時価で売却する必要があります。株式には満期がなく、お金が戻ってくる保証がないため、債券に比べて値動きが非常に大きくなっています。

投資信託

債券や株式などのさまざまな資産に分散投資をして運用してくれる金融商品が投資信託です。

投資信託は、100円や1000円などの少額から投資できます。専門家が管理運用し、得られた収益が分配されるという仕組みで、初心者でも利用しやすい商品になっています（図❸）。

ただし、投資信託と一口に言っても、値動きの小さい国内債券だけで運用しているものや、値動きの大きい外国株式だけで運用しているものもありますので、投資信託ごとに値動きが異なる点には注意が必要です。

ソフトクリームで言えば、債券がバニラ、株式がチョコレート、投資信託がマーブルといった感じでしょうか。まずは、マーブルから食べてみましょう。

図❸ 投資信託の仕組み

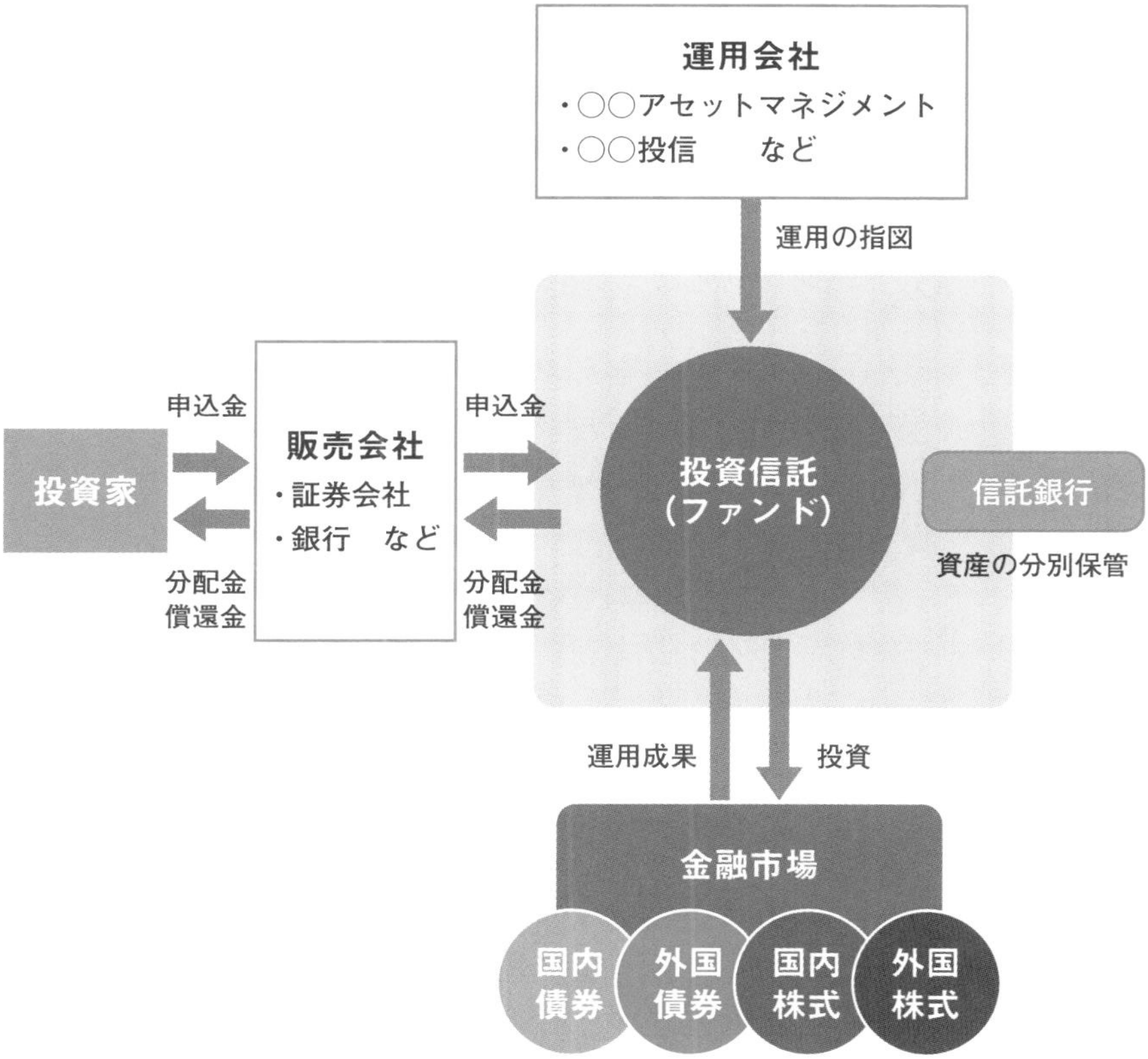

運用会社
・○○アセットマネジメント
・○○投信　　など

運用の指図

投資家

申込金

販売会社
・証券会社
・銀行　など

分配金
償還金

申込金

分配金
償還金

投資信託
（ファンド）

信託銀行
資産の分別保管

運用成果

投資

金融市場

国内債券
外国債券
国内株式
外国株式

（出所）一般社団法人投資信託協会Webサイトより作成

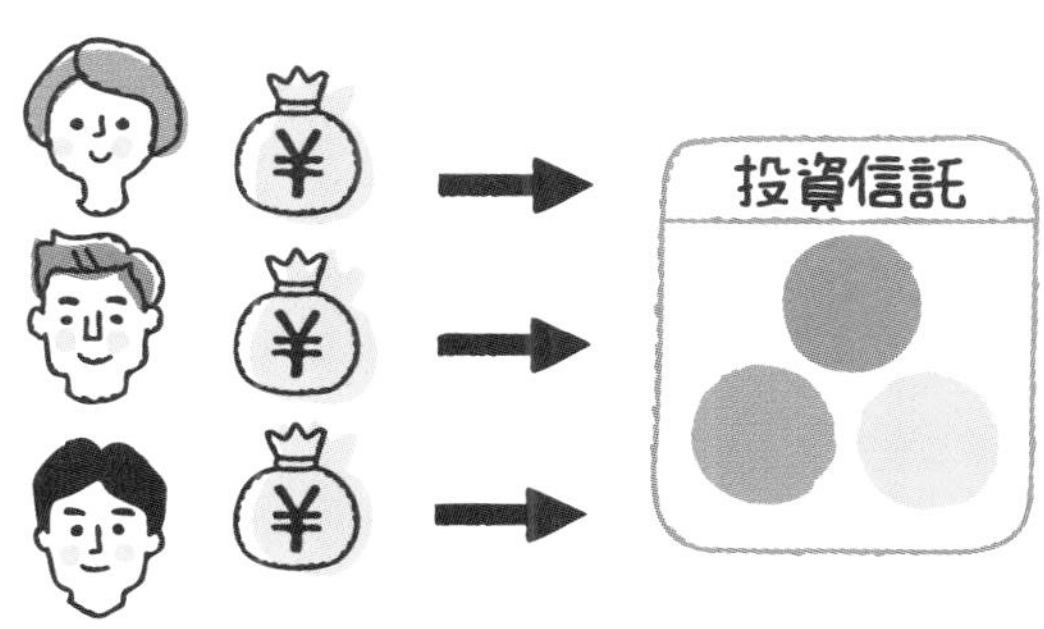

29 お金にもシッカリ働いてもらおう！

お金がお金を生む「複利」パワー

35年ほど前は、預貯金に預けているだけで5％の利息がもらえる時代でした。銀行口座に１００万円を預けておけば、１年後には5万円の利息がつき１０５万円に増えたのです。そして、次の年にはその１０５万円に対して５％（5万２５００円）の利息がつき、元本と利息の合計は１１０万２５００円になりました。

このように、**利息にも利息がついてお金がより増えていく仕組みを「複利」といいます。**

現在の0・025％などといった預貯金金利だと、あまりにも低すぎて、お金がお金を生む複利のパワーを実感することは困難です。

しかし、複利効果というのは、期間が長いほど、利回りが高いほど、大きくお金が増えていく、ということは知っておきましょう（図❶）。

投資の王道「長期」「積立」「分散」

ワインやウイスキーが時間とともに熟成されていくように、お金も時間をかけることで複利パワーが大きくなります。

したがって、**積み立てる元本は同じ金額でも、早くから始めたほうが時間を味方につけられるので、よりお金が増えていきます**（図❷）。とにかく、早く始めましょう！

とはいえ、今どき3％や5％の利回りを預貯金のような商品で得ることは困難です。やはり、多少なりともリスクを取った運用を考えなければなりません。

そのときに意識すべきなのが、投資の王道ともいえる**「長期」「積立」「分散」**です。

長期投資は、長い目でみることです。最低でも20～30年といった長期で運用を考えましょう。

積立投資は、毎月の積立で買い続けることです。値動きのある商品は、その時々で価格が上下します。日々の値動きに一喜一憂せず、とにかく買い続けるのです。

分散投資は、値動きの異なるものに分散することです。複数の商品を組み合わせることで、全体の値動きを小さくする効果が期待できます。

ここで、実際に市販されている投資信託で運用した場合の21年間の積立投資の成果を計算してみました（図❸）。毎月2万円を代表的な4つの資産に均等に分けて積み立て続けると、元本504万円が21年間で896万円まで増えていることがわかります。利回りに換算すると、年5％の複利運用に相当します。

ただ4つの資産に均等に分けて積み立て続けただけです。途中で売ったり買ったりは一切していません。

まずは、このようにシンプルな「長期」「積立」「分散」の投資を始めてみましょう。時間が味方になってくれるはずです。

図❶ 毎月4万円を40年間積み立てた場合のお金の増え方

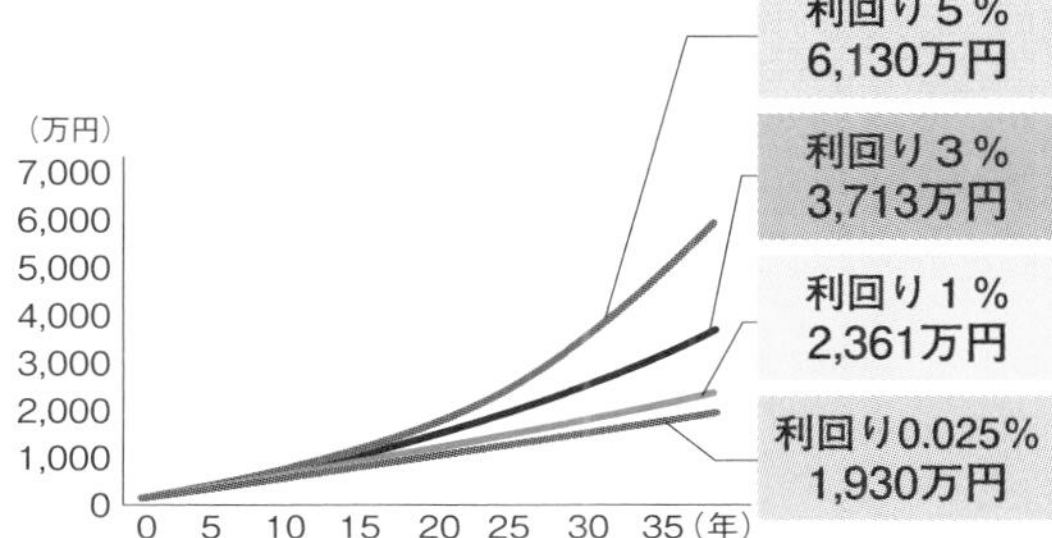

図❷ 積立開始時期による積立合計額の増え方の違い（運用利回りはすべて年3%）

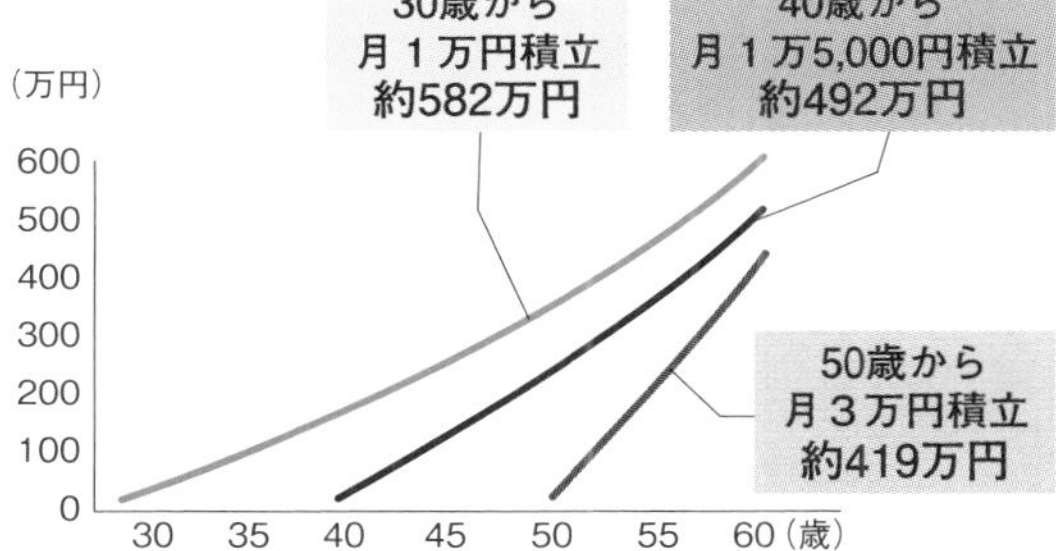

図❸ 毎月2万円を21年間4資産に均等に積み立てた場合のお金の増え方

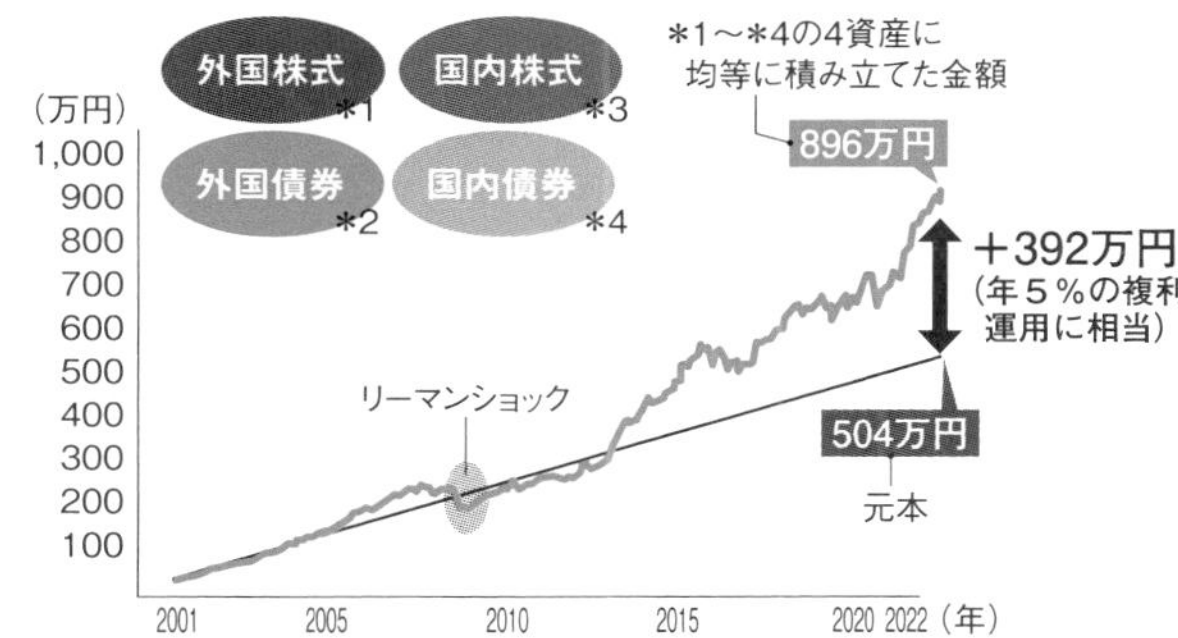

＊1　三井住友トラスト 外国株式インデックス・オープン
＊2　ダイワ投信倶楽部 外国債券インデックス
＊3　日興 インデックスファンドTSP
＊4　ダイワ投信倶楽部 日本債券インデックス

30 誰もが利用すべき新NISA(ニーサ)!

NISA(ニーサ)は非課税になる箱のようなもの

株式や投資信託に投資をして得られた利益(配当金、分配金、売却益)には、税金がかかるのが原則です。税率は、所得税15%、住民税5%、復興特別所得税0.315%(2037年末まで)の合計20.315%となっています。

仮に株式を売却して100万円の利益だったとすると、20万315円の税金が差し引かれて、手取りでは79万6850円になってしまうわけです。

この利益に対する税金を、一定金額まで非課税にしてくれるのがNISA口座です。NISA口座という箱に入れておくだけで、20.315%の税金をゼロにしてくれるので非常に有利。

あまりにも有利なので、財務省が利用の制限をかけていて、1人1口座しか作れず、複数の金融機関で同時にNISAを使うことはできません(ただし、利用する金融機関は1年ごとに変更可能)。

2024年に大幅拡充された新NISA

従来の一般NISA(年間120万円まで)が成長投資枠(年間240万円まで)に、つみたてNISA(年間40万円まで)がつみたて投資枠(年間120万円まで)となり、**「成長投資枠+つみたて投資枠」で年間合計360万円まで非課税枠が拡大され、さらに、従来の5年や20年といった非課税期間が無期限になりました**(図❶❷)。

1人1800万円までという生涯投資枠の制限はありますが、ネット上で「神改正」と呼ばれたほどの大幅拡充です。誰もが利用すべき制度だといえるでしょう。

まずは、つみたて投資枠から

投資に慣れていない人は、つみたて投資枠で買える投資信託(従来のつみたてNISA対象ファンド)から、コスト負担が軽くて、幅広く分散投資が行われているファンドを選び、積立投資をしていくのが無難でしょう（図❸）。

図❶ 新NISAは2種類の枠を使い分ける

	成長投資枠	つみたて投資枠
非課税運用期間	無期限化	
非課税投資枠	年240万円 （併用可能）	年120万円
非課税保有限度額（総額）	生涯投資枠は1,800万円（うち成長投資枠は1,200万円まで）	
買える商品	個別株・投資信託（約2,000本限定）REIT・ETFなど	旧つみたてNISAと同様
備考	18歳から投資可能（口座開設年の１月１日時点の年齢で判断）	

図❷ 新NISAの5つの大きな改善ポイント

1. 制度自体の恒久化
2. 「成長投資枠」と「つみたて投資枠」の併用可能（年360万円）
3. 非課税運用期間が無期限に
4. 生涯投資枠1,800万円（うち成長投資枠は1,200万円まで）
5. 売却した分の非課税枠が翌年に復活

図❸ つみたて投資枠専用ファンドの6つのポイント

- 販売手数料はゼロ（ノーロード）
- 信託報酬は一定水準以下（例）国内株インデックスの場合0.5％以下
- 毎月分配ではない
- 顧客への通知 過去１年間に負担した信託報酬の概算金額
- 信託契約期間が無期限または20年以上
- デリバティブ取引による運用を行っていないこと（ヘッジ目的の場合等を除く）

＊金融庁Webサイトより筆者作成

31 会社によって制度が違う？ 企業型DCとは？

確定拠出年金は老後資金準備の最強制度

確定拠出年金（Defined Contribution plan 略してDC）は、NISA制度以上に利用しないともったいない制度です（図❶）。

国による大きな税制優遇制度の1つで、老後資金作りには最強の制度ともいえます。利用できる人は、絶対に利用しておきましょう。

まず、DCには、企業型DCと個人型DC（iDeCo）の2種類があります。企業型DCは、DC制度を導入した企業に勤めている人が利用できるもの。iDeCoは、自分で金融機関を通じて申し込むものです。

40年で1900万円の違いに

企業型DCの大きなメリットは、税金や社会保険料が差し引かれる前のお金を積み立てられる点です。

給与からは税金や社会保険料が差し引かれます（第2章1）。その額は月給の20〜30％程度が一般的です。

したがって、自分で貯蓄や投資をする場合は、税金などが差し引かれた手取りの給与からお金を出す必要があります。しかし、企業型DCなら、税金などが差し引かれる前のお金を貯蓄や投資に回せるのです。

例えば、給与のうちの毎月1万円を積立投資しようとしても、税金などが差し引かれた手取りでは、1万円が実質8000円くらいになってしまいます。

約8000円ずつ貯めていくのが通常の貯蓄や投資で、それを1万円ずつ貯められるのが企業型DCなのです。

この違いはかなり大きく、毎月4万円を40年間積立投資したとすると、年5％の運用利回りで手取り額1900万円もの違いになります（図❷）。

会社に企業型DCの制度があるのなら、利用しないのはもったいないでしょう。

企業型ＤＣには退職金型と福利厚生型がある

企業型ＤＣは、基本的な仕組みは同じでも、企業によって導入の仕方が異なります。

大きく分けると、退職金型、福利厚生型、２つを組み合わせたハイブリッド型があります。

退職金型は、退職金の一部または全部がＤＣになっているタイプです。給与とは別に、企業から掛金が支払われます。

福利厚生型は、税金などが差し引かれる前の額面の給与または賞与から切り出してＤＣに積み立てていくタイプです。実質的な掛金負担者は従業員となります。

税制優遇などのメリットが大きいので、できる限り利用したいところですが、福利厚生型の場合は、企業型ＤＣを利用した分だけ給与や賞与が減る点は注意しましょう。

図❶ 企業型DCの特徴

５つの特徴

(1) 掛金は会社負担または自己負担
(2) 運用は加入者の自己負担
(3) 給付開始は原則60歳、繰下げ最長75歳
(4) 離職・転職時のポータビリティ
(5) 大きな税制優遇措置

掛金

運用収益

積立金

給付

一時金

年金

積立（掛金の拠出）+運用

給付開始

加入

受取開始60～75歳

図❷ 「企業型ＤＣ」と「手取給与」をそれぞれ積立運用した場合のお金の増え方の違い

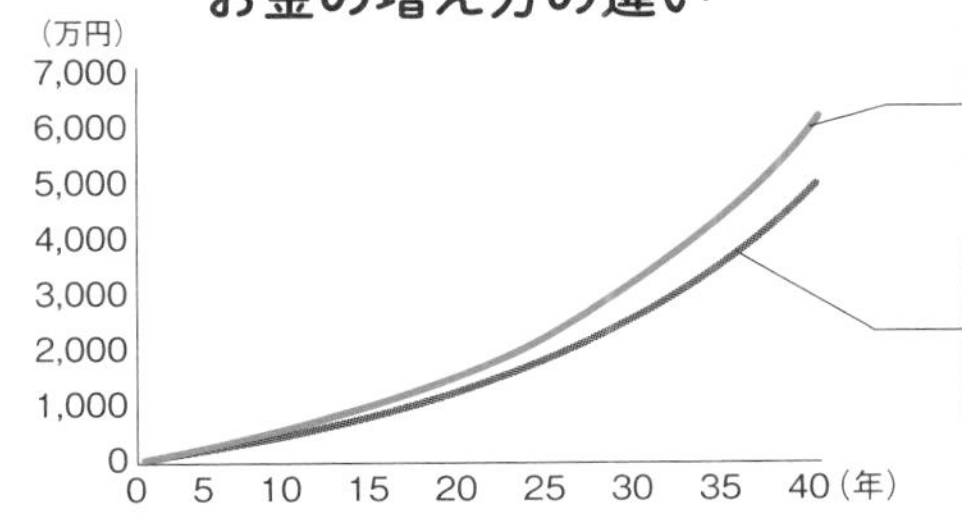

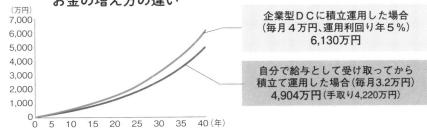

企業型ＤＣに積立運用した場合
（毎月４万円、運用利回り年５％）
6,130万円

自分で給与として受け取ってから
積立て運用した場合（毎月3.2万円）
4,904万円（手取り4,220万円）

32 iDeCo（イデコ）、使わないのはもったいない！

✔現役世代のほとんどの人が加入可能に

もともとiDeCo（個人型DC）は、自営業者やフリーランス、企業年金のない企業の会社員などが対象でした。それが近年の法改正によって、公務員や専業主婦も利用できるようになり、企業型DCとの併用も容易になりました。

その結果、いまやiDeCoは、現役世代のほとんどの人が利用できるようになったのです（図❶❷）。

✔最低でも掛金の15%がキャッシュバック！

iDeCoの基本的な仕組みや税制優遇は、企業型DCと同様です。

掛金に対する優遇は、企業型DCでマッチング拠出（会社の掛金に、自分でも給与からお金を出して上乗せ拠出する仕組み）をした場合と同じで、全額所得控除となります。

簡単に言えば、掛金に対する所得税・住民税がキャッシュバックされます。

最低税率が合計15%ですから、毎月1万円をiDeCoに積み立てれば、年間12万円に対する15%、つまり、最低でも1万8000円のキャッシュバックが受けられるわけです。これはかなり大きいでしょう。

さらに、企業型DCと同様に、運用によって増えた部分は金額や期間にかかわらず非課税です。

60歳以降に受け取るときにも、一時金受取は退職金と同じ取扱い、分割受取は公的年金と同じ取扱いになるので、いずれも一定金額までは税金がかかりません。

60歳を過ぎないと受け取れませんが、その分、非常に大きな税制優遇が受けられるわけです。やはり、老後資金準備には最強の制度だといえるでしょう。

✔申し込む前に金融機関を比較しよう！

iDeCoは、取扱金融機関によって手数料や商品ラインナップが異なりますので、比較検討が重要です。「iDeCoナビ」など、金融機関を比較できるサイトもありますので、申し込む前にチェックしてみましょう。

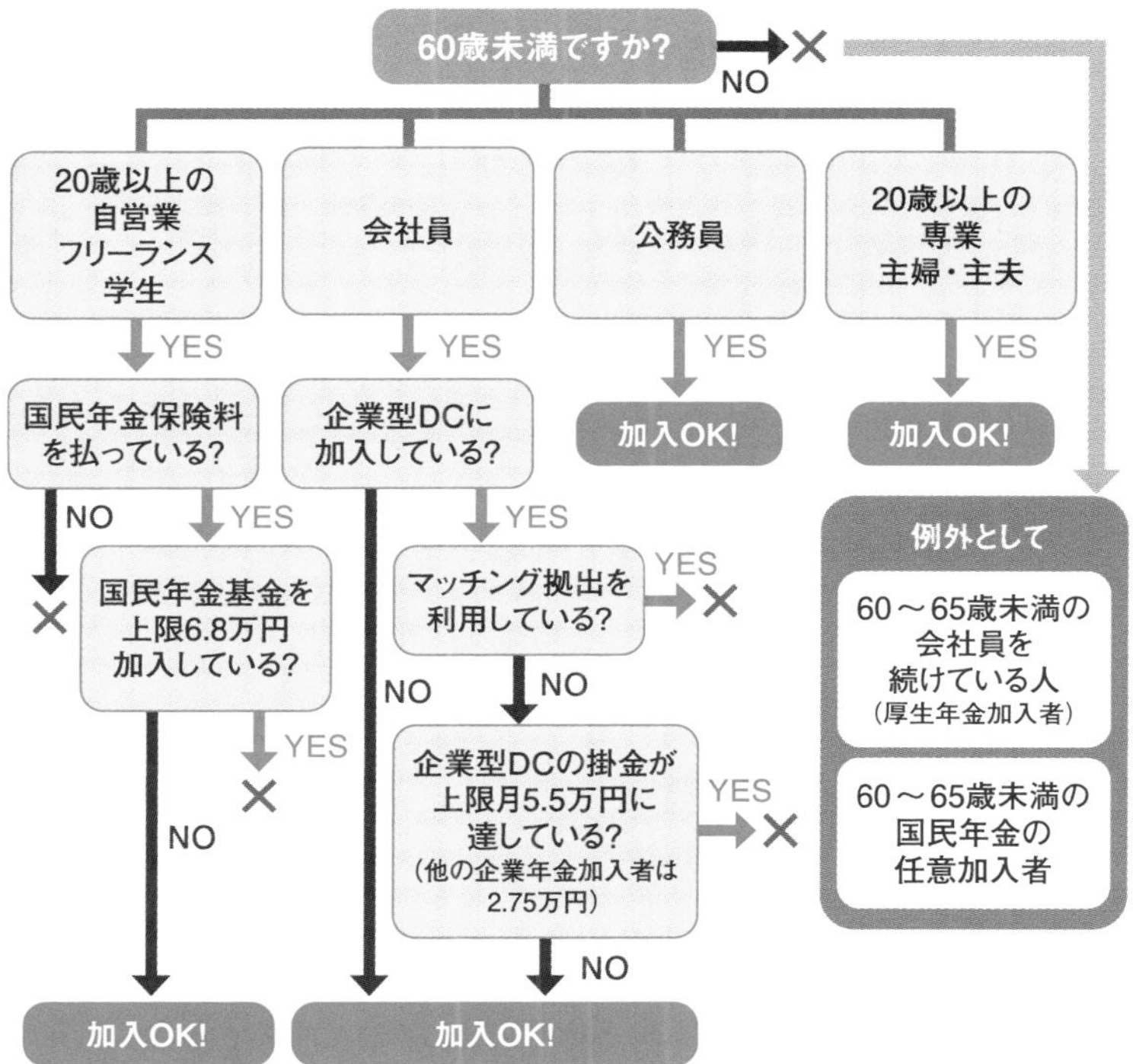

図❷加入者別の掛金限度額

	加入資格	掛金の上限
20歳以上の自営業者 フリーランス 学生	第１号被保険者 任意加入被保険者	6.8万円
会社員・公務員	会社に企業型ＤＣがない会社員	2.3万円
	企業型ＤＣのみ加入している会社員	2.0万円
	企業年金等+企業型ＤＣまたは 企業年金等のみに加入している会社員	1.2万円
	公務員等	
20歳以上の 専業主婦・主夫	第３号被保険者	2.3万円

33 結婚にはどのくらいお金がかかる？

✔結婚準備そのものが初めての共同作業

「この人と一緒に生きていきたい！」「結婚したい！」と双方が思って結婚を決めたのであれば、それはとても素晴らしいことですね。おめでとうございます！

ただ、結婚には手間もお金もかかります。両家の顔合わせ、結納、婚約指輪、結婚指輪、結婚式、披露宴、新婚旅行、引っ越しなど、2人できちんと相談しながら準備を進めていくことが重要です。

「披露宴でのケーキ入刀」が初めての共同作業ではなく、「結婚に向けた準備」そのものが初めての共同作業だといえるでしょう。

どんなに仲の良いカップルでも、価値観や考え方は多少なりとも異なります。双方の譲れない点や妥協できる部分を明らかにしながら、2人が納得するかたちを目指していきましょう。どちらか一方に任せっぱなしはダメですよ。

✔ご祝儀や援助次第で自己負担は軽くなる

ちなみに、結納・婚約から結婚式、披露宴、新婚旅行までにかかる費用の首都圏平均をみてみると、456・9万円だそうです（2023年調査、以下同じ。図❶）。

そして、披露宴やパーティで受け取るご祝儀の首都圏平均が199・7万円となっているので、首都圏の平均額で計算すると、2人の自己負担は250万円程度であることがわかります。

さらに、親や親族からの援助があった人の割合が80・9％で（図❷）、援助額の平均が200・0万円となっています（図❸）。

ざっくりいうと、約8割のカップルが親や親族から援助を受けていて、援助額も100万円～200万円に上るケースが多いようです。

つまり、たくさんの友人や会社関係者などを集めたパーティを開催し、親や親族からの援助を多くもらえれば、自己負担額はそれだけ少なく済むということです。

新居への引っ越しや家財道具、家電などの準備もありますから、挙式や披露宴などの自己負担は軽くしておきたいですね。

結婚は、ゴールではなく、スタートです。その点を頭に置き、2人で協力しながら準備を進めていきましょう。

図❶ 結婚のために必要な費用の平均額（首都圏）

	2023年調査 平均（万円）	2022年調査 平均（万円）	2021年調査 平均（万円）
結納・婚約～新婚旅行までにかかった費用　総額（推計値）	456.9	421.2	393.4
披露宴・ウェディングパーティのご祝儀額　総額	199.7	185.2	176.8

図❷ 親・親族からの結婚費用の援助の有無（首都圏）

	あった	なかった
2023年調査　（n=470）	80.9%	19.1%
2022年調査　（n=467）	79.2%	20.8%
2021年調査　（n=580）	73.3%	26.7%

図❸ 結婚費用に対する親・親族からの援助総額（首都圏）

	調査数	(%) 100万円未満	100～200万円未満	200～300万円未満	300～400万円未満	400～500万円未満	500～600万円未満	600～700万円未満	700～800万円未満	800～900万円未満	900～1千万円未満	1千万円以上	平均（万円）
2023年調査	380	15.3	33.2	27.6	13.7	5.5	3.7	0.8	-	0.3	-	-	200.0
2022年調査	370	18.1	33.5	27.3	10.5	5.4	2.2	2.4	0.5	-	-	-	193.2
2021年調査	425	13.4	38.1	28.7	11.8	3.5	3.3	0.7	-	-	-	0.5	192.5

（出所）図❶～❸について、リクルートブライダル総研「ゼクシィ結婚トレンド調査2023」より作成

婚姻届の提出は土日祝日でも可能!

市町村役場にある「時間外窓口」を利用すれば、24時間365日、婚姻届の提出が可能です。例えば、1月1日を入籍日にしたい場合は、1月1日に提出すればいいわけです。ただし、記入漏れなどの不備があった場合は受理されない可能性もあるので、要注意。

34 不妊治療が受けやすくなった？

3組に1組は不妊に悩んでいる

「子どもは授かりもの」とはいいますが、なかなか希望どおりのタイミングで授かることができない夫婦も多いようです。

厚生労働省の資料によると、39%の夫婦が不妊を心配したことがあり、実際に検査や治療を受けたことがある夫婦も22・7%います（2022年。図❶）。

何らかの不妊治療を受けたことによって生まれた子の割合も、2019年時点で全出生児の7%にまで上昇してきています（図❷）。

不妊治療が健康保険適用へ

2022年4月から、国の少子化対策の一環で、不妊治療の大半が健康保険の適用対象となりました（図❸）。

例えば、体外受精は1回あたり数十万円の費用がかかるのが一般的です。これまでは、自治体によって30万円程度の給付が受けられる助成制度もありましたが、治療期間が長くなるほど、金銭面や精神面での負担が重くなるのが通常でした。

ようやく健康保険の対象となる不妊治療の範囲が広がったことによって、これからは多少なりとも不妊治療が受けやすくなっていくことが期待されます。そして、勤務先などの職場の理解が進み、不妊治療のための休暇の取りやすさなどが向上していくことも望まれます。

少子化対策の重要性を国民全体が理解し、協力していくことが大切です。

心のケアも忘れずに

不妊治療のおかげで子どもを授かる夫婦もいれば、数年間治療を続けたものの、授かれずに治療を断念する夫婦もいます。

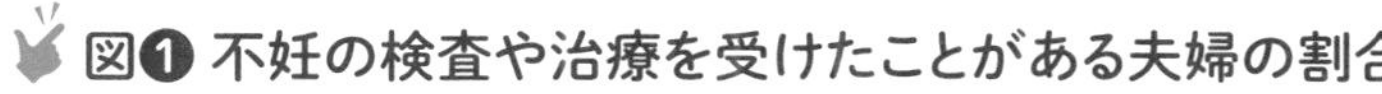

図❶ 不妊の検査や治療を受けたことがある夫婦の割合

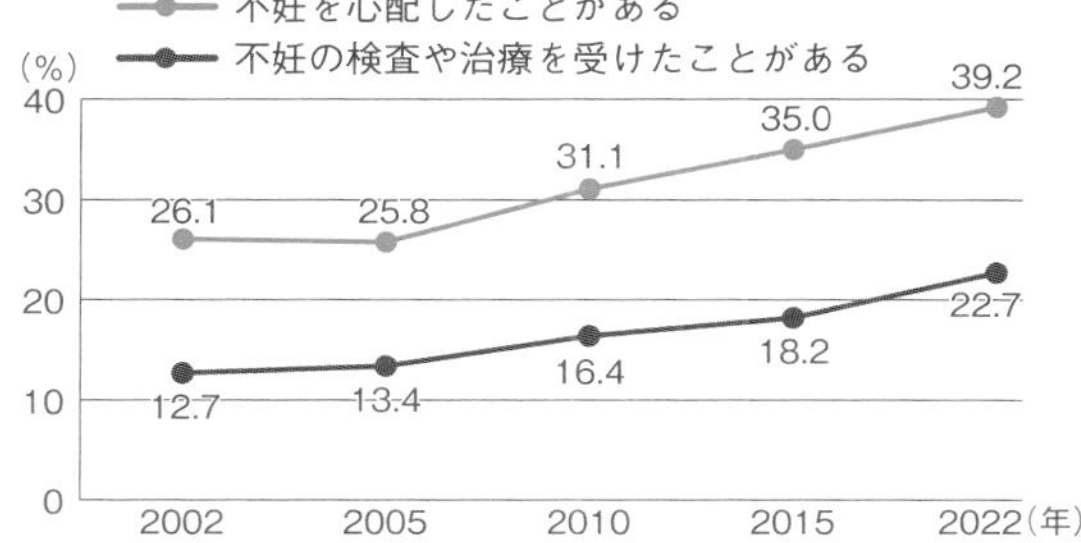

(出所)国立社会保障・人口問題研究所「2002年社会保障・人口問題基本調査」、「2005年社会保障・人口問題基本調査」、「2010年社会保障・人口問題基本調査」、「2015年社会保障・人口問題基本調査」より作成

図❷ 全出生児のうち不妊治療(生殖補助医療)による出生児の割合

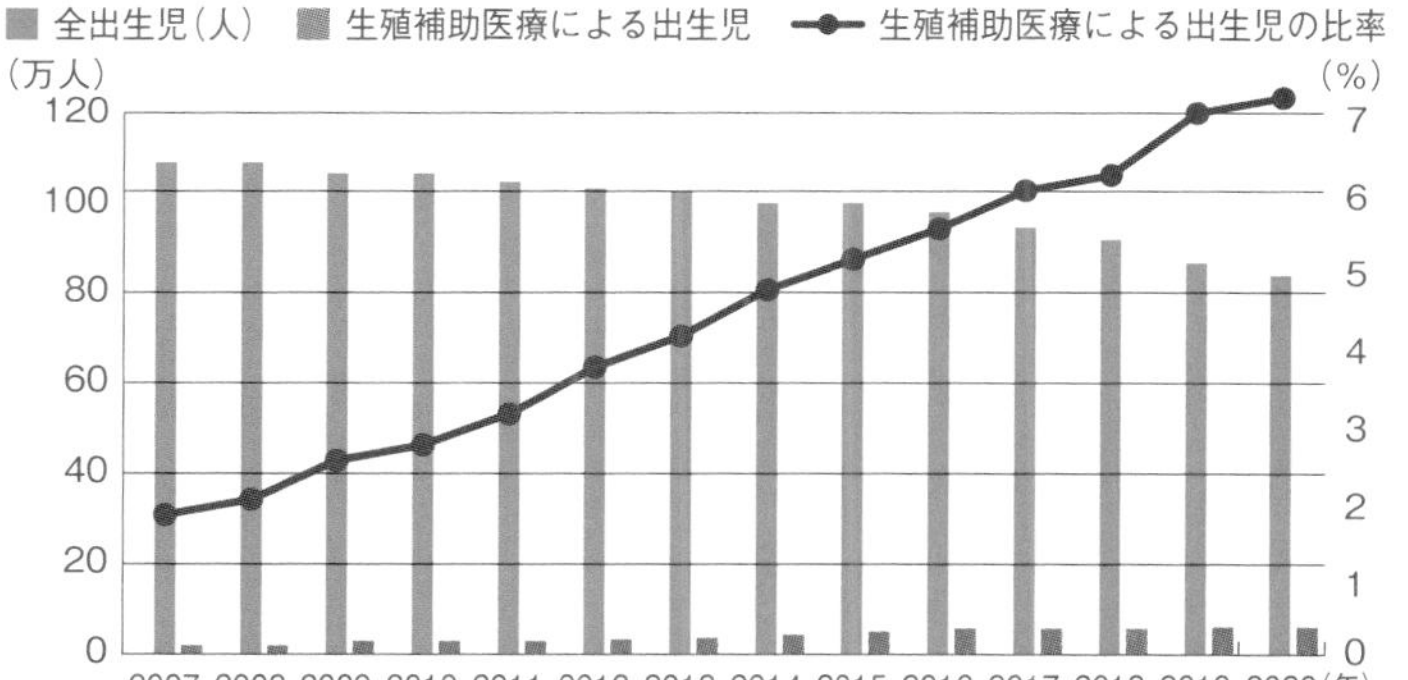

(出所)公益社団法人日本産科婦人科学会「ARTデータブック(2020年)」、厚生労働省「令和2年(2022)人口動態統計(確定数)」より作成

図❸ 不妊治療と保険適用

2022年3月以前から保険適用

- 検査(原因検索)
- 原因疾患への治療

2022年4月から新たに保険適用

一般不妊治療
- タイミング法
- 人工授精

生殖補助医療(特定不妊治療)
- 体外受精
- 顕微授精
- 男性不妊の手術

保険適用の対象外

第三者の精子・卵子等を用いた生殖補助医療
- 第三者の精子提供による人工授精(AID)
- 第三者の卵子・胚提供
- 代理懐胎

実際、年齢的にも金銭的にも諦めなければならない夫婦がいるのも事実です。でも、くれぐれも、自分を責めたり、相手を責めたりしないように心のケアも大切といえるでしょう。

子どもがいる幸せもありますが、子どもがいない幸せもあります。

35 妊娠・出産はあまりお金がかからない！

✔相談できる人を探そう

夫婦が待ちに待った妊娠は、とてもおめでたいことですね。初めての妊娠だと不安なことも多いかもしれませんが、カワイイ赤ちゃんの誕生にワクワクもいっぱいですよね。

ぜひとも、親や兄弟姉妹、周りの人たち、自治体、病院など、いつでも相談できる人、相談できるところを探しておきましょう。そして、元気なお子さんを産んでくださいね。

男性のみなさんは、女性の命懸けの大事業を精神面からもサポートしましょう。くれぐれも、怒らせたり、悲しい想いをさせたりしないように。

✔妊娠がわかったら「妊娠届」を出そう

医師による診断を受け、妊娠がわかったら自治体に「妊娠届」を出しましょう。自治体によって形式は異なりますが、**母子健康手帳とともに、通常14回分の妊婦健診が受けられる受診票や受診券がもらえます。**

妊娠・出産には、多くの費用がかかります（図❶）。病気ではないので健康保険は使えませんが、妊婦健診や出産費用は公費による補助が受けられるようになっています（帝王切開は健康保険が適用される）。

現在は、通常1回あたり数千円から1万円前後かかる妊婦健診も、14回分は自治体による補助がありますので、ほとんど自己負担の必要がなくなりました。

また、**出産の際は健康保険から出産育児一時金が支払われます**（図❷）。**子ども1人あたり50万円（産科医療補償制度の対象外となる出産の場合は48・8万円）**です。

出産費用の中央値が51万円程度なので、一般的には、妊娠・出産にかかる費用の自己負担額は10万円程度を想定しておけばよいことがわかります。

父母や祖父母、親戚、友人などから出産祝いをもらえるケースも多いでしょうから、妊娠・出産における費用負担はそれほど多くはないと思ってよいでしょう。

働く女性は各種手当や給付金がもらえる

さらに、働く女性が出産のために会社を休んで給与がもらえない場合は、出産手当金が98日分、出産後の育児休業中は、育児休業給付金が支払われます。

そのほか、子育てに対する優遇制度を自治体ごとに実施している場合があるので、お住まいの自治体の制度を調べてみましょう。

図❶ 出産費用の状況

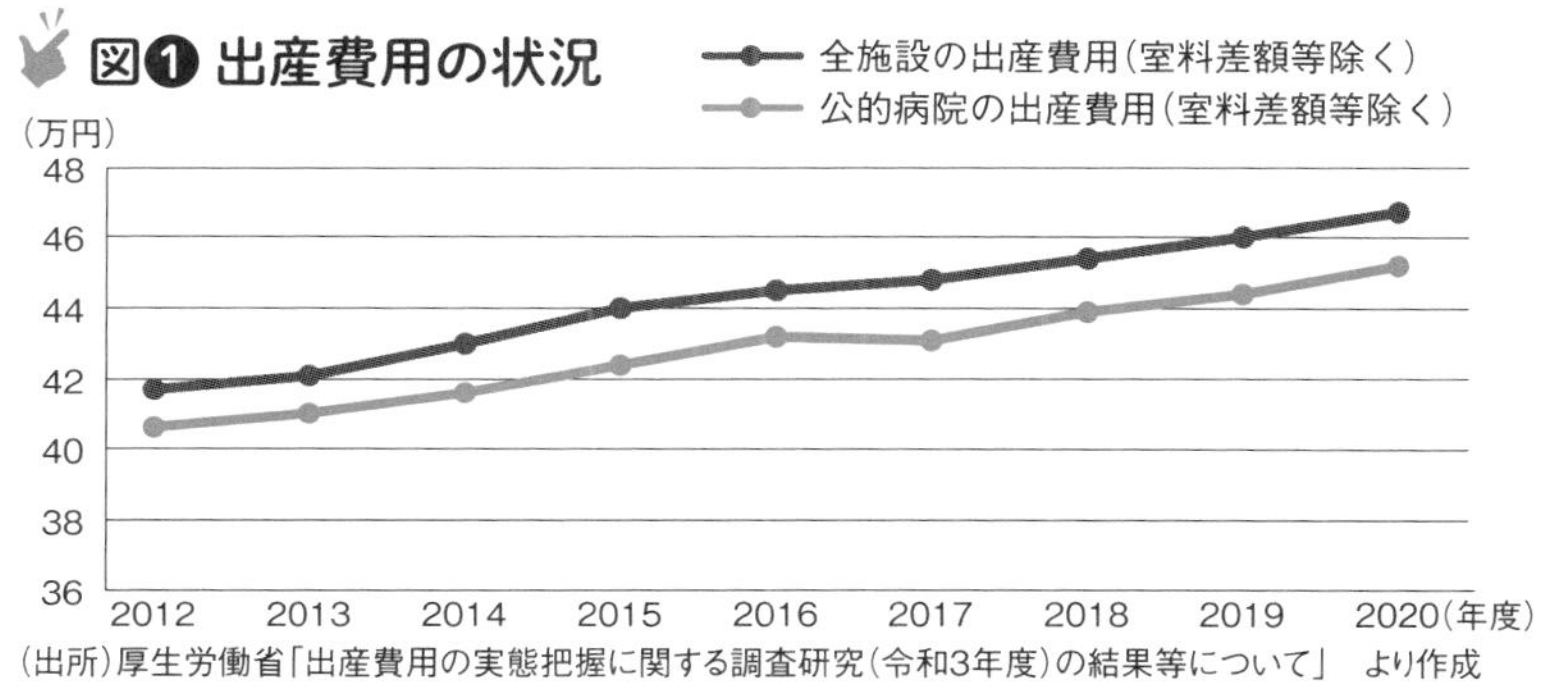

（出所）厚生労働省「出産費用の実態把握に関する調査研究（令和3年度）の結果等について」 より作成

図❷ 働く女性が妊娠・出産で受けられる制度

出産育児一時金の直接支払制度

昔は、出産費用の全額を支払ってから健康保険に出産育児一時金を請求する必要がありましたが、現在は、医療機関に直接支払制度を利用することを申し出ておけば、出産育児一時金との差額を支払ったり受け取ったりすることで精算することができます。ちなみに、出産育児一時金は、双子の場合は2人分、妊娠4ヵ月（85日）以上であれば、死産、流産、人工中絶でも支払われます。

36 子どもが生まれたら死亡保障を考えよう！

ところが、生命保険は「入っていないと不安だから」などの理由で多くの人が加入しているのが現実のようです。生命保険文化センターの調査でも、約9割の人が何らかの保険（死亡保障以外も含む）に加入していることがわかります（図❶）。

加入している死亡保障の平均額は2027万円ですが、金額にはかなりバラツキがあります（2021年。図❷）。

✔死亡保障の必要額の計算方法

では、死亡保障の適切な金額とはどのくらいなのでしょうか。

考え方としては、**残された家族の今後の「予定される出費」と「予定される収入・資産」を比較して、「予定される収入・資産」では不足する金額が必要保障額となります**（図❸）。

まずは、予定される出費のそれぞれの項目の金額や、予

✔死亡保障は子どもの誕生から成人あたりまで

自分が死亡したときに保険金が出る生命保険の「死亡保障」は、自分の死によって金銭的に困ってしまう可能性がある人がいる場合に加入すべきものです（第2章13）。

そのため、独身の人は基本的に必要ありませんし、結婚していても子どもがいない夫婦はあまり必要ありません。

したがって、**死亡保障は、子どもが生まれてから成人になる（高校を卒業する）ころまでの期間で十分といえます。**

子どもがすでに高校生や大学生なら、自分で働いたり奨学金を利用したりして、学費を支払うこともできるでしょう。そう考えると、最低限必要な死亡保障の期間は、下の子どもの中学卒業までの期間でも十分かもしれません。

✔約9割の人が生命保険に加入している!?

定される収入の金額を見積もっていくことが必要です（第3章38）。そのためにも、家計の現状のチェックや、遺族年金（第3章37）、会社の死亡退職金や弔慰金の制度も確認しておきましょう。

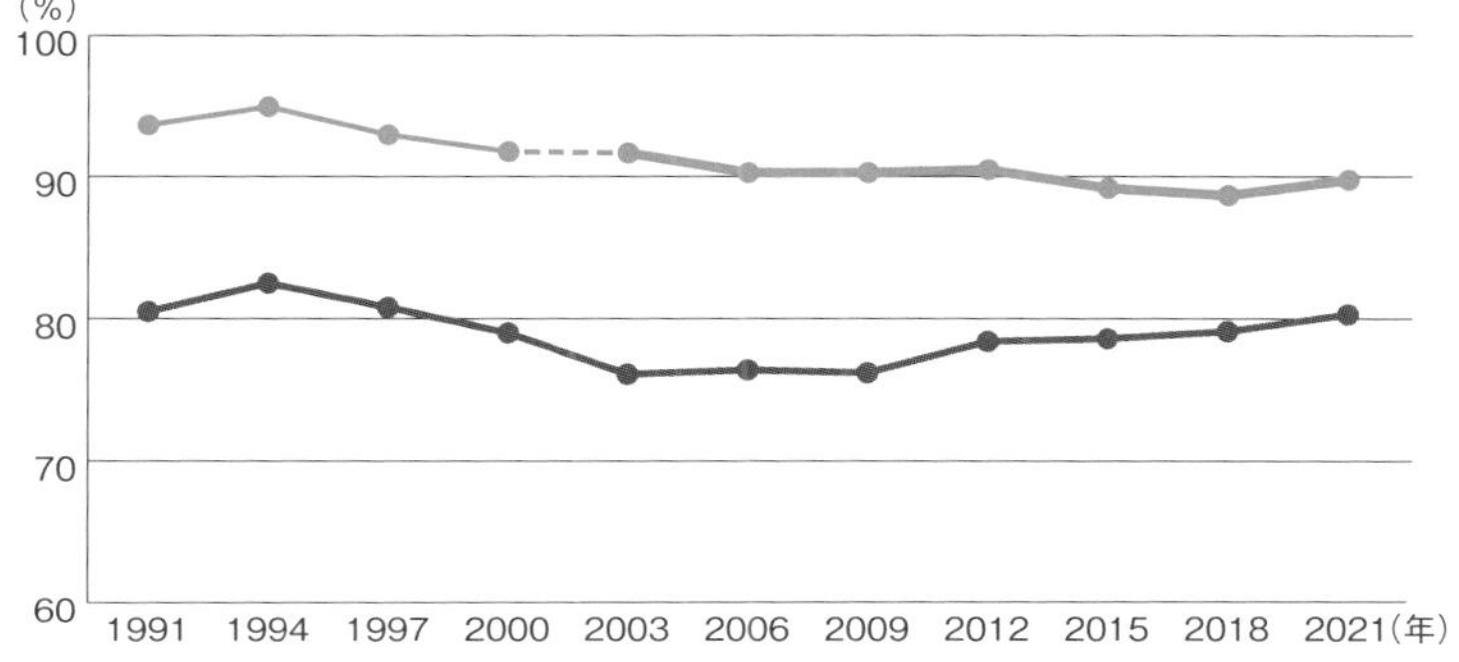

（出所）生命保険文化センター「2021（令和3）年度 生命保険に関する全国実態調査」より作成

図❷ 世帯の普通死亡保険金額（全生保）

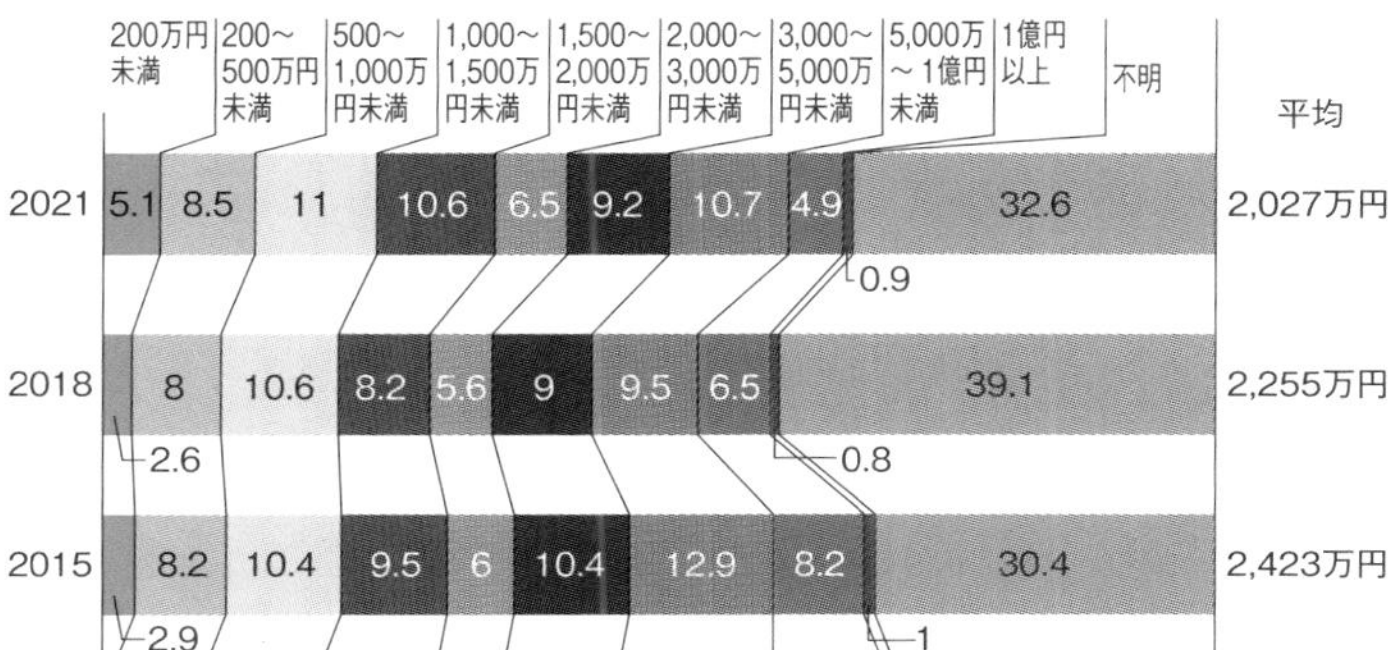

（出所）生命保険文化センター「2021（令和3）年度 生命保険に関する全国実態調査」より作成

図❸ 死亡保障の必要額の求め方

予定される出費

- 生活費
- 教育費
- 住居費
  （家賃ｏｒ維持費）
- 配偶者の
  老後の生活費

－

予定される収入・資産

- 遺族年金
- 配偶者の収入
- 死亡退職金・弔慰金
- 貯蓄、金融資産

＝

必要保障額

37 もしものときの遺族年金を知ろう！

遺族年金は残された家族のセーフティネット

死亡保障の適切な金額を求める際、必ず考慮すべきなのが遺族年金です。遺族年金は、遺された家族（遺族）の生活を支えるセーフティネットとして存在しています。

自営業者などの国民年金のみに加入している人が亡くなった場合は、「遺族基礎年金」が支給され、会社員や公務員などの国民年金と厚生年金に加入している人が亡くなった場合は、「遺族基礎年金」と「遺族厚生年金」が支給されるのが通常です。

遺族年金が出るか出ないかのポイント（図❶）

遺族基礎年金は、18歳未満の子（正確には18歳到達年度の末日までの子。簡単にいうと、高校を卒業するまでの子）がいるかどうかが、出るか出ないかのポイント。18歳未満の子がいなければ出ません。

一方、遺族厚生年金は、子どもがいなくても出ます。ただし、30歳未満で子のない妻の場合は、5年間のみの支給となります。また、要件を満たせば、妻や子だけでなく、夫や父母、祖父母、孫が受け取れる場合もあります。

遺族年金はいくらもらえる？

一般的な会社員の夫が亡くなった場合で考えてみましょう（図❷）。遺族は、妻と18歳未満の子2人だったとします。

まず、妻は一生涯、遺族厚生年金を受け取れます。年金額は、ざっくりと夫の年収の10％前後です。例えば、夫の年収が500万円だった場合、遺族厚生年金は年間で50万円くらいになります。正確には、就職してから亡くなるまでの収入で計算されるので、死亡時の年収が同じでも人によって年金額は異なります。

そして、子どもの高校卒業（18歳）まで遺族基礎年金が出ます。子ども2人の期間が約129万円、子ども1人の期間が約105万円です。つまり遺族厚生年金との合計額は、179万円前後と155万円前後になります。

子どもたちが高校を卒業すると遺族基礎年金が出なくなり、その代わりに遺族厚生年金に中高齢寡婦加算（約61万円）がつきます（妻65歳まで）。そして妻が65歳になると、妻本人の老齢基礎年金（満額で約82万円）が出ます。

遺族年金がどのくらい出るか、イメージできましたか？　もっと詳しく知りたい場合は、年金事務所などに確認しましょう。

図❶ 遺族年金が支給されるポイント

遺族基礎年金

- 18歳未満の子がいる場合のみ支給される
- 子が2人いる配偶者が受け取る遺族基礎年金額は、
  81万6,000円＋23万4,800円×2＝128万5,600円
- 子が18歳に達した場合や、婚姻した場合は支給が停止される

遺族厚生年金

- 厚生年金加入者や、老齢厚生年金の受給権者が亡くなった場合に支給される
- 子がいなくても支給される
  （要件を満たせば父母や孫、祖父母が受け取れる場合も）
- 老齢厚生年金の4分の3が支給される

図❷ 会社員の妻の遺族年金受給イメージ

夫死亡
（D）中高齢寡婦加算
（A）遺族厚生年金
妻65歳
（B）遺族基礎年金（C）
（E）妻の老齢基礎年金

●例
・夫（死亡）
・遺族：妻、18歳未満の子2人
・夫の年収：500万円

●概算額（2024年度価額）
（A）夫の収入の10％前後
（B）約129万円（18歳未満の子2人の期間）
（C）約105万円（18歳未満の子1人の期間）
（D）約61万円（遺族基礎年金受給後、妻が65歳になるまで）
（E）約82万円（満額の場合）

妻の65歳以降の遺族年金はどうなる?

亡くなった夫が厚生年金加入者で子のある妻は、遺族厚生年金を一生涯受け取ることができますが、妻も厚生年金の加入歴がある場合、妻の65歳以降の年金は、妻本人の老齢厚生年金が優先的に支給されます。また、夫の遺族厚生年金のほうが多かった場合、その差額が遺族厚生年金として支給されるようになります（夫の遺族厚生年金のほうが多い場合は実質的な支給額は同額になる）。

38 死亡保障の適切な必要保障額の求め方

それではここで、図❶のような家族構成、家計の状況のAさんの場合を例に死亡保障の必要保障額を計算してみましょう。

✔今後予定される出費は1億円強

まず、今後予定される出費を見積もります。

子ども2人が巣立つまでの生活費は、現在の7割とし、下の子が大学を卒業するまでの今後9年間かかるものとします。そして、子どもたちが大学を卒業した後は、現在の5割とし、残り36年間（妻が90歳まで）かかるものとします。

現在返済中の住宅ローンは、団体信用生命保険で相殺され、住居費は維持費（年間25万円と想定）のみ45年間（妻が90歳まで）、子ども2人の教育費は今後１１００万円かかるものとします。

これらの今後予定される出費を合計すると、１億973万円となります。

✔今後予定される収入は9000万円強

一方、今後予定される収入は、遺族基礎年金が合計573万円、遺族厚生年金が４２９０万円（いずれも２０２４年度価額で、遺族厚生年金は妻が90歳まで）。

そして、夫死亡後のパート収入は年間１２０万円とし、妻が65歳までの今後20年間働けるものとします。

65歳以降は、妻本人の老齢基礎年金が25年間（90歳まで）出るものとすると、**今後予定される収入の合計は、９３１３万円となります。**

✔Aさんの必要保障額は1000万円程度

そして、現在の貯蓄額８００万円は使える資産としてカウントできますので、Aさんの必要保障額は、今後予定される出費から今後予定される収入と資産を差し引いた

860万円となるわけです。

したがって、**いまAさんにもしものことがあった場合に備えておくべき死亡保障の最低金額は、1000万円弱だとわかります**（図❷）。

少し余裕を持って加入したい場合は1500万円とか2000万円にしてもよいかもしれませんが、その分、保険料負担が重くなりますので注意が必要です。

なお、昨今の超低金利下では保険の利回りともいえる予定利率が非常に低いため、終身保険や養老保険のような貯蓄性のある保険ではなく、定期保険のような掛け捨ての保険で死亡保障を確保するとよいでしょう。

図❶ Aさんの家族構成と家計の状況

●家族構成

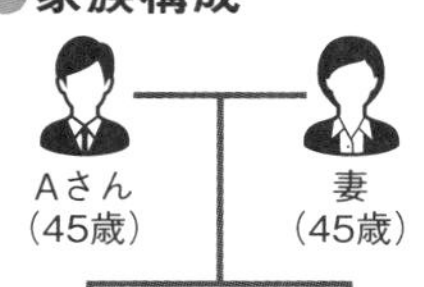

Aさんの年収	750万円
妻のパート年収	100万円
世帯の手取り収入	700万円
年間総支出額	580万円
年間貯蓄額	120万円
現在の貯蓄額	800万円
住宅ローン残高	2,500万円（残り返済期間20年）
年間の生活費（住居費、生活費を除く）	360万円

●今後予定される出費

生活費（子どもが巣立つまで）	360万円×0.7×9年＝2,268万円
生活費（子どもが巣立ったあと）	360万円×0.5×36年＝6,480万円
住宅の維持費	25万円×45年＝1,125万円
教育費（2人分）	1,100万円
合　計	1億973万円

●今後予定される収入

遺族基礎年金	129万円×２年＝258万円 105万円×３年＝315万円
遺族厚生年金 中高齢寡婦加算	75万円×45年＝3,375万円 61万円×15年＝ 915万円
パート収入	120万円×20年＝2,400万円
老齢基礎年金	82万円×25年＝2,050万円
合　計	9,313万円

図❷ 死亡保障の必要保障額の求め方

今後予定される出費		今後予定される収入		現在の貯蓄額		必要保障額
1億973万円	−	9,313万円	−	800万円	＝	860万円

知っトク！

自営業者の場合は死亡保障の金額を少し多めに

自営業者等の国民年金第１号被保険者が亡くなった場合は、通常、遺族厚生年金が支給されません。したがって、自営業者等がもしもの場合に備える際は、会社員や公務員に比べて死亡保障を多めに見積もるべきでしょう。ただし、その場合も貯蓄などの資産が多ければ、それほど高額な死亡保障は必要ありません。

39 障害年金のキホンを知ろう

障害を保障する公的年金

確率はそれほど高くないとはいえ、誰もが病気やケガで働けなくなる可能性はあります。

仕事中の病気やケガであれば労災、それ以外であれば健康保険の傷病手当金などが受けられます（第2章6）。

そして、**障害の程度が一定以上になった場合は、公的年金から障害年金が支給されます**（図❶）。

障害年金には、国民年金から出る「障害基礎年金」と、厚生年金から出る「障害厚生年金」の2つがあります。

1級は2級の1・25倍支給される

障害基礎年金は、障害認定日（障害認定日以後に20歳に達したときは、20歳に達した日）に、**障害等級が1級か2級である場合に支給されます**（図❷）。

障害認定日とは、その障害の原因となった病気やケガの初診日から1年6ヵ月を過ぎた日、または1年6ヵ月以内にその病気やケガが治った（症状が固定した）場合、その日のことをいいます。

2級の障害基礎年金の金額（2024年度）は、老齢基礎年金の満額（約82万円）と同額で、1級の障害基礎年金の金額は、2級の1・25倍（102万円）が支給されます。

そして、**厚生年金加入者だった場合は、障害厚生年金が上乗せされて支給されます**（図❸）。

2級の障害厚生年金の金額は、その人が老齢厚生年金として受け取れるはずだった金額と同額です。ただし、厚生年金加入期間が300月（25年）に満たない場合は、300月として計算されます。

障害厚生年金は3級や手当金も

なお、障害厚生年金の場合は、1級や2級よりも障害の程度の軽い3級の場合でも、3級の障害厚生年金が出ます。

1、2級のように配偶者加給年金はつきませんが、約61万円が最低保証されるようになっています。

また、3級より程度の軽い障害の状態でも、障害手当金（一時金）が支給されることがあります。

図❶ 障害等級の区分

	1級	2級	3級
日常生活	介助が必要	必ずしも介助が必要ではないが、極めて困難	―
活動の範囲	ベッド周りに限られている	屋内に限られている	働きに出ることはできる
労働	できない	できない	著しい制約を受ける
受給できる年金	障害基礎年金 障害厚生年金	障害基礎年金 障害厚生年金	障害厚生年金

図❷ 障害基礎年金の支給要件と金額（1956年4月2日以降生まれの人）

障害基礎年金の支給要件

1級または2級の障害状態となった場合

支給金額	1級	816,000円×1.25＝1,020,000円（＋子の加算）
	2級	816,000円（＋子の加算）

※金額は2024年度価額

図❸ 障害厚生年金の支給要件と金額

障害厚生年金の支給要件

厚生年金加入者が1、2、3級の障害状態となった場合
（3級の障害状態でも障害厚生年金のみ受給可能）

※3級より程度の軽い障害状態でも、障害手当金（一時金）を受けられる場合がある

支給金額（老齢厚生年金と同額）	1級	（報酬比例の年金額）×1.25＋（配偶者の加給年金額）
	2級	（報酬比例の年金額）＋（配偶者の加給年金額）
	3級	（報酬比例の年金額）

障害年金の等級と身体障害者手帳の等級は異なる

障害年金と身体障害者手帳の等級は、それぞれ認定基準が異なるので、1級の身体障害者手帳を持っているからといって、必ずしも1級の障害年金が支給されるとは限りません。逆に、4級の身体障害者手帳を持っている人が、3級の障害厚生年金を受け取れる場合もあるようです。詳しくは、年金事務所や市区町村役場で確認を。

40 子どもが生まれたら教育費の準備を始めよう！

1人あたり最低でも1000万円前後

人生の3大資金ともいわれる「教育資金」「住宅資金」「老後資金」。

なぜ3大資金といわれるのかというと、これらが、比較的多くの人の人生において必要資金が多額になるTOP3だからです。

このうちの1つである「教育資金」は、子どもの人数、住まいの地域、親の教育方針などによって金額は違ってきますが、**幼稚園から大学卒業まで、すべて国公立の学校に通っても1人あたり1000万円前後、すべて私立の学校に通うと1人あたり2500万円前後に達するのが一般的です**（図❶❷）。

ただし、私立大学の医学部などでは、6年間の学費の総額が2000～4000万円程度になることもあるので、親の教育方針や子どもの進学スケジュールによって、金額がさらに高額になることもあるのが現実のようです。

なるべく早く準備を始めるべき

したがって、子どもが生まれたら、なるべく早いうちから子どもの教育方針などについて、いろいろと考えておくことが重要です。

習い事、お受験、塾や家庭教師、公立か私立かなど。親が子どもにお金をかけようと思うのか思わないのかにより、トータルでかかる費用はかなり違ってきます。

特に、**子どもの教育費（学校教育費＋家庭教育費）は、子育ての終盤になるほど負担が重くなっていくのが一般的です。**

子どもの進学スケジュール（7歳になる年度に小学校入学、13歳になる年度に中学入学、16歳になる年度に高校入学など）は、生まれた瞬間にほぼ確定します。浪人や留年、留学などで多少前後することはありますが、何年もずれる

可能性は低いでしょう。

なるべく早いうちからある程度の方針を決め、準備を始めていきましょう。準備が十分でないことを理由に子どもが進学を断念せざるを得ないのは悲しいことです。

教育ローンや奨学金の制度などもありますが、それらの制度は使わないで済むのが理想的です。計画的に準備を進めるようにしましょう。

図❶ 幼稚園から高等学校までの15年間の学習費総額

区分	学習費総額				合計
	幼稚園	小学校	中学校	高校（全日制）	
ケース1（すべて公立）					5,744,201円（公→公→公→公）
ケース2（幼稚園だけ私立）					6,196,091円（私→公→公→公）
ケース3（高校だけ私立）	472,746円（公立）	2,112,022円（公立）	1,616,317円（公立）	1,543,116円（公立）	7,357,486円（公→公→公→私）
ケース4（幼稚園および高校が私立）	924,636円（私立）	9,999,660円（私立）	4,303,805円（私立）	3,156,401円（私立）	7,809,376円（私→公→公→私）
ケース5（小学校だけ公立）					10,496,864円（私→公→私→私）
ケース6（すべて私立）					18,384,502円（私→私→私→私）

（出所）文部科学省「令和3年度子供の学習費調査」より作成

図❷ 国立大学、私立大学、私立短期大学、私立高等専門学校の初年度学生納付金（2021年度）

	授業料	入学料	施設設備費	合計
国立大学	535,800円	282,000円	―	817,800円
私立大学	930,943円	245,951円	180,186円	1,357,080円
私立短期大学	723,368円	237,615円	166,603円	1,127,586円
私立高等専門学校	627,065円	246,753円	105,195円	979,013円

（出所）文部科学省「国公私立大学の授業料等の推移」「私立大学等の令和3年度入学者に係る学生納付金等調査結果について」より作成

41 教育資金はどう貯める？学資保険には要注意！

✔給与天引きや口座振替で貯めよう！

とにかく、子どもが生まれたら一刻も早く、教育資金の準備を始めることが大切！

「いや、それはわかったけど、どうやって準備すればいいの？」と思う人も多いでしょう（図❶）。

結論から言うと、ポイントは2つ。

①給与天引きや口座引き落としで貯めていく
②半分くらいは積立投資にする

まず、勤務先に財形貯蓄などの給与天引きで積み立てできる制度があるなら、積極的に使いましょう。

給与天引きは最強です。貯めていることさえ忘れて、知らないうちにお金が貯まっていきます。

給与天引きの制度がない場合は、給与振込口座からの引き落とし（口座振替）で積み立てていきましょう。引き落とし日を給料日に設定するのがベターです。給与天引きとほぼ同じ効果が期待できます。

商品は、まずは積立定期預貯金などでよいです。ただ、高校入学時（15年後）や大学入学時（18年後）などの少し先の教育資金用のお金は、多少リスクを取った積立投資に回してもよいでしょう。さまざまな資産に分散した積立投資なら、年3～5％程度の利回りも期待できるからです。

✔学資保険やこども保険は不利？

教育資金を貯めるための保険としては、学資保険やこども保険が定番です。しかし、昨今の超低金利下では保険の利回りともいえる予定利率が非常に低く、お金が増える効果はあまり期待できません。

返戻率（支払保険料総額に対する受取保険金総額の比率）が高いものでも105％前後。つまり、18年や22年という長い期間でたった5％程度しか増えないのです。

手取り利回りを計算すると、年0・4％程度。保障（契約者（父親など）死亡後の保険料は無料など）がついているとはいえ、目的が教育資金を効率よく貯めることだとすると、積立投資よりも不利になる可能性が高そうです。

✔NISAも有効活用

積立額の半分くらいを積立投資にするなら、NISAも有効活用しましょう。非課税期間は無期限（旧つみたてNISAは20年間）ですが、途中売却も可能なので、いつでも教育資金に充当できます。

積立投資のポートフォリオ（資産の組み合わせ）としては、代表的な4つの資産で運用している投資信託をそれぞれ買うか、4資産分散、6資産分散、8資産分散などのバランス（資産複合型）ファンドを買うか。コスト負担が軽いものを選びましょう（図❷）。

半分を積立定期預貯金、半分を積立投資にして、平均利回り年2～3％を狙う感じがベターかと思います。

図❶ 教育費の貯め方の種類とメリット・デメリット

	メリット	デメリット
預貯金 （財形貯蓄、積立定期預金など）	• 着実に貯まる • 元本保証	• ほとんど増えない • インフレや円安のリスクがある
保険 （学資保険、こども保険など）	• 着実に貯まる • 万が一の際の保障もある	• あまり増えない • 途中で解約すると元本割れする可能性がある • インフレや円安のリスクがある
投資 （投資信託などへの積立投資）	• 預貯金や保険よりも増やせる可能性がある • インフレや円安のリスクにも備えられる	• 値動きによって増減するリスクがある • 大きく減ってしまうと必要金額に足りなくなる可能性がある

途中でお祝い金が出るタイプは、利回りが低い？

中学入学時、高校入学時などにお祝い金が出る学資保険やこども保険も多いですが、途中でお祝い金が出るタイプは、通常のタイプよりもさらに利回りが低くなるので注意しましょう。なお、父親の死亡保障で教育資金分も考慮されているなら、学資保険やこども保険の保障部分の必要性も低いでしょうから、やはり、教育資金準備は積立貯蓄と積立投資をバランスよく考えるのがベターです。

図❷ 積立額のポートフォリオ例

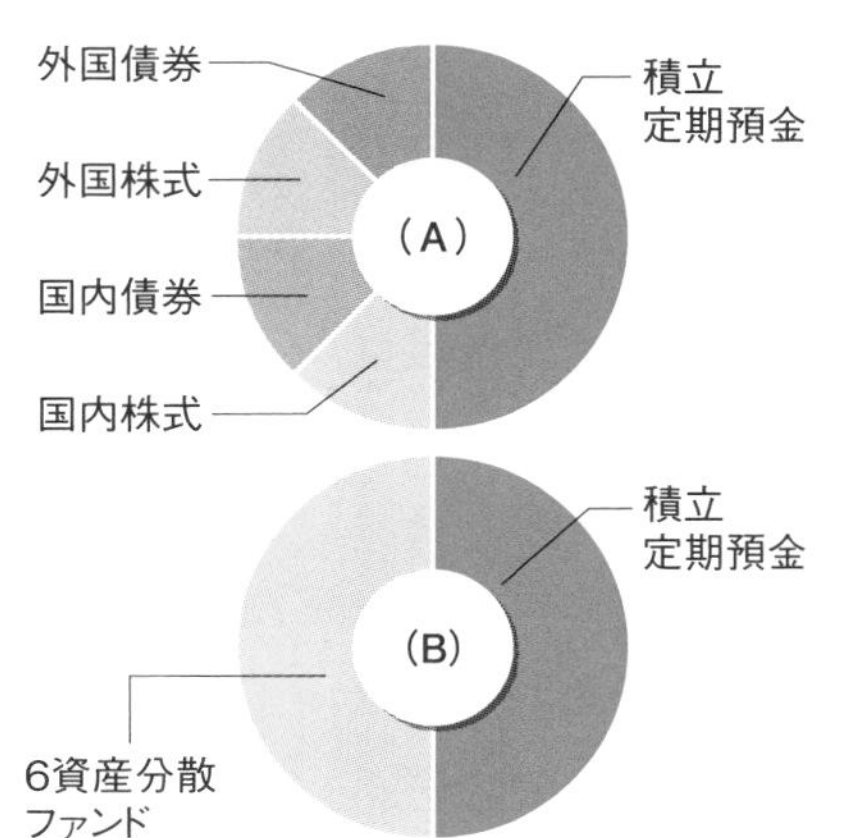

42 老後資金も見据えた賢い教育資金の貯め方

教育と老後の準備は同時にしなきゃダメ？

教育資金は、子育ての終盤（高校生、大学生のころ）に負担が重くなるのが一般的です。

さらに最近では、晩婚化の影響もあり、子どもが高校生や大学生になるころには、親の年齢が60歳前後に達しているケースも増えてきています。

つまり、**教育資金と老後資金の準備を、同時並行に考えなければならない世帯が増えてきているわけです**。その意味でも、教育資金は子どもが生まれたら、すぐにでも積み立て始めることが重要でしょう。

今の時代にあった貯め方とは？

では、毎月いくら積み立てればいいの？　と思う人もいるかもしれませんね。

実は、将来の老後資金準備にも役立つ、とっておきの教育資金の貯め方があります。

この方法は、労働組合向けシンクタンクである生活経済研究所®長野 代表の塚原哲（つかはらさとし）さんがすすめています。画期的な方法なので、ここで紹介します。

図❶は、一般に教育費負担が重くなる16歳から22歳（高校生から大学生）までの各年の教育費を貯める際の、貯め始めの年齢ごとの必要積立額を表にしたものです。

貯め始めが1歳時なら、毎月2・5万円をずっと貯めていくと、16歳から22歳の学費総額を準備できるわけです。

さらに、この貯め方の場合、16歳に到達した際には毎年1・9万円の積み立てが終了しますので、その後の必要積立額は年間28・4万円（＝30・3万円－1・9万円）となります。17歳以降も同様で、年々積立額を減らしていくことができるのです。21歳到達時の積立最終年は年間5・0万円まで積立額が減ります。

この方法なら、**子どもの成長にしたがって積立額を減ら**

せるので、減った積立額を老後資金用の積み立てに回すことも可能になるわけです。

✔積立投資との組み合わせが有効

それから、高校・大学を私立に進学させたいと思う場合は、必要積立額も増えますので、子どもが生まれたら、なるべく早い段階である程度の教育方針を決めて準備を始めることが重要でしょう。

そのうえで、15年後、18年後などの学費等については、積立投資で利回りを高めようとすることも重要でしょう。必要額以上に準備できた場合は老後資金にも回せるからです。

図❶ 毎年の積立額（高校・大学ともに公立の場合）

（万円）

年齢（歳）		16	17	18	19	20	21	22	必要貯蓄額	
学校		高校			大学					
年間学費		28.0 (1)	25.3	25.3	172.5	105.1	105.1	105.1	（年間）	（月間）
貯め始める年齢（歳） 1		1.9 (1)	1.6	1.5	9.6	5.5	5.3	5.0	30.3	2.5 (2)
2		2.0	1.7	1.6	10.1	5.8	5.5	5.3	32.0	2.7
3		2.2	1.8	1.7	10.8	6.2	5.8	5.5	34.0	2.8
4	幼稚園	2.3	1.9	1.8	11.5	6.6	6.2	5.8	36.2	3.0
5	幼稚園	2.5	2.1	1.9	12.3	7.0	6.6	6.2	38.7	3.2 (3)
6	幼稚園	2.8	2.3	2.1	13.3	7.5	7.0	6.0	41.6	3.5
7	小学校	3.1	2.5	2.3	14.4	8.1	7.5	7.0	44.9	3.7
8	小学校	3.5	2.8	2.5	15.7	8.8	8.1	7.5	48.9	4.1 (3)
9	小学校	4.0	3.2	2.8	17.3	9.6	8.8	8.1	53.6	4.5
10	小学校	4.7	3.6	3.2	19.2	10.5	9.6	8.8	59.4	5.0
11	小学校	5.6	4.2	3.6	21.6	11.7	10.5	9.6	66.7	5.6
12	小学校	7.0	5.1	4.2	24.6	13.1	11.7	10.5	76.2	6.4
13	中学校	9.3	6.3	5.1	28.8	15.0	13.1	11.7	89.3	7.4
14	中学校	14.0	8.4	6.3	34.5	17.5	15.0	13.1	108.9	9.1
15	中学校	28.0	12.6	8.4	43.1	21.0	17.5	15.0	145.8	12.1

（出所）生活経済研究所®長野

（1）16歳時（高校１年）の年間学費28.0万円を１歳時から貯め始めるとすると、毎年の必要積立額は1.9万円となる

（2）16～22歳までのそれぞれの年間学費を１歳時から貯め始めた場合に必要な積立額を合計すると、年間30.3万円、毎月2.5万円となる

（3）例えば、現在、第１子が８歳、第２子が５歳で、今から２人の子の高校・大学（ともに公立）の学費を貯め始めようとした場合の必要積立額は、第１子分が毎月4.1万円、第２子分が毎月3.2万円なので、２人分の合計7.3万円となる

43 手厚くなった？ 産休と育休の制度

産休は法律で決まっている？

働く女性が妊娠した際、企業はその女性に「産休」（産前休業・産後休業）を取得させることが義務づけられています。労働基準法には、「6週間（双子以上の場合は14週間）以内に出産予定の女性が休業を請求した場合、その者を就業させてはならない」とあります。

さらに、「産後8週間を経過しない女性を就業させてはならない。ただし、産後6週間を経た女性が請求した場合には、医師が支障ないと認めた業務に就業させることはできる」とあります。つまり、産前産後は一定期間、必ず休ませなければならないと決められているわけです。

育休は最長2歳まで

「育休」（育児休業）も、育児介護休業法によって、「男女問わず、子どもが1歳に達するまでの間、取得することができる」と決められています。育休を取得するには、会社に申請する必要があります。

そして、子どもが1歳になった後に保育所等に入所できないなどの事情があれば、会社に申請することで最長2歳まで育休を延長することができるようになっています。

法改正と「産後パパ育休」の創設

育休は、男女を問わず取得できる決まりになっています。しかし、実際の育休取得率の推移をみると、圧倒的に女性の取得率のほうが高く、男性の取得率は最近少し上がってきたものの、まだまだ低い状態です（図❶）。

政府は、2025年までに男性の育休取得率を30％まで引き上げたいと考えているようですが、はたして今後1、2年で達成できるのでしょうか。

とはいえ、2022年10月からの法改正によって、夫婦ともに2回に分けて育休を取得できるようになったり、1

歳以降の育休において夫婦で途中交代することができるようになったりしました(図❷)。

また、出生時育児休業(産後パパ育休)の制度が創設され、産後8週間以内に4週間まで取得することができ、2回に分割して取得することもできます。

少しずつ利便性が向上しているのはよいことですね。

図❶ 育児休業取得率の推移

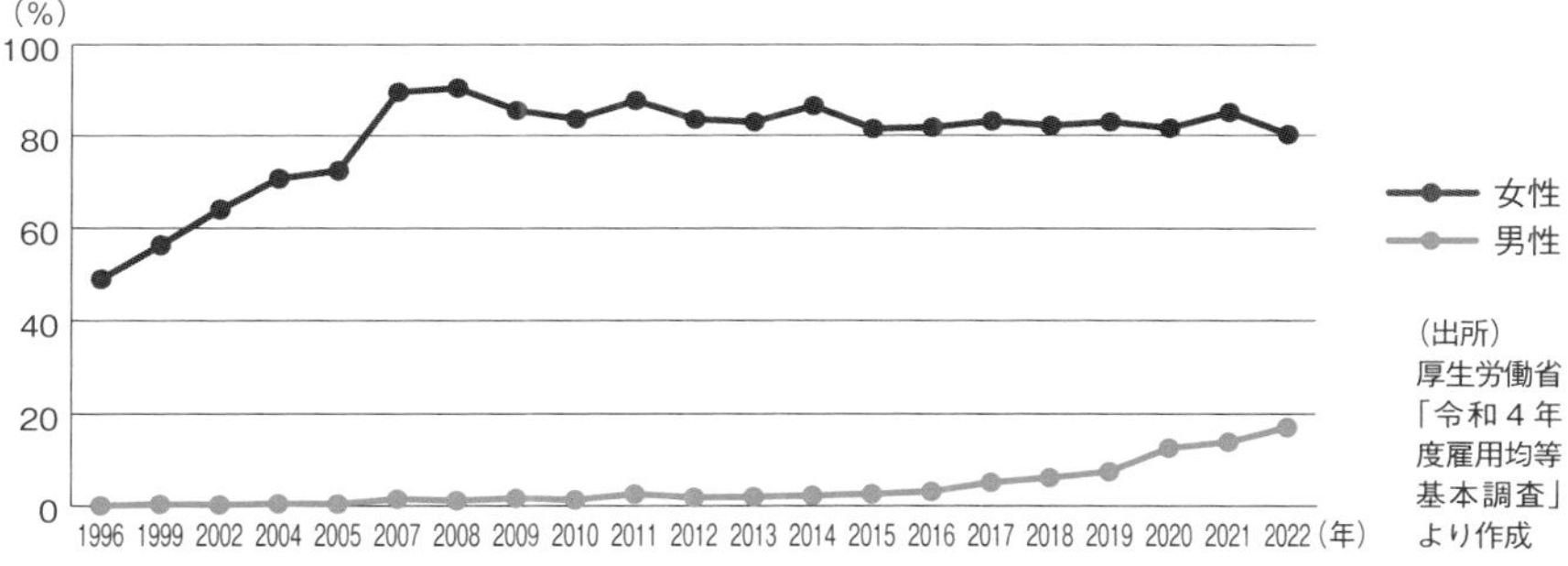

図❷ 育児休業取得方法

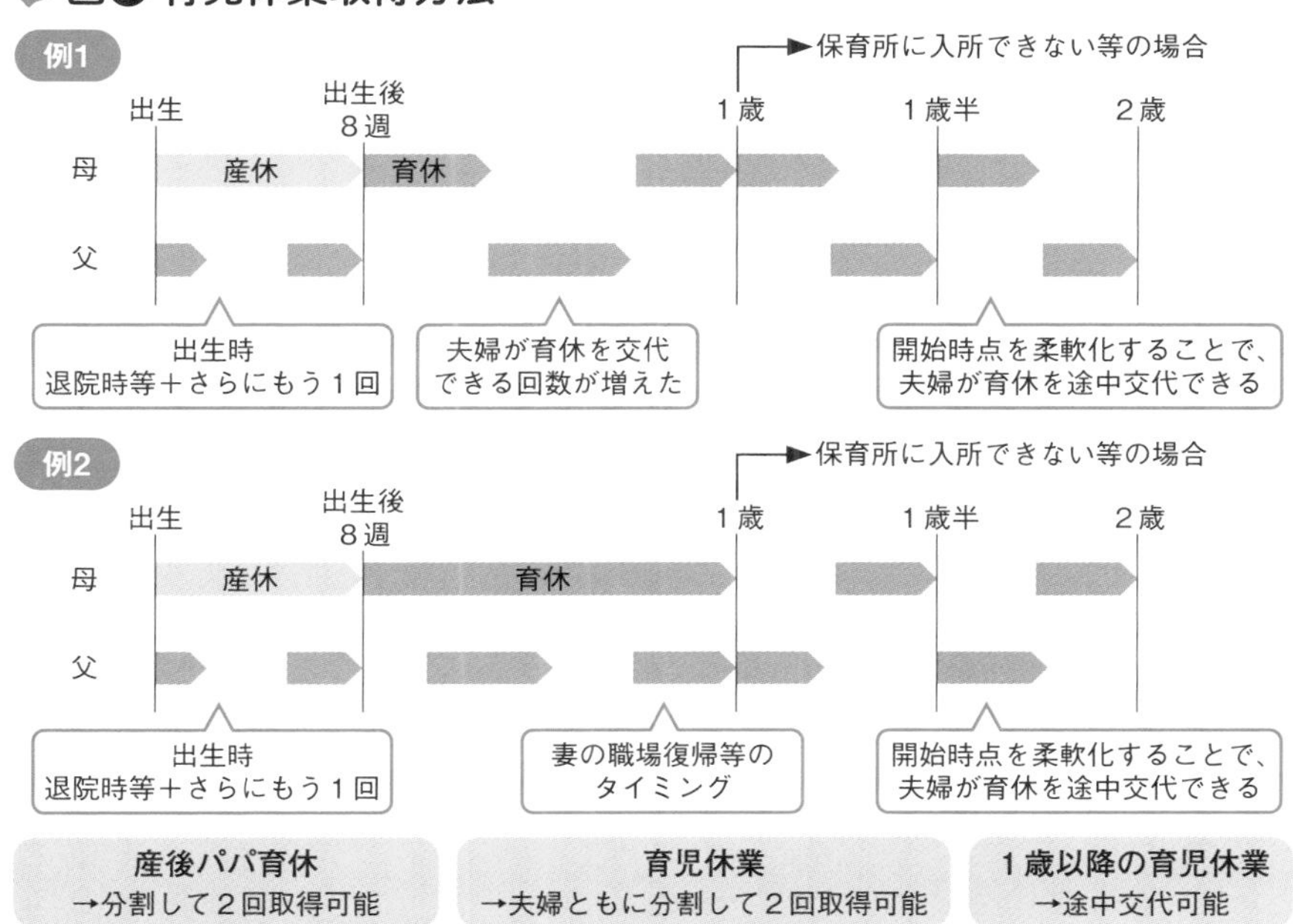

(出所)厚生労働省「育児・介護休業法改正ポイントのご案内」より作成

44 住宅は賃貸がトク？ 購入がトク？

賃貸or購入、結果は死ぬときにわかる永遠のテーマ？

賃貸がトクか購入がトクかは、今後の経済情勢の変化次第で、どちらにも転ぶ可能性があります。

ざっくり言えば、**インフレ（物価上昇）が続くなら、購入がトクになるでしょうし、デフレ（物価下落）が続くなら、賃貸がトクになるでしょう。**

また、100歳前後まで長生きした場合は、家賃負担が続く賃貸よりも購入がトクかもしれませんが、あまり長生きしないなら、賃貸のほうがトクかもしれません。

50年間でかかる費用は数千万円以上

図❶は、50年間の賃貸と購入の住居費負担を比較したものです。やはり、購入は住宅ローンの返済が終わる（グラフでは30年目）と、住居費負担が固定資産税等の維持費だけで済むようになるので、グラフの傾きがゆるやかになることがわかります。

ちなみに、上下のグラフの違いは、家賃が上昇する場合と下落する場合の比較です。例えば、家賃15万円の賃貸と比べると、上のグラフでは、最終的には6000万円の物件を購入したほうがトクで、下のグラフでも4000万円の物件を購入したほうがトクだとわかります。

損得を決めつけないほうがよい？

なお、図❶は、物件価格と家賃の金額だけで比較したものです。立地条件や間取りなどは考慮していません。また、50年間、一度も住み替えをしない前提で比較しています。

賃貸の場合の引っ越し、購入の場合の住み替え（買い替え）も考慮すると、より一層、損か得かはケースバイケースになるかと思います。双方のメリット・デメリットを考慮して判断するのが無難でしょう（第3章45）。

図❶ 購入と賃貸のトータル住居費比較

前提条件

購入の場合

- 頭金は物件価格の2割、諸費用は物件価格の5%、残りを住宅ローンで返済
- 住宅ローンはすべて年1.5%で借りられるものとする（返済期間はすべて30年）
- 管理費、保有税、修繕積立金は年間合計43万円（管理費17万円、保有税10万円、修繕積立金16万円）とし、物価上昇率年0.5%とする

賃貸の場合

- 家賃は、2年に一度1%上昇（または下落）し、同じく2年に一度家賃1ヵ月分の更新料がかかるものとする
- 引っ越しは考慮していない。同じところに一生涯住むものとする

●家賃が2年ごとに1%ずつ上昇する場合

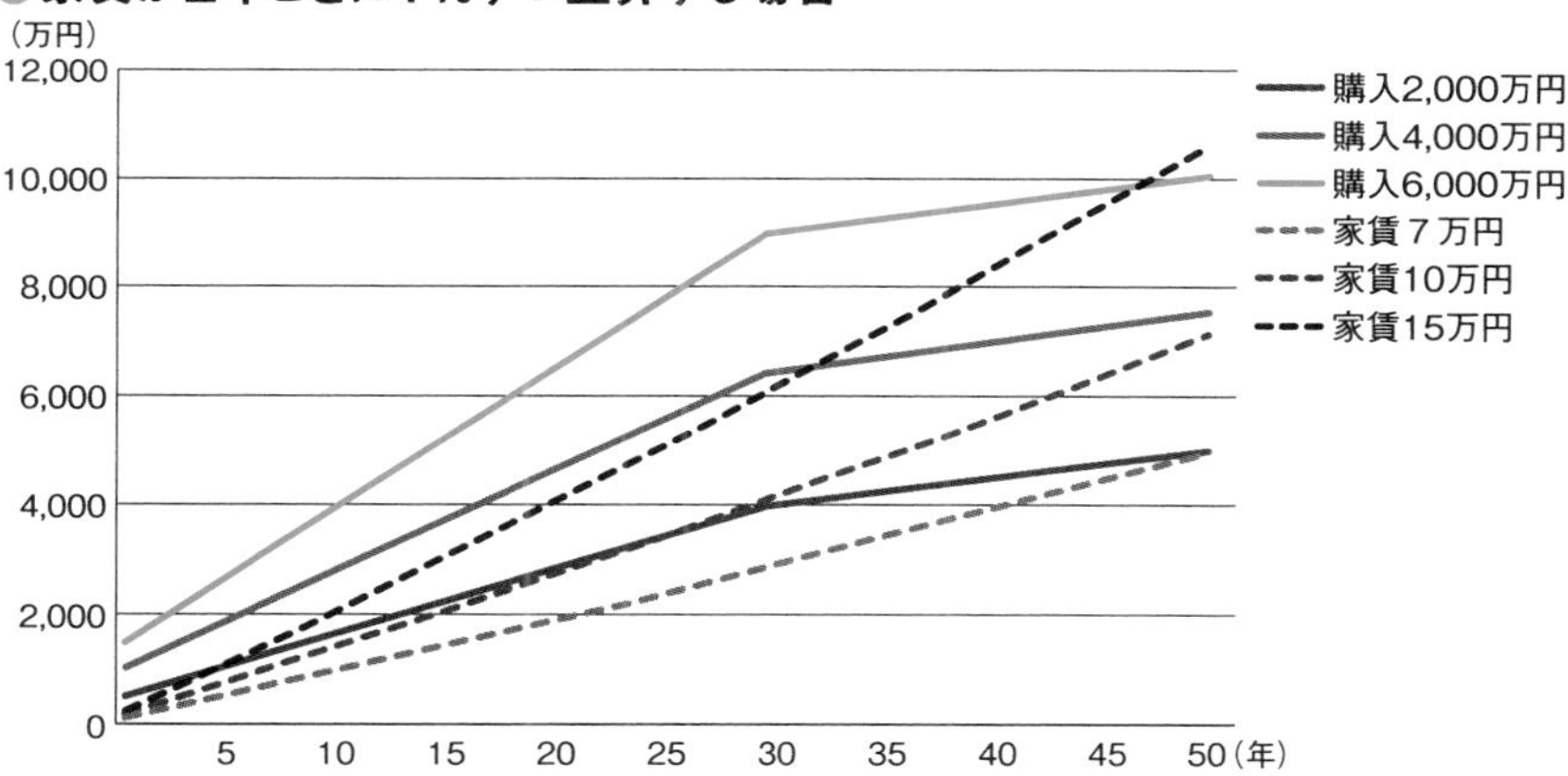

●家賃が2年ごとに1%ずつ下落する場合

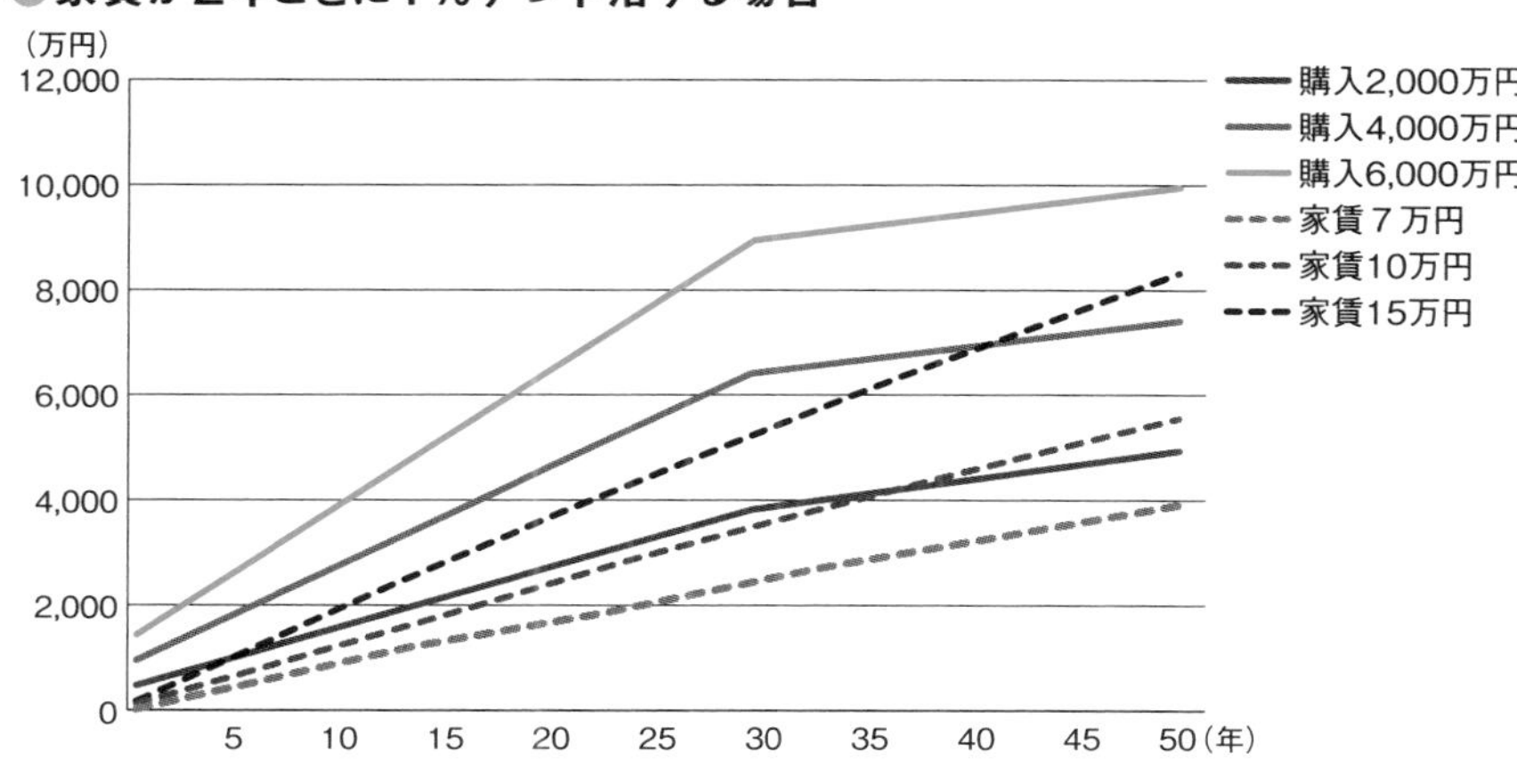

45 賃貸と購入のメリット・デメリット

賃貸のほうが気軽に引っ越しできる

賃貸住宅に住み続けるか、マイホームを購入するか、実は、それぞれにメリット・デメリットがあります。自分や家族にとってどちらがよいかは、それぞれのメリット・デメリットを理解したうえで、冷静に判断することが重要です（図❶）。

まず、**賃貸の大きなメリットは、いつでも気軽に引っ越しできることでしょう。**収入の増減にも臨機応変に対応できます。

もちろん、マイホームを購入した後でも引っ越しは可能ですが、その際、マイホームを売却するか、誰かに貸し出すかの判断や手続きなど、賃貸住宅の場合に比べて難易度が高くなります。

一方、**賃貸のデメリットは、**老後も家賃負担が続く、高齢になると借りにくくなる、**インフレ（物価上昇）によって家賃が上昇していく可能性がある、**などが挙げられます。

ローン終了後の負担減は大きい

そして、**マイホーム購入のメリットは、**住宅ローンの返済が終われば住居費負担が軽くなる、インフレによる資産価値の上昇、自由にリフォームができる、などが挙げられます。

なかでも、住宅ローンの完済で、以後の住居費負担が軽くなるのは、老後生活の安心につながる効果が大きいでしょう。

一方、**マイホーム購入のデメリットは、**引っ越しがしにくい、収入の減少に対応しにくい、住宅ローン返済以外の住居費関連の負担（固定資産税、都市計画税、マンションの場合の修繕積立金、管理費等）が意外と重い、などが挙げられます。

老後の安心のためには購入が無難かも

このようなそれぞれのメリット・デメリットを総合的に考えると、金銭的な損得は一概にいえませんが、老後生活の安心を優先するなら、60歳くらいまでに完済できる住宅ローンでマイホームを買える場合は、買っておいたほうが安心できるでしょう。

ただし、購入したマイホームに一生涯住み続けずに、売却したり、誰かに貸し出したりする可能性がある場合は、何よりも立地条件が重要です。なぜなら、物件の売却のしやすさ、貸し出しやすさは、立地条件によって大きく異なるためです。

マイホームの購入を検討する際は、将来、売却や賃貸に出す可能性も考えて、立地条件を最重要視すべきかどうかを判断するとよいでしょう。

図❶ 賃貸と購入の主なメリット・デメリット

	メリット	デメリット
賃貸	・いつでも引っ越しができる ・収入に応じて住まいを変更できる ・デフレや築年数の経過で家賃負担が軽くなる可能性がある	・老後も家賃を支払う必要がある ・高齢になると借りにくくなる ・インフレによって家賃が上昇する可能性がある
購入	・ローンの返済が終われば、住居費負担が非常に軽くなる ・インフレによる資産価値の上昇が期待できる ・自分の好きなようにリフォームができる	・引っ越しがしづらい ・収入減に対応しづらい ・ローン以外の住居費負担が意外と重い ・デフレになると資産価値が目減りする

立地条件や間取りが同じ物件で比較すると……

立地条件や間取りがまったく同じ物件で賃貸と購入を比較するのは、現実問題として困難です。なぜなら、立地や間取りが同程度の分譲マンションと賃貸マンションがめったに存在しないから。また、一般に分譲マンションとして作られた物件のほうが、壁の厚みや設備の充実度合いも高い傾向にあるため、仮に分譲マンションと同程度の賃貸マンションがあったとすると、近隣の相場よりも家賃が高くなる傾向があります。

46 分譲マンションと一戸建てのメリット・デメリット

分譲マンションか一戸建てか

マイホームを買うと決めたとしても、分譲マンションにするのか、一戸建てにするのかを迷う人もいるかもしれません。好みの問題ともいえますが、それぞれにメリットとデメリットがありますので、決断する前に十分に検討することが重要でしょう（図❶）。

主なメリット・デメリット

分譲マンションの大きなメリットは、カギ一本で施錠できる便利さ、オートロックや管理人常駐などのセキュリティの高さなどが挙げられるでしょう。

そして、デメリットとしては、上下左右の住戸との音に関するトラブルが発生しやすい点や、管理費や修繕積立金、駐車場代の負担が必要な点などが挙げられます。

一方、一戸建ての大きなメリットは、庭が持てる、マイホームらしさがあるといった点や、音によるトラブルが起きにくい点、管理費や修繕積立金、駐車場代が不要な点などが挙げられます。

デメリットとしては、防犯面や修繕について、すべて自分で準備しなければならない点などが挙げられます。

一戸建ての土地部分の価値は残る

マンションと一戸建ての大きな違いとして、資産価値の下がり方があります（図❷）。

まず、一戸建ての建物部分は築20年を超えてくると、ほとんど無価値になって、土地部分のみの価値が残るだけになります。

一方、分譲マンションの土地部分は敷地利用権なので、土地部分の価値がずっと残るわけではありません。

長い年月の間に、資産価値が変化することも考慮して決めることが重要でしょう。

図❶ 分譲マンションと一戸建ての主なメリット・デメリット

	メリット	デメリット
分譲マンション	・共用部分の管理・清掃は管理会社によって行われる ・オートロックなどのセキュリティ面が安心 ・居住者同士のコミュニティが作りやすい	・上下左右の接している住戸との間で音に関するトラブルが発生しやすい ・管理費や修繕積立金の負担が必要 ・駐車場を利用する場合は別途代金がかかる
一戸建て	・マイホームらしさがある ・隣近所に対する音によるトラブルは少なめ ・管理費や修繕積立金、駐車場代などの負担がない ・敷地が広ければ庭が持てる	・玄関だけでなく窓の施錠など、防犯面に気をつける必要がある ・修繕費用等を自分で貯めておく必要がある ・共用の施設やサービスがない

図❷ マンションと一戸建ての資産価値のイメージ

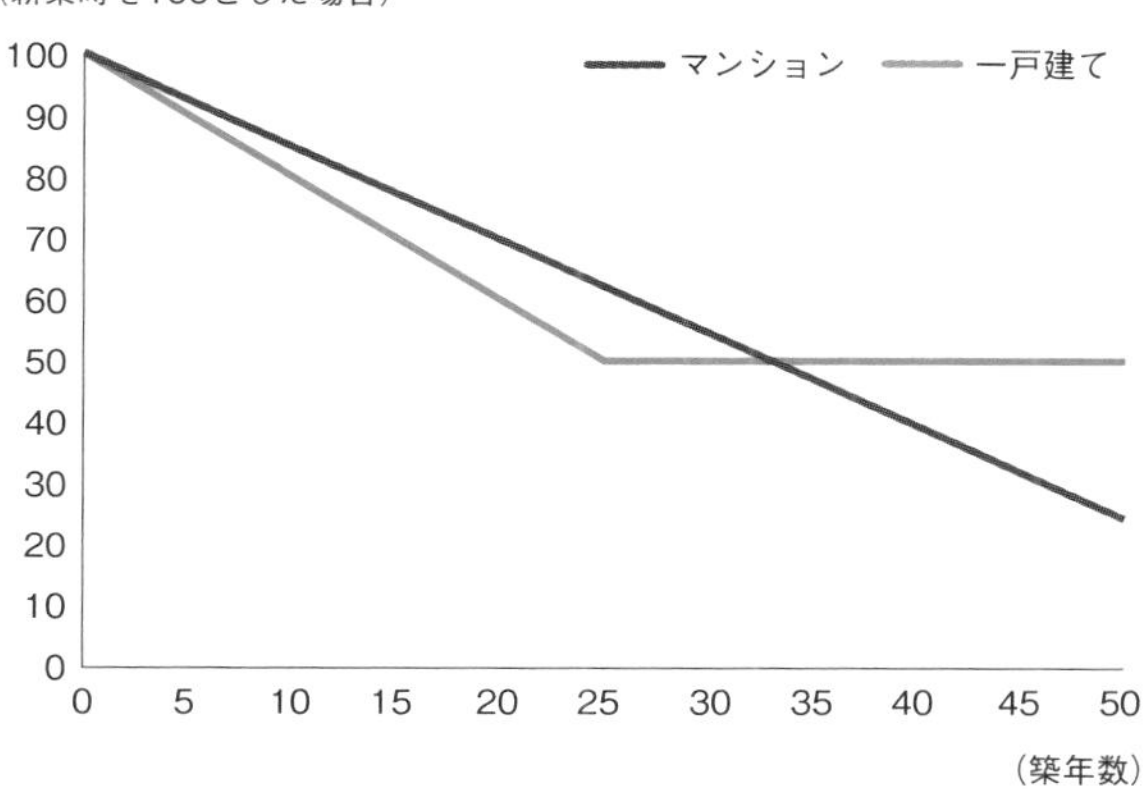

一戸建にも建売と注文住宅がある

一戸建ての住宅には、一般に「建売住宅」と呼ばれる土地付き一戸建てとしてセット販売されているものと、土地を買ってから、もしくはもともと保有している土地、相続した土地などに注文住宅を建設するケースがあります。建売住宅は、マンション並みの価格で買えるものもありますが、注文住宅は、建築士に設計を頼むなど建売住宅よりもコストや時間が多くかかるのが一般的です。

47 新築と中古のメリット・デメリット

きちんと理解してから冷静に判断を

マイホームを買うにあたって、新築か中古かを迷う人もいるかもしれません。

個人的には、築年数の浅い中古がオススメですが、双方にメリット・デメリットがありますので、それらをきちんと理解したうえで判断することが重要でしょう（図❶）。

新築の物件価格は広告宣伝費が入っている？

新築のメリットは、やはり新しいこと。キッチンや浴室は新品がいいですよね。補助金や税制優遇も新築のほうが多くあります。

一方、デメリットは、価格の中に広告宣伝費などの販売経費が含まれていますので、買った瞬間にその分だけ評価額が下がります。物件によっては、入居した瞬間に数百万円以上価値が下がるケースもあるでしょう。

そのため、新築を100％ローンで買ってしまうと、評価額の下落よりもローン残高の減りのほうが遅いので、債務超過（ローンのほうが多い状態）が長く続くことになってしまいます（図❷）。頭金を多く入れて借入金額を少なくすると、債務超過を避けられます（図❸）。

一生住み続けないなら評価額が重要

例えば、築10年程度の中古であれば、ある程度価格が下がったところで買えるので、大幅な債務超過になることを避けられます（図❹❺）。

もちろん、一生涯そのマイホームに住み続けるのであれば、価値の下落を気にする必要はありませんが、引っ越す可能性がある場合は、売却や賃貸に出す際の評価額によって、損得が大きく異なってきます。

だからこそ、一生住み続ける可能性が低いなら、評価額が下がりにくい中古を探したほうがよいでしょう。

図❶ 新築と中古の主なメリット・デメリット

	メリット	デメリット
新築	・建物が新しい ・設備が最新 ・新築限定の税制優遇がある	・販売経費が物件価格に含まれている ・買う前に完成状態が見れないことも ・購入時に修繕積立基金や水道負担金がかかる
中古	・新築より価格が安い ・実物を確認してから買える ・修繕積立基金や水道負担金がかからない	・建物や設備が古い分、修繕コストが高めになる ・購入時に仲介手数料がかかる（不動産業者が仲介している場合） ・住宅ローン控除が少なめ

図❷ 新築を100%ローンで買ったイメージ

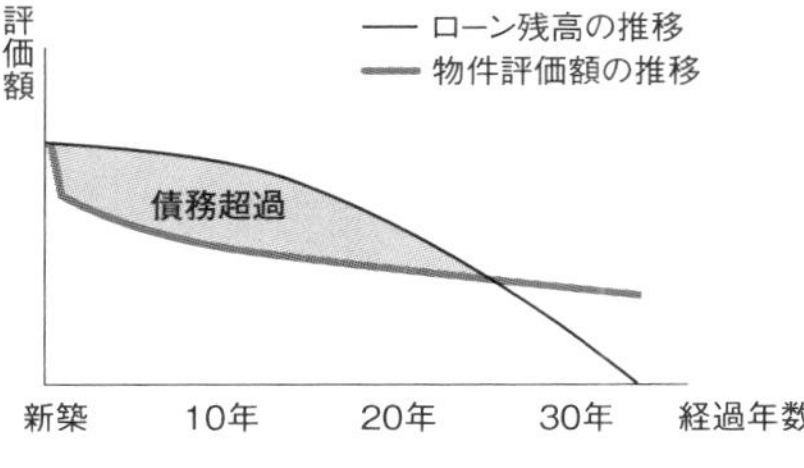

図❸ 新築を頭金を多めに入れて買ったイメージ

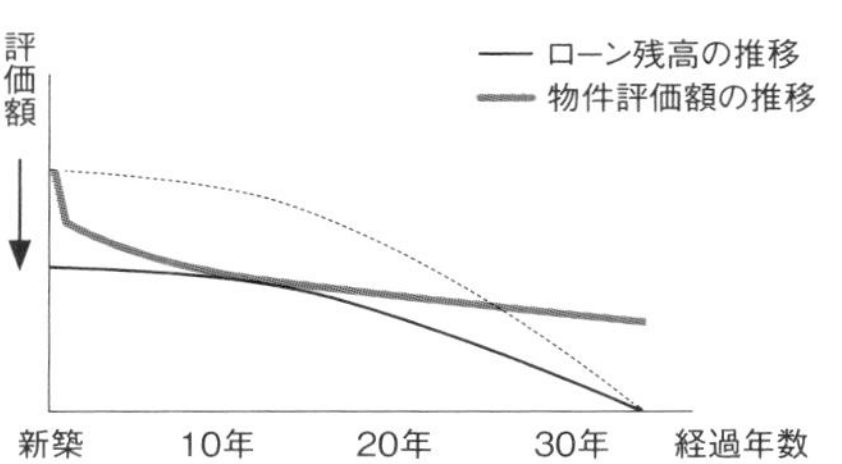

図❹ 築10年の中古を100%ローンで買ったイメージ

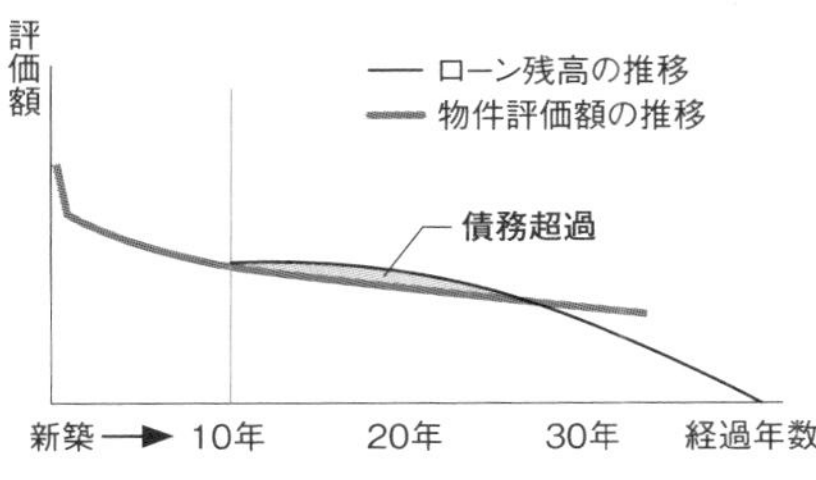

図❺ 築10年の中古を頭金を多めに入れて買ったイメージ

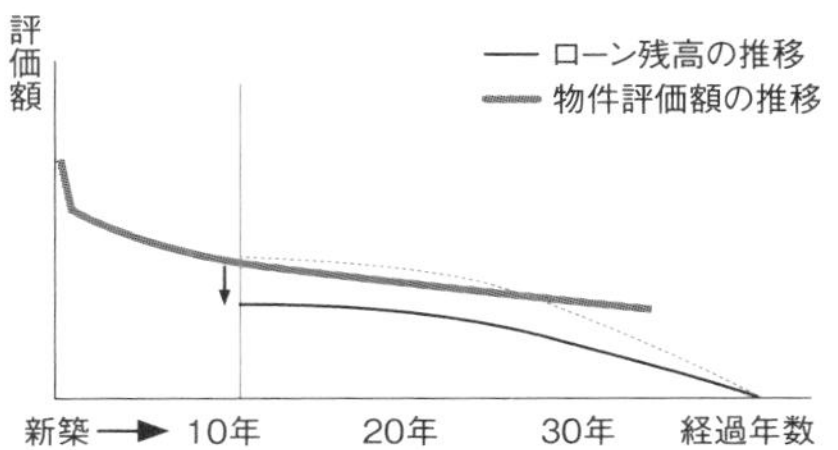

48 住宅ローンを組むうえで守るべき5つの鉄則

✔住宅ローンを安易に組んではいけない！

住宅ローンは借金です。安全安心な返済計画を立てないと、教育資金や老後資金などにもシワ寄せがいき、最悪、自己破産という結果になってしまうケースもあります。夢のマイホームと思って買ったものが、悪夢のマイホームとなってしまう可能性もあるのです。

住宅ローンを組むなら、次の5つの鉄則を必ず守るようにしてください。自分と家族の幸せな生活を守る5つの鉄則と言ってもよいでしょう。

鉄則1：借りられる金額ではなく、返せる金額を借りる
鉄則2：変動金利型を利用するならリスクを知ってから
鉄則3：返済期間は「(60歳−現在の年齢) 年」以内に
鉄則4：ローンは少なく借りて短く返す
鉄則5：貯蓄のできる返済計画にする

✔たくさん借りられる＝よいことではない！

鉄則1「借りられる金額ではなく、返せる金額を借りる」

これが、5つの鉄則のなかで最も重要といってよいでしょう。借りられるからといって、安易に借りてはダメということです。

会社員や公務員の大半の人は、「借りられる金額＞返せる金額」が成り立ちます。借り過ぎてしまうと、あとで生活にシワ寄せがいきます。

例えば、年収が500万円の場合、全期間固定金利の代表的な商品である「フラット35」なら、4464万円もの金額を借りることができます(図❶)。金融機関によっては、もっと借りられるところもあるでしょう。

しかし、返せるかというと別問題なのです。年収500万円で5000万円近く借りてしまうと、手取り収入（可処分所得）は396万円程度でしょうから、かなり生活は厳しくなるはずです（図❷）。「いくらまで借りられるか」ではなく、「いくらまでなら返せるか」が重要なのです。

図❶ 【フラット35】で、年収500万円の場合の借入可能額を試算！

【フラット35】
・年収500万円
・35年返済
・融資金利1.91％

4,464万円が借入可能！

借りられるだけ借りてしまうと……

毎月返済額	14万5,815円
年間返済額	約175万円
総返済額	約6,125万円

図❷ 年収500万円の手取り収入（可処分所得）は？
（妻が専業主婦、15歳以下の子ども2人の4人家族の場合）

年収	－	社会保険料	－	所得税	－	住民税	＝	手取り収入
500万円		73万円		10万円		21万円		396万円

手取り収入396万円から年間175万円のローン返済を差し引くと、
残りは221万円！
はたしてゆとりのある生活はできるのでしょうか？

自己破産はセーフティネット

「最悪、自己破産」と書きましたが、自己破産がダメというわけではありません。自己破産は法律で認められたセーフティネット。返済が苦しい場合は、ゼロからやり直せます。借金苦で自殺を考えるくらいなら、自己破産したほうがマシです。人生は、いつからでも自分次第でやり直しがきくということを覚えておきましょう。

安全性最優先なら固定金利!

鉄則2「変動金利型を利用するならリスクを知ってから」

2024年5月現在、変動金利型の金利水準は最も低いところで年0・3%前後、全期間固定金利型の金利水準は代表格のフラット35が年1・8%台です。

金利差が1・5%以上。毎月返済額にすると、2、3万円違ってくるレベルです。最近、変動金利型を選ぶ人が増えてきているのもうなずけます(図❸❹)。

ただし、変動金利型を利用する際は、きちんとリスクを知ってからにすべきでしょう。

通常の変動金利型は、半年ごとに適用金利が見直されます。つまり、これから国内金利が上昇していったとすると、それに応じて適用金利が上がり、返済額が増えてしまう可能性があるわけです。

いまの日本の経済情勢からすると、金利がどんどん上がっていくというのは考えにくいですが、5年後10年後はわかりません。

変動金利型を利用するなら、5年後10年後に適用金利が1%上がったら返済額がいくら増えるのか、2%上がったら返済額がいくら増えるのかを事前に計算しておくとよいでしょう。仮にそうなっても家計は大丈夫だと思えるなら、変動金利型を使ってもよいでしょう。一方、金利が上がって返済額が増えると家計が苦しくなりそう、とか、精神的にしんどくなりそう、などと思うなら、安全性最優先の固定金利型を利用すべきでしょう。

安易な35年返済は老後貧乏まっしぐら!?

鉄則3「返済期間は(60歳−現在の年齢)以内」

最近は、60歳以降も働く人が増えているので、(65歳−現在の年齢)でよいかもしれませんが、65歳まで働けても、60歳以降は収入が大きく減る可能性もあります。

さらに、老後資金が十分でなかった場合、65歳まで住宅ローン返済が続くのは老後貧乏へまっしぐらかも? やはり、60歳までに完済できたほうが安全でしょう。

60歳までに完済できるローンで希望の物件が買えないなら、それは価格が高すぎるということです。物件を見直しましょう。

定期的な繰上げ返済を考える人もいますが、繰上げ返済のためには貯蓄が必要です。計画的に貯蓄できるなら、毎月返済額に上乗せして、返済期間を短く組めるはず。最初は長く組んで途中で繰上げ返済しようとする返済計画は、うまくいかない可能性もあるので要注意です(図❺)。

図❸ 住宅ローンの主な金利タイプ

一般的な名称	特徴	取扱金融機関等
変動金利型 （変動型）	半年ごとに金利が見直されるタイプ。金利水準は最も低め（最も低いところで年0.3％前後*）。世の中の金利水準が上がると適用金利も上がる	ネット銀行 普通銀行 信託銀行　など
固定期間選択型 （固定金利選択型）	当初の一定期間（2、3、5、7、10、15、20年など）の金利を固定するタイプ。固定期間が短いほど低金利。固定期間終了後は変動金利か固定期間を再度選べるのが一般的	普通銀行 信託銀行　など
全期間固定型 （固定金利型）	借入時点の適用金利が返済終了まで変わらないタイプ。金利水準は高め（最も低いところで年1.5％前後*。金利変動の影響を受けないため返済計画は立てやすい	普通銀行 信託銀行 【フラット35】取扱機関　など

*2024年5月現在

図❹ 住宅ローン利用者が利用した金利タイプ

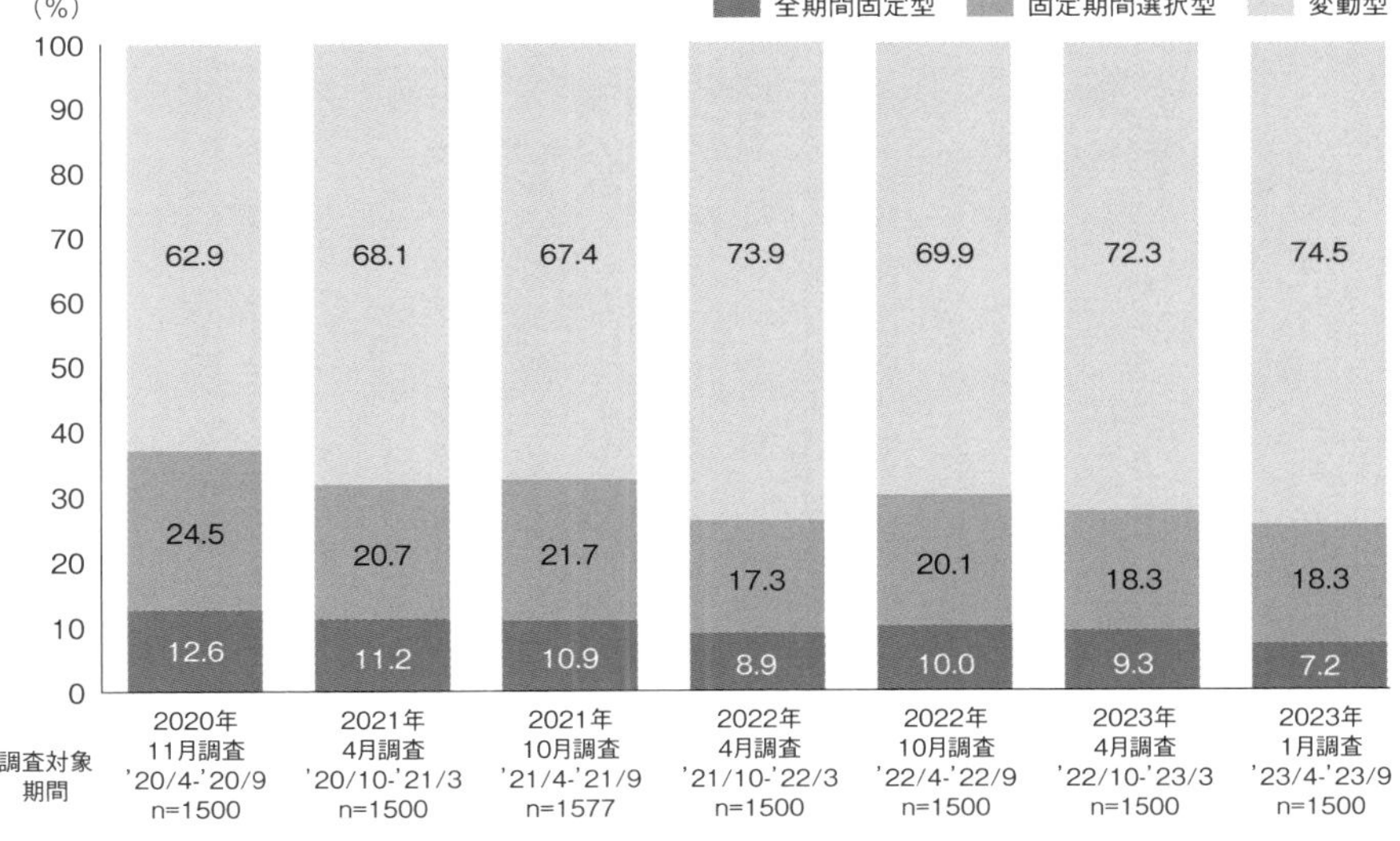

（出所）住宅金融支援機構「住宅ローン利用者の実態調査」（2023年10月）

図❺【フラット35】の返済期間ごとの利用者数（人）（2022年度）

	10年	11～15年	16～20年	21～25年	26～30年	31～35年	合計
元利均等返済	105	1,023	2,485	2,106	4,164	40,335	50,218
元金均等返済	10	79	176	55	116	488	924

※返済期間の平均値32.8年。中央値35年（短い人から順に並べて真ん中の人の返済期間）
※全体の8割以上の人が31～35年を選択している

低金利でも利息の負担は意外に重い？

鉄則4「ローンは少なく借りて短く返す」

住宅ローンは借金です。利息を上乗せして返済しなければなりません。

1000万円を35年返済で借りると、金利が0・5％でも約90万円ほどの利息を支払います。金利が1・5％だと約286万円もの利息負担です。借入金額が2000万円なら2倍、3000万円なら3倍の支払いになります（図❻）。

やはり、借金をするのであれば少なめに、そして、短い期間で返したほうが利息の負担は少なくなることを覚えておくべきでしょう。借金は、「少なく借りて短く返す」が基本です。

ただし、借入金利よりも高い運用利回りで運用できる場合は、「たくさん借りて長く返す」のほうが理屈上は有利になります。

住宅ローン金利が年0・5％を切る水準で、期待できる運用利回りが年5％程度なら、頭金を多めに入れて借入金額を少なくするより、頭金には入れずに資産運用に回したほうが、経済効果は大きくなるからです。

とはいえ、たくさん借りてしまうと、返済自体が苦しくなってしまう可能性がありますから、返せる金額を借りるという前述の「鉄則1」は最優先で守るべきです。

「住宅取得」を目標にしてはダメ？

鉄則5「貯蓄のできる返済計画にする」

住宅取得だけが人生ではありません。教育資金や老後資金など、さまざまなものに備えた貯蓄をきちんとできる返済計画にすることが大切です（図❼）。

ハッキリ言うと、「住宅取得」を目標にしてはダメです。目標にすべきなのは、住宅取得後の「ゆとりのある生活」です。

想像してみてください。

・家は買ったけれど、小遣いが減る
・家は買ったけれど、外食や旅行に行けなくなった
・家を買って床暖房は設置したけれど、つけない　など

節約しなければ生活していけない住宅取得では、何のためのマイホームかわかりません。

したがって、自分と家族のライフプラン全体を見渡したうえで、適切な場所、適切な物件価格のマイホームを探すことが重要なのです。

 図❻ 借入金額1,000万円あたりの毎月返済額・総返済額・利息(円)

金利(%)		返済期間(年) 20	25	30	35
0.5	毎月返済額	43,793	35,466	39,918	25,958
	総返済額	10,510,320	10,639,800	10,770,480	10,902,360
	利息	510,320	639,800	770,480	902,360
1.0	毎月返済額	45,989	37,678	32,163	30,618
	総返済額	11,037,360	11,306,100	11,578,680	11,588,760
	利息	1,037,360	1,306,100	1,578,680	1,588,760
1.5	毎月返済額	48,254	39,993	34,512	30,618
	総返済額	11,580,960	11,997,900	12,424,320	12,859,560
	利息	1,580,960	1,997,900	2,424,320	2,859,560
2.0	毎月返済額	50,588	42,385	36,961	33,126
	総返済額	12,141,120	12,715,500	13,305,960	13,912,920
	利息	2,141,120	2,715,500	3,305,960	3,912,920
2.5	毎月返済額	52,990	44,861	39,512	35,749
	総返済額	12,717,600	13,458,300	14,224,320	15,014,580
	利息	2,717,600	3,458,300	4,224,320	5,014,580
3.0	毎月返済額	55,459	47,421	42,160	38,485
	総返済額	13,310,160	14,226,300	15,177,600	16,163,700
	利息	3,310,160	4,226,300	5,177,600	6,163,700

 図❼ 人生の3大資金

後先考えずにお金を使ってしまうとどこかにシワ寄せがいく……

人生の3大資金

住宅資金

教育資金

老後資金

49 安心して返せる金額の見積もり方

✔借りられるだけ借りるのはNG

住宅ローンは、借りられる金額のほうが多く、安心して返せる金額のほうが少ないのが通常です。

目いっぱい借りてしまうと、教育や老後など、さまざまなところにシワ寄せがいく可能性があるので、ここでは、安心して返せる金額の見積もり方を紹介します（図❶）。

✔安心して返せる金額を見積もる手順

計算1

まず、現在の年間の住居費（家賃、駐車場代等）と、年間貯蓄額から住宅購入後の住居費に回せる金額を足します。出てきた金額①が、住宅購入後の住居費にあてられる最大の金額になります。

計算2

①の金額から、住宅の維持費を差し引きます。維持費は、固定資産税や都市計画税、マンションの修繕積立金や管理費等です。一戸建てで年間20万円前後、マンションで年間40万円前後でしょう。

計算して求めた金額②が、住宅ローンの返済にあてられる最大の金額（年間返済額）となります。

計算3

60歳までに完済できる最長返済期間③を求めます。

✔安心して買える物件価格を逆算

この手順で求められた②と③の数字と早見表を用いて、安心して返せる金額を求めます。

例えば、②120万円、③25年、金利が1.5%なら、**計算例**のように、約2500万円が安心して返せる金額となります。頭金が1000万円準備できているなら、合計3500万円が安心して買える諸経費込みの物件価格となります。

図❶ 現在の家計から返済可能な金額（概算額）を見積もる方法

計算 1

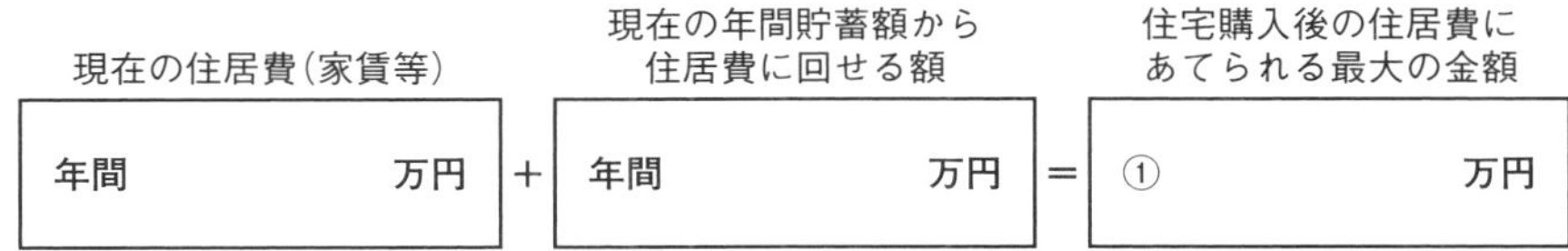

計算 2

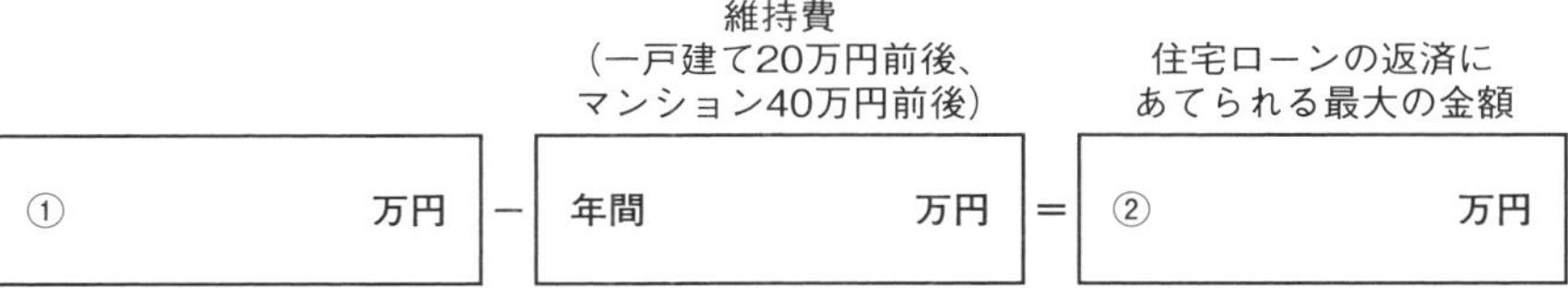

計算 3

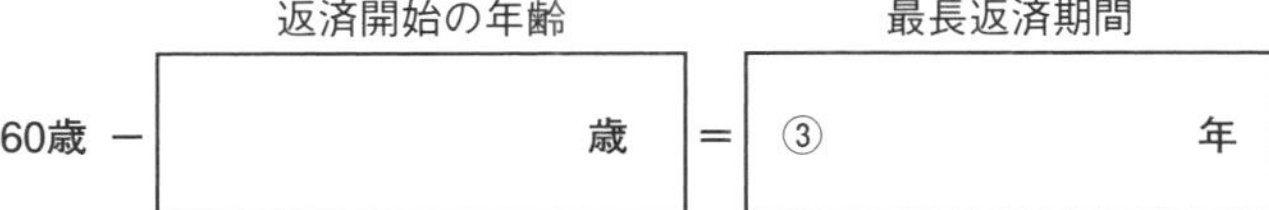

計算例

例えば、②が120万円で、③が25年なら、早見表で金利と年数の交差したところを探す。金利が1.5%なら、25年と交差する数字は2,083万円。

したがって、2,083万円×②120万円÷100万円＝約2,500万円となり、安心して返せる金額は、2,500万円程度だとわかる。

●年間返済額100万円あたりの借入可能額早見表（元利均等）

	15年	20年	25年	30年	35年
0.5%	1,444万円	1,902万円	2,349万円	2,785万円	3,210万円
1.0%	1,392万円	1,812万円	2,211万円	2,590万円	2,952万円
1.5%	1,342万円	1,726万円	2,083万円	2,414万円	2,721万円
2.0%	1,294万円	1,647万円	1,966万円	2,254万円	2,515万円

50 頭金を貯めるのもメリットとデメリットがある？

頭金なしでも家が買える時代になった

20年くらい前までは、物件価格の2割以上の頭金がないと、住宅ローンを組むこと自体ができませんでした。諸経費も考慮すると、物件価格の3割程度は自己資金（頭金＋諸経費）がないと、家は買えなかったのです。

それが近年では、頭金なしの100％ローンでも家を買えるようになったため、頭金の必要性が下がりました。

とはいえ、頭金を貯めるメリットも依然として大きなものがあります。ここでは、あらためて頭金を貯めるメリット・デメリットをまとめてみましょう（図❶）。

頭金を貯めるメリットとは

頭金が多いほど、借入金額を少なくすることができます。ローンが少なければ、利息の負担も軽くなり、総返済額も少なくなります（図❷）。

また、「フラット35」など、頭金が多いほど適用金利が下がるローン商品もあります。

それから、最も大きなメリットだといえるのが、「貯蓄グセ」がつく点。将来の教育資金や老後資金のためにも、若いうちから貯蓄グセをつけておくことは非常に意味のあることです。そのためにも、住宅取得用に頭金を貯めるという行動で練習しておくとよいでしょう。

頭金を貯めるデメリットとは

一方、デメリットとしては、頭金が貯まるまでの時間や、その間の家賃がもったいない点が挙げられます。さらに、預貯金だとちっとも増えません。

「貯蓄グセ」のない家計が急いで住宅取得をするのは無謀だと思いますが、そうでない家計で、資金計画に無理がないなら、頭金が貯まるのを待たずに買ってしまったほうが今の時代、ベターかもしれません。

図❶ 頭金を貯める主なメリット・デメリット

メリット	デメリット
・借入金額を少なくできる ・総支払額を少なくできる ・ローン商品によっては適用金利の引き下げを受けられる場合がある ・貯蓄グセをつけることができる	・頭金を貯めていく時間がもったいない ・頭金が貯まるまでの家賃がもったいない ・安全確実に増やせる金融商品がない

図❷ 頭金の金額の違いによる総返済額・総支払額の違い

前提条件

- 物件価格4,000万円(＋諸経費200万円)
- 借入金利年1.5%(全期間固定)、返済期間35年(元利均等返済)

頭金	諸経費分(200万円)を含む自己資金	借入金額	総返済額	総支払額(自己資金＋総返済額)
0円	200万円	4,000万円	約5,144万円	約5,344万円
200万円	400万円	3,800万円	約4,887万円	約5,287万円
500万円	700万円	3,500万円	約4,501万円	約5,201万円
1,000万円	1,200万円	3,000万円	約3,858万円	約5,058万円

住宅資金贈与の非課税枠

父母や祖父母から住宅資金の援助が受けられるなら、贈与の非課税枠を使いましょう！
もらえるものはもらったほうがトクです。

●住宅取得資金贈与の非課税枠(2026年12月末まで)

	省エネ等住宅	それ以外の住宅
父母または祖父母からの住宅取得等資金の非課税制度	1,000万円*1	500万円*1
相続時精算課税制度の特例	2,500万円*2	

*1　贈与税の基礎控除110万円と合わせて使える
*2　贈与者が亡くなった際に相続財産に加算されるので相続税がかかる可能性あり

51 住宅取得者への特典「住宅ローン減税」とは

✔減税を理由にマイホームを買っちゃダメ?

住宅ローンを利用してマイホームの建築、購入、増改築をした場合に受けられる特典が住宅ローン減税（正式名称は、「住宅借入金等特別控除」）です（図❶）。

ただし、「住宅ローン減税が受けられるからマイホームを買おう」と考えるのは、「オマケが欲しいからお菓子を買おう」というのと大差ないので、おすすめしません。

「もともとマイホームは買いたいと思っていて、買ったらたまたま住宅ローン減税が受けられた。ラッキー！」というくらいなら問題ありません。恩恵をしっかり享受しましょう。

✔住宅ローン減税の控除額の計算方法

住宅ローン減税は、年末のローン残高に控除率0・7%をかけて控除額を求めます。例えば、年末のローン残高が3000万円であれば、0・7%をかけた21万円が控除額となり、その年に支払った所得税額から控除されます。

仮に、その年に支払った所得税額が30万円だった場合は、21万円が戻ってきます。逆に、支払った所得税額が21万円より少なく、15万円だった場合は、戻ってくる金額は15万円となります。このとき所得税から引ききれなかった6万円（＝21万円－15万円）は、翌年度の住民税額がその分だけ安くなります（住民税額からの控除は9万7500円が上限）。

そして、この住宅ローン減税が受けられる期間は、最長13年（中古の場合は10年）となっています。

✔住宅ローン減税は確定申告が必要

なお、住宅ローン減税を受けるためには、確定申告が必要です。ただし、会社員の場合、2年目以降は年末調整で受けられるようになっています。

図❶ 住宅ローン減税

●住宅ローン減税の主な要件

1. 減税を受けようとする人自身が、住宅の引渡し日または工事の完了から6ヵ月以内に居住すること
2. 特別控除を受ける年の合計所得金額が2,000万円以下であること
3. 対象となる住宅の床面積が50㎡以上であり、床面積の2分の1以上が自身の居住用であること
   ※ただし、合計所得金額1,000万円以下の場合で、2024年末までに建築確認を受けた新築住宅の場合は住宅の床面積が40㎡以上50㎡未満でも可
4. 対象となる住宅に対して返済期間10年以上のローンがあること
5. 居住用にした年とその年の前後2年ずつを合わせた計5年間に、居住用財産の譲渡による長期譲渡所得の課税の特例などの適用を受けていないこと

●新築の借入限度額・控除率・控除期間

住宅の区分	入居した年	借入限度額	控除率	控除期間
一般住宅	2022・2023年	3,000万円	0.7%	13年
	2024・2025年	2,000万円*1		10年
認定長期優良住宅 認定低炭素住宅	2022・2023年	5,000万円		13年
	2024・2025年	4,500万円*2		
ZEH水準省エネ住宅	2022・2023年	4,500万円		
	2024・2025年	3,500万円*2		
省エネ基準適合住宅	2022・2023年	4,000万円		
	2024・2025年	3,000万円*2		

*1 2023年末までに新築の建築確認を受けた場合。そうでない場合は0円(減税対象外)
*2 子育て世帯と若者夫婦世帯は、2023年入居の場合と同額

●中古の借入限度額・控除率・控除期間

	入居した年	借入限度額	控除率	控除期間
一般住宅	2022～2025年	2,000万円	0.7%	10年
認定住宅等*		3,000万円		

*認定長期優良住宅、認定低炭素住宅、ZEH水準省エネ住宅、省エネ基準適合住宅のこと

52 もしものための火災保険と地震保険

火災保険は入っておかないとヤバい!?

マイホームを建築・購入した場合は、必ず火災保険に入りましょう。入っておかないとヤバいんです!

どんなときにヤバいかというと、隣近所から燃え移ってきたとき。「類焼」や「もらい火」とよばれるケースです。

日本には、「失火の責任に関する法律」というものがあって、間違って火を出した人(失火者)は、「基本的に責任をとらなくてよい」とされています。

なぜかというと、日本は昔から木造家屋が多く、一度火がつくと燃え広がりやすかったからです。火災による損害のすべてを失火者の責任にするのは酷だと判断したのでしょう。

つまり、この法律のおかげで、失火者は隣近所への責任をとらなくて済みますが、隣近所からすると、この法律のせいで、損害の弁償が受けられないのです。

これが、火災保険に入っておくべき理由。自分の家は、自分で守らなければならないということです(図❶)。

住宅総合保険を再調達価額で契約するのが無難

火災保険を選ぶ際は、補償の手厚い「住宅総合保険」で、設定する保険金額は、同じ建物をもう一度建てるのに必要な金額(再調達価額)で契約するのが無難でしょう。保険料は、保険会社によって異なりますので、要比較です。

地震保険は必要かどうか慎重に判断を

地震・噴火・津波などによる損害を補償するのが地震保険です(図❷)。日本は地震大国ですので、備えは大切です。

ただし、地震保険は最大でも火災保険の保険金額の50%までしか加入できないのが通常で、全損・大半損・小半損・一部損のいずれかの判定を受けないと保険金が出ないなどの注意点もあります。本当に必要なのかどうかを慎重に判断することが重要でしょう。ちなみに、地震保険料は保険会社による違いはありません。

図❶ 一般的な火災保険の補償内容

		住宅総合保険	住宅火災保険
火災	・自宅から出火し、建物が燃えた ・隣家の火災で外壁が燃えた	○	○
落雷	・落雷により建物が損傷した	○	○
ガス爆発などの破裂・爆発	・ガス漏れによりガス爆発が起こり、建物が損傷した	○	○
風災・ひょう災・雪災	・暴風で屋根の瓦が飛ばされた ・台風による飛来物で雨どいが割れた ・ひょうが降って、太陽光発電装置(ソーラーパネル)が破損した ・雪崩で家が倒壊した	○ ※一部自己負担額がある場合もある	○ ※一部自己負担額がある場合もある
水災	・台風で川が氾濫し、床上浸水が起きて床と壁紙の張り替えが必要になった ・暴風雨で自宅裏の山が土砂崩れを起こして、家屋が半壊した	○ ※一部自己負担額がある場合もある	×
自動車の飛び込み等による飛来・落下・衝突	・自動車が衝突して外壁が壊れた	○	×
給排水設備の事故等による水漏れ	・給水管が破裂し、床が水浸しになり張り替えが必要になった	○	×
騒じょう等による暴行・破壊	・自宅前で集団による破壊行為が行われ、塀や外壁が壊された	○	×
盗難	・空き巣に入られ、窓ガラスを割られた ・空き巣が建付けの収納を破壊した	○	×

(出所)日本損害保険協会Webサイトより作成

図❷ 地震保険の補償対象

- 地震により火災(延焼を含む)が発生し、家が焼失した
- 地震により家が倒壊した
- 噴火により家が損壊した
- 津波により家が流された
- 地震により家が埋没した

(出所)日本損害保険協会Webサイトより作成

53 借換えと繰上げ返済を知っておこう！

おトクな住宅ローンに乗り換えよう！

住宅ローンの借換えとは、簡単に言うとローンの乗り換えです。金利の低いローンに借り換えれば、総返済額を100万円単位で減らすこともできます。

ただし、借換えの諸経費が20～80万円程度かかるので、諸経費以上の効果が得られるかが重要です。

目安は、(1) 金利差0・5%以上、(2) 残りの返済期間10年以上、(3) ローン残高1000万円以上。3つすべてを満たさなくても効果が得られる場合もありますので、詳しくは、金融機関等での試算がおすすめです。

なお図❶は、金利2%から1%へ借り換えたケースです。借換え後①は、借換えと同時に残りの期間を短縮し、毎月返済額を同じくらいにした試算です。総返済額を400万円近く減らすことができ、残りの期間も3年短縮できています。数十万円の諸経費がかかっても、得られる効果のほうがかなり大きいでしょう。

そして、借換え後②は、残りの期間を変えずに行った試算で、350万円超の総返済額の軽減効果が得られます。

余裕資金があるなら繰上げ返済を！

繰上げ返済とは、通常の返済とは別に、手元の資金（余裕資金）を使って、ローンの一部を繰り上げて返済することです。**繰上げ返済したお金は、ローンの元金にあてられるので、それに対応する利息を支払う必要がなくなります。**

繰上げ返済の方法は2種類あります。返済額を変えずに残りの期間を短くする「期間短縮型」と、残りの期間を変えずに返済額を減らす「返済額軽減型」です（図❷❸）。

利息の軽減効果は期間短縮型のほうが大きいですが、繰上げ返済した資金による経済効果はどちらも同じで、借入れ金利で複利運用するのと同程度です。余裕資金があるなら、資産運用か繰上げ返済かを検討するとよいでしょう。

図❶ 住宅ローンの借換えの例
ローン残高2,500万円、残りの返済期間25年の時点で借り換えるケース

	適用金利	毎月返済額	残り25年間の総返済額
借換え前	2%	10万5,963円	約3,179万円
借換え後① ※毎月の返済金額を変えない	1%	10万5,534円 (−429円)	約2,786万円 (−393万円) 残り期間3年短縮
借換え後② ※返済期間を変えない	1%	9万4,218円 (−1万1,745円)	約2,827万円 (−352万円)

図❷ 2種類ある繰上げ返済のイメージ

●期間短縮型

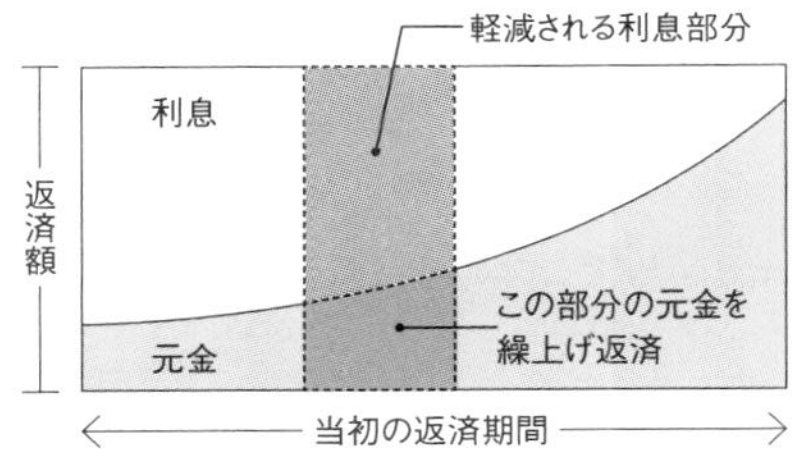

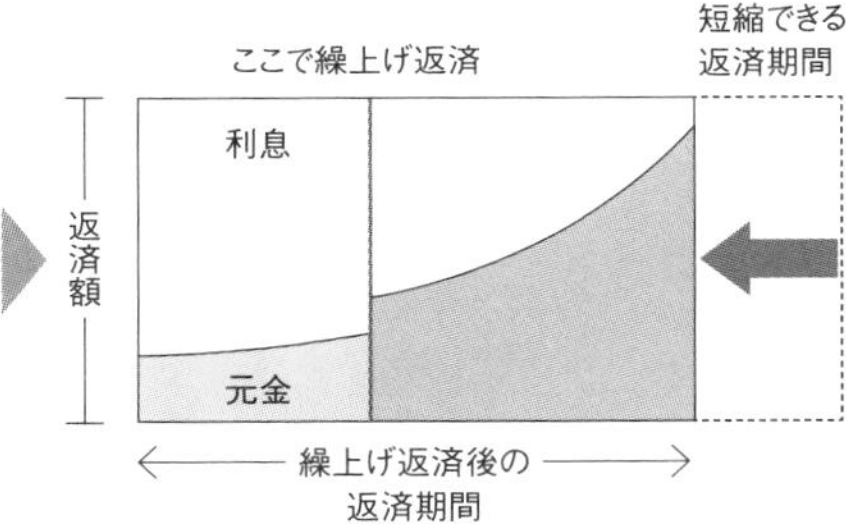

●返済額軽減型

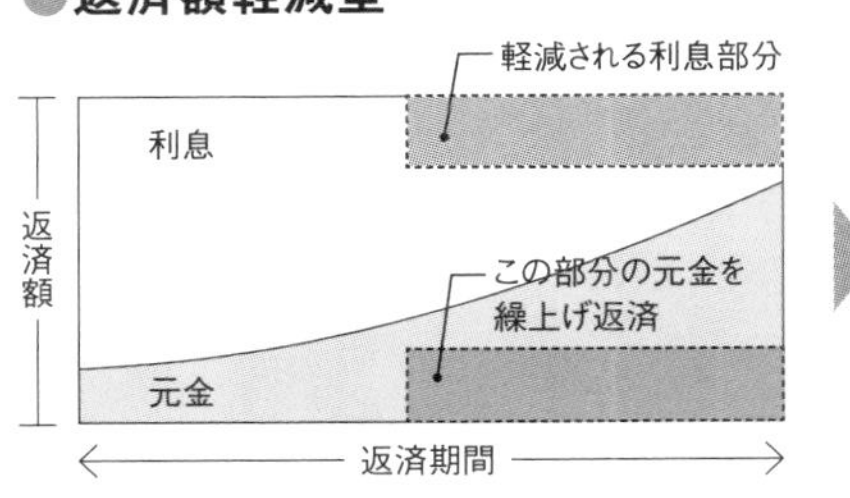

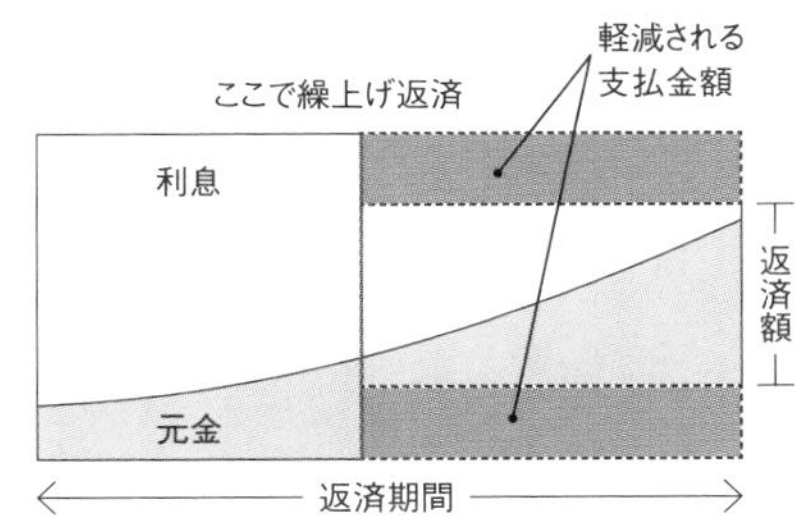

図❸ 住宅ローン繰上げ返済の例
借入金利1.5%、ローン残高3,000万円、残りの返済期間30年の時点で
繰上げ返済するケース

	繰上げ返済した金額	効果	利息負担の軽減額
期間短縮型	約100万円	残りの期間 16ヵ月短縮	約59万円
返済額軽減型	100万円	毎月返済額 −3,452円	約24万円

54 団体信用生命保険はどう選べばいい?

近年、団信に3大疾病（ガン、心筋梗塞、脳卒中）や、8大疾病などの追加保障がついたものが増えています。

確かに、もしもの場合を考えると、保障は手厚いほうが安心。しかし、その分、保険料負担が重くなりますので冷静に判断することが重要です。

ローン返済中（通常、50歳代くらいまで）に、3大疾病などにかかる可能性はどのくらい？　それに対して保険料負担は重くない？　その分を貯蓄していった場合は、どのくらい貯まる？　など。保険の入り過ぎはお金のムダになる可能性が高いので注意しましょう。

なお、通常の住宅ローンは、団信加入が利用の条件となっているのが一般的です。健康上の理由で加入できない場合は、条件緩和型のワイド団信を用意しているところもあります。また、それでも加入できない場合、フラット35であれば、団信未加入でも利用できます。

✔もしもの場合の団体信用生命保険

団体信用生命保険（団信）とは、住宅ローンを返済中の人が、死亡または高度障害の状態になったときに、その時点の住宅ローン残高と同額の保険金がおりて、ローンが相殺される（ローン残高がゼロになる）保険です（図❶❷）。

一家の大黒柱にもしものことが起きる。想像したくはないでしょうが、可能性はゼロではありません。そんなときに、遺族にローンが残らないのはありがたいですね。

団信の保険料は、住宅ローンの金利に含まれているのが通常で、0・2～0・3％程度が一般的です。その時点のローン残高に対する保険料を支払い、保険金もローン残高と同額。つまり、返済が進むにつれて保険料と保障が徐々に少なくなる仕組みということです。

✔手厚い保障の団信が増加中?

図❶ 団体信用生命保険の種類

- 事由に該当または罹患すると住宅ローン残高が0円になる
- 罹患して手術したり、一定の症状が60日以上継続すると住宅ローン残高が0円になる
- 罹患して動けない状態だと12ヵ月間毎月返済額が免除され、180日以上入院または働けない状態が12ヵ月継続すると住宅ローン残高が0円になる

一般団信	ワイド団信	がん保障	3大疾病保障	8大疾病保障	11大疾病保障	全疾病保障
				高血圧 糖尿病 慢性腎不全 肝硬変 慢性膵炎	高血圧 糖尿病 慢性腎不全 肝硬変 慢性膵炎 脳血管疾患 心疾患 大動脈解離 上皮新生物 皮膚がん	全ての病気 ケガ
			脳卒中 急性心筋梗塞	脳卒中 急性心筋梗塞		
		がん	がん	がん	がん	
死亡 高度障害	死亡 高度障害	死亡 高度障害	死亡 高度障害	死亡 高度障害	死亡 高度障害	死亡 高度障害

図❷ フラット35で利用できる新機構団信

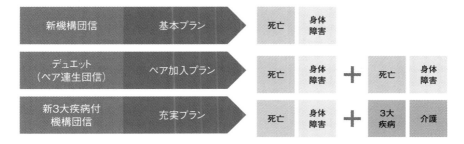

【フラット35】＋団体信用生命保険 → 所定の状態に該当したら【フラット35】残高0円
※保険金の支払いには条件あり

万が一のことがあっても以後の返済が不要に！

団信	プラン	保障内容
新機構団信	基本プラン	死亡・身体障害
デュエット（ペア連生団信）	ペア加入プラン	死亡・身体障害 ＋ 死亡・身体障害
新3大疾病付機構団信	充実プラン	死亡・身体障害 ＋ 3大疾病・介護

フラット35の「デュエット」って何？

フラット35の団信には、「デュエット」というペア連生団信もあります。ペア連生団信は、夫婦（内縁、婚約または同性パートナーを含む）のどちらかが死亡または高度障害状態になったら、保険金がおりてローンが相殺されます。保険料は、1人分の1.6倍程度の負担となっています。

55 パート収入の5つのカベとは？

税金や社会保険料の有無のカベ

例えば、パートタイムで勤務する妻が、時給１０００円で４時間、１ヵ月で15日間働いたとすると月給は６万円、年収は72万円となります。この程度なら、税金はかかりません。夫が会社員や公務員なら、年金や健康保険などの社会保険料もかかりません。

しかし、**妻の収入が一定金額を超えると、税金や社会保険料の負担が必要になり、夫の税金の負担も重くなります。それが一般に「パート収入の５つのカベ」と呼ばれるもの**です（図❶）。

１００万円と１０３万円のカベ

１つ目は１００万円。年収１００万円を超えると、住民税（所得割）がかかるようになります。２つ目が１０３万円。年収１０３万円を超えると、所得税がかかるようになります。また、夫が受ける配偶者控除が配偶者特別控除に変わります（図❷）。

１３０万円未満か１６８万円以上がトク？

３つ目が１０６万円もしくは１３０万円のカベ。従業員数１０１人以上の会社に週20時間以上働くなどの要件を満たす場合は１０６万円、そうでない場合は１３０万円以上になると、妻本人に社会保険料の負担が始まります。

４つ目が１５０万円で、５つ目は２０１万円。これらはともに夫の税金の負担が重くなるカベです。

ちなみに、図❸は、夫の年収が５００万円で一定のとき、妻の収入が変化することで、夫婦の手取り収入の合計がどう変化するのかを試算したものです。

この試算からすると、妻は１３０万円未満か、１７０万円以上で働くのが、夫婦の手取り収入を多くするための有効な働き方であることがわかります。

図❶ パート収入の主なカベ

	妻本人に影響するカベ	夫に影響するカベ
100万円	住民税のカベ	
103万円	所得税のカベ	配偶者控除が受けられなくなる
106万円	社会保険のカベ*	
130万円	社会保険のカベ	
150万円		配偶者特別控除が縮小
201万円		配偶者特別控除が受けられなくなる

*従業員数101人以上（2024年10月からは51人以上）の会社で週20時間以上働くなどの要件を満たす場合

図❷ 妻の収入に応じて変化する配偶者控除と配偶者特別控除のイメージ
（納税者本人の給与収入が1,095万円以下の場合（合計所得金額が900万円以下の場合））

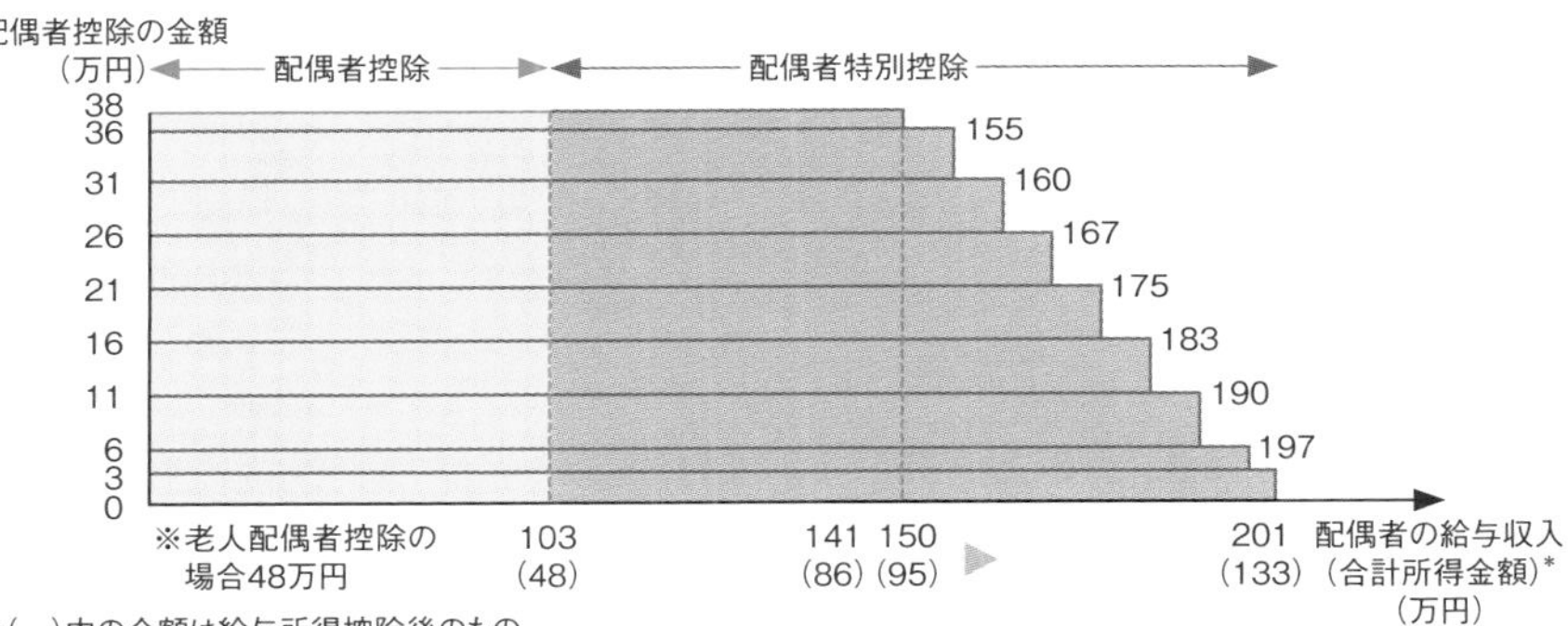

*（　）内の金額は給与所得控除後のもの

図❸ パート収入は130万円未満か170万円以上がおトク？（2024年1月現在）

単位：万円

夫の年収	夫の手取り	妻の年収	妻の手取り	夫婦の手取り
500	395.61	60	60.00	455.61
500	395.61	80	80.00	475.61
500	395.61	100	100.00	495.61
500	395.61	103	102.00	497.61
500	395.61	105	103.70	499.31
500	395.61	110	107.95	503.56
500	395.61	115	112.19	507.80
500	395.61	120	116.44	512.05
500	395.61	125	120.68	516.29
500	395.61	129	124.08	519.69
500	395.61	130	96.47	492.08
500	395.61	135	100.24	495.85

夫の年収	夫の手取り	妻の年収	妻の手取り	夫婦の手取り
500	395.61	140	104.02	499.63
500	395.61	145	107.79	503.40
500	395.61	150	111.56	507.18
500	395.51	151	112.31	507.82
500	395.51	155	115.33	510.84
500	394.89	160	119.11	514.00
500	393.88	165	123.12	517.00
500	392.87	169	126.54	519.41
500	392.87	170	127.39	520.26
500	392.87	175	131.65	524.52
500	391.86	180	135.91	527.77

*社会保険料は年収130万円からかかるものとして試算

56 年間10万円以上浮かせる家計見直しのコツ

✔サブスクを極限まで減らせ！

家計の支出には、固定費と変動費があります（図❶）。住居費や保険料、通信費、光熱費など、毎月ほぼ決まった金額の支出になるのが固定費、食費や医療費、交際費など、その月によって支出額が変わるのが変動費です。

家計の見直しで優先すべきなのは、固定費です。固定費というのは、毎月決まって支払うものなので、サブスクのようなもの。塵も積もれば山となる、という言葉もあるように、たかが毎月1000円でも、1年間で1万2000円、10年で12万円にもなります。

本当にその支出が必要なのかを冷静に判断して、1000円でも減らすことができないかを検討することが重要です（図❷）。

✔住宅ローン、保険料、通信費は要チェック

見直し効果が大きいものは、住宅ローン、保険料、通信費。これらは最低でも年に1回は、見直す余地がないかどうかをチェックしましょう。

毎月の負担を1、2万円減らせるだけで、10年経てば数百万円も違ってくる可能性があります。海外旅行を何回もできるくらいのお金が浮くのです。

お金が浮いたら、貯蓄。できれば、投資をしましょう。家計にとってのプラス効果がより大きくなります。

✔クルマの所有は慎重に検討を

クルマ好きな私としては、常に所有しておきたいのですが、購入費だけでなく、駐車場代、車検費用、ガソリン代、自動車保険など、ランニングコストもかなりかかります。本当に必要なのかどうか、慎重に検討し、選択することが重要でしょう（第2章15）。

図❶ 家計の支出内訳の例（家族4人の場合）

図❷ 見直し効果の大きい固定費

住宅ローン（住居費）	保険料
・借り換え ・繰上げ返済	・本当にその保障（補償）が必要か ・貯蓄でカバーできないか
金利が0.5％低くなるだけで 総返済額が 数十万円から数百万円違う！	不要なものは解約！ 貯蓄でカバーできそうな部分は保障を 減らしたり、貯蓄型から掛け捨て型の 保険に乗り換える

通信費	クルマ
・通信会社を比較検討	・ローン・保険・駐車場・ガソリン・車検・税金等の維持費に見合うほど利用しているか
割安な会社に乗り換える 場合によっては年10万円程度 減らすこともできる	いっそのこと手放してしまったほうが 経済効果は大きい

57 20～30歳代こそ備えながら増やす！

単に貯金をするだけじゃダメ！

20～30歳代の若い世代は、50歳代の私からすると、将来の可能性に満ちあふれた、とてもうらやましい世代です。

一方で、これからの長い人生のなかで、さまざまな経済情勢の変化に対応しながら資産形成を考えていく必要があります。

インフレによる実質的なお金の価値の減少や、円安による相対的なお金の価値の減少（第3章27）、これらは、貯金だけでは備えられません。株式や不動産、金などの資産、そして、海外の資産を保有することで、インフレや円安に備えながら増やしていくことも検討すべきです。

とはいえ、近い将来の住宅資金や教育資金も考えなければならないという世帯もあるでしょう。その場合は、堅実な積立貯蓄をベースに考えてもかまいません。

ただ、実は、過去30年ほどの大学の授業料の推移をみると、物価上昇率以上に上がっているのです（図❶）。だとすると、教育費の準備もインフレに備える必要があるということです。

NISAや確定拠出年金は多めに利用

やはり、積立貯蓄のうち、できる限り多くの部分を、**NISAや確定拠出年金（DC）などを利用して、さまざまな資産に分散した積立投資をしていくべきでしょう（図❷）。**

NISAなら、いつでも売却できますので、住宅資金や教育資金にあてることも可能です。値動きによる増減はありますが、必要なタイミングで引き出せます。

そして、老後資金用には確定拠出年金（企業型DC、またはiDeCo）をできる限り多めに利用しましょう（第3章31・32）。

NISAも確定拠出年金も、選ぶ商品はコストの低いファンドを優先することを忘れずに。

図❶ 国公私立大学の授業料等の推移

（万円）

入学年度	国立大学		公立大学		私立大学	
	授業料	入学料	授業料	入学料	授業料	入学料
1989	339,600	185,400	331,686	268,486	570,584	256,000
1993	411,600	230,000	405,840	329,467	688,046	275,824
1998	469,200	275,000	469,200	375,743	770,024	290,799
2003	520,800	282,000	517,920	397,327	807,413	283,306
2004	520,800	282,000	522,118	397,271	817,952	279,794
2005	535,800	282,000	530,586	401,380	830,583	280,033
2006	535,800	282,000	535,118	400,000	836,297	277,262
2007	535,800	282,000	536,238	399,351	834,751	273,564
2008	535,800	282,000	536,449	399,986	848,178	273,602
2009	535,800	282,000	536,632	402,720	851,621	272,169
2010	535,800	282,000	535,962	397,149	858,265	268,924
2011	535,800	282,000	535,959	399,058	857,763	269,481
2012	535,800	282,000	537,960	397,595	859,367	267,608
2013	535,800	282,000	537,933	397,909	860,266	264,417
2014	535,800	282,000	537,857	397,721	864,384	261,089
2015	535,800	282,000	537,857	397,721	868,447	256,069
2016	535,800	282,000	537,809	393,426	877,735	253,461
2017	535,800	282,000	538,294	394,225	900,093	252,030
2018	535,800	282,000	538,633	393,618	904,146	249,985
2019	535,800	282,000	538,734	392,391	911,716	248,813
2020	535,800	282,000	536,382	392,111	927,705	247,052
2021	535,800	282,000	536,363	391,305	930,943	245,951

※国立大学の2004年度以降の額は国が示す標準額である
※公立大学・私立大学の額は平均であり、公立大学入学料は、
　地域外からの入学者の平均である。
（出所）文部科学省「国公私立大学の授業料等の推移」より作成

1年あたり1.5%
上昇している!?

図❷ 20～30歳代の資産形成のポイント

- 将来のインフレに備えるための長期投資
- 将来の円安に備えるための長期投資
- 近い将来の住宅資金や教育資金のための積立貯蓄
- 中長期の資産形成のための積立投資
- 企業型DCまたはiDeCoは、できる限り多めに利用
- NISAはつみたて投資枠を優先し、できる限り多めに利用

58 20〜30歳代のポートフォリオ例

✔独身なら株式多めのポートフォリオも

では、20〜30歳代の理想的なポートフォリオ（資産の組み合わせ）はどんなものかを考えていきましょう（図❶）。

独身の人は、近い将来に大きな出費の予定が決まっていない限り、基本的には株式の割合を少し高めにしておいても問題ないでしょう。

決済のための預貯金を多少保有しておくのはかまいませんが、残りは4資産（国内債券、国内株式、外国債券、外国株式）を株式多めに組み合わせておくのがよいかと思います。

より幅広い資産に分散すべく、国内不動産や外国不動産を少しずつ組み合わせるのも1つの方法です。

利用する商品は、各資産の指標（ベンチマーク）に連動するパッシブ（インデックス）運用の投資信託で、運用管理費用（信託報酬）が年率0・1％前後であれば無難です。

また、もともと4資産や6資産、8資産などに幅広く分散されている投資信託でもよいでしょう。とにかく、運用管理費用（信託報酬）が低いものを選ぶのがポイントです。

✔子育て世帯はバランス重視

30〜40歳代などの子育て世帯は、近い将来の教育費負担を考慮しながら、資産全体のバランスを考えて割合を決めるとよいでしょう（図❷）。

1、2年以内に予定している出費は預金を中心とします。それ以外は中長期での運用も考慮して、4資産のバランスを考えます。30〜40歳代なら、まだ20年以上運用できる可能性が高いので、多少は株式を多めにしてもOKでしょう。

なお、保有資産の割合と、積み立てていく商品の割合は、基本的に同じで問題ありません。1年に1回程度、そのままの割合でよいかどうかを検討するくらいでよいでしょう。頻繁に割合を変える必要はありません。

図❶ 20歳代独身の資産分配の例

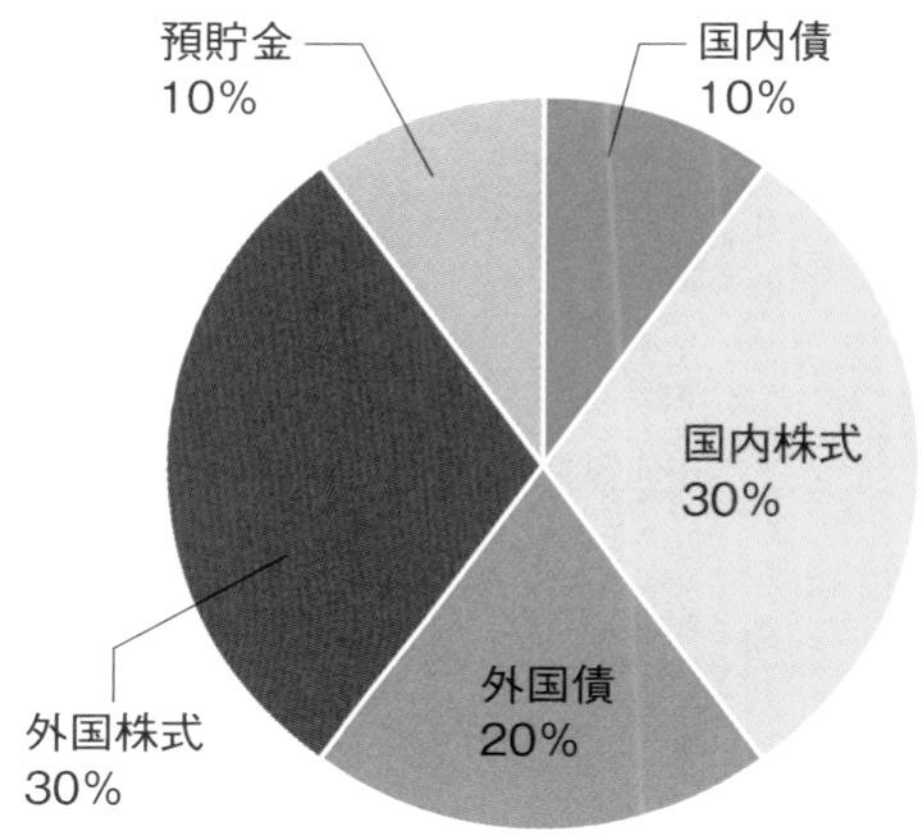

保有資産の割合は、積立額の割合と同じ

図❷ 30～40歳代子育て世代の資産分配の例

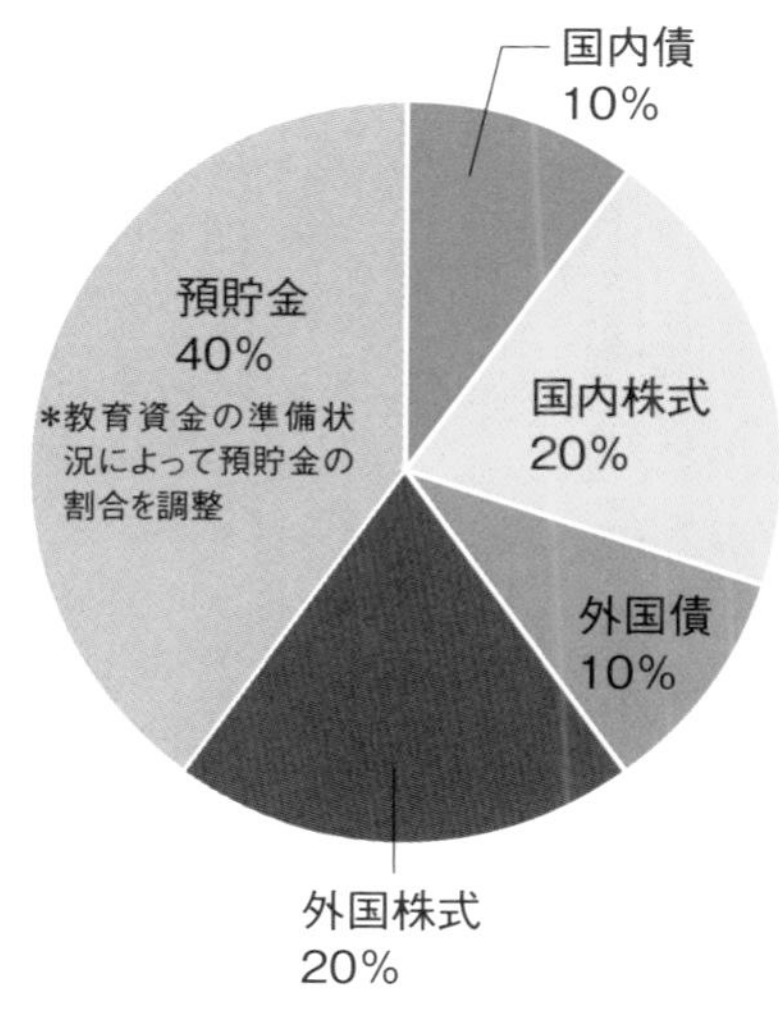

保有資産の割合は、積立額の割合と同じ

教育費などの出費予定がある分だけ、預貯金の割合を多めにしておいてもよい

ちょこっと
ブレイク
～その３～

カンタンに運がよくなる方法

「あなたは自分のことを、運がいい人だと思いますか？　運が悪い人だと思いますか？」

経営の神様とも呼ばれた松下幸之助さん（松下電器産業（現パナソニック）の創業者）は、採用面接の際に必ずこの質問をしたそうです。そして、自分のことを「運が悪い」と答えた人は、どんなに学歴や試験結果がよくても不採用にしたそうです。

「確証バイアス（ちょこっとブレイクその２）」という脳の性質からすると、自分のことを「運がいい」と思っている人は、運がいいと感じられる情報ばかりに目がいきます。結果として、運がいいと感じやすい人生になるわけです。逆に、自分のことを「運が悪い」と思っている人は、運が悪いと感じられる情報ばかりに目がいきます。結果として、運が悪いと感じやすい人生になるわけです。

もちろん、運がいいか悪いかを客観的に測るモノサシはありません。でも、日ごろから「自分は運がいい！」と思っていると、運がいいと感じやすくなるわけですから、誰が何と言おうが「運がいい」人生になるわけです。

したがって、運がよくなるためには、常に「自分は運がいい！」と思い込んでいればよいのです。毎朝、鏡の前で、自己暗示しちゃいましょう！

常に「自分は運がいい！」と思えていると、何かトラブルや困難な出来事が起きても、その出来事から得られる学びや成長の機会を見つけ、どんどん成長していく人になるはずです。松下幸之助さんは、そういう社員こそが会社を発展させるために必要だと思っていたのかもしれませんね。

第4章

40歳代にかかわるお金の知識

近づく人生の折り返し地点！お金を真剣に考えるべき時期

59 公的介護保険ってどんな仕組み？

✔40歳になったら保険料負担開始！

公的介護保険は、所定の要介護状態（要支援1・2、要介護1～5）と認定された人が、介護サービスを受けられる公的な保険です(図❶❷)。被保険者は40歳以上の人です。

私も、40歳になった誕生月（1日生まれの人は誕生月の前月）から介護保険料の負担が始まり、「とうとう40歳になったんだなぁ」と実感したのを覚えています。

公的介護保険の第1号被保険者（65歳以上の人）は、公的年金から天引きされるかたちで保険料を支払うのが原則です。

一方、第2号被保険者（40歳以上65歳未満の公的医療保険加入者）は、公的医療保険（健康保険）の保険料と合算して支払います。健康保険料と同様、労使折半なので、自己負担は半額です（図❸）。

✔交通事故で要介護、対象になる？　ならない？

実は、第1号か第2号かで、介護サービスを受けられるかどうかの違いがあります。

第1号被保険者は、原因を問わず、要介護認定された場合は介護サービスが受けられます。つまり、認定の原因が老化ではなく交通事故で要介護状態になっても、きちんと介護サービスを受けられるということです。

しかし、**第2号被保険者は、老化を原因とする特定の疾病（末期がんを含む）で要介護状態になった場合に限って、介護サービスを受けることができます。**つまり、**交通事故で要介護状態になっても、老化を原因とする特定の疾病ではないので、介護サービスを受けることはできません。この点には注意が必要です。**

なお、介護サービスを受けた場合の自己負担は原則1割ですが、一定以上の所得者は2割または3割になります。

図❶ 公的介護保険

公的介護保険とは……？

65歳以上の高齢者または40～64歳の特定疾病患者のうち介護が必要になった人を社会全体で支える仕組み

図❷ 介護保険で受けられるサービス

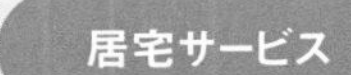

施設サービス

住宅改修

福祉用具に関するサービス

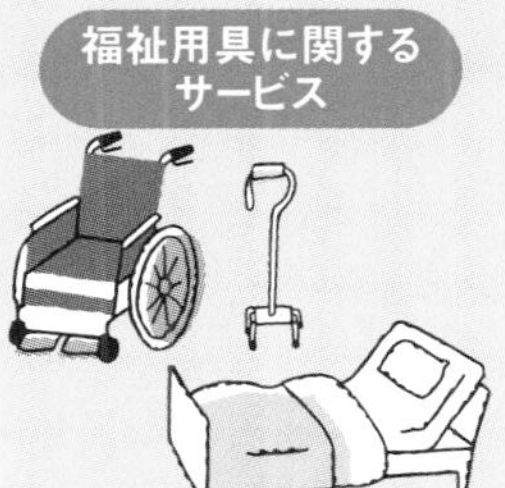

地域密着型サービス

図❸ 公的介護保険のポイント

	第１号被保険者	第２号被保険者
対象者	65歳以上の人全員	40～64歳の医療保険加入者
保険料	保険料は原則として年金から天引き	保険料は、公的医療保険料と一緒に払う 会社員の保険料は健保と同様「労使折半」
給付	原因を問わず、要介護認定された人 要支援１・２、要介護１～５に該当した場合に介護サービスを受けることできる	老化を原因とする特定の疾病で要介護認定をされた場合に、介護サービスを受けることができる
自己負担	原則１割負担、一定以上の所得者は２割または３割負担（高額介護サービス費用の制度あり）	１割負担

60 晴れて独立！ 脱サラ！ まずすることは？

開業届を提出しよう

「会社を辞めて副業を本業に」とか、「会社員時代の知識と経験を活かして独立、脱サラ」とかを夢見る人もきっといるでしょうね。

ここでは、会社を辞めて独立、脱サラをした際に、必ずしなければならないこと、覚えておいたほうがよいことをまとめておきましょう。

まずは、事業を始めて1ヵ月以内に「個人事業の開業・廃業等届出書」を出す必要があります（図❶）。一般に開業届と呼ばれるものです。提出先は、住所地を管轄する税務署になります。この開業届は、出さなくても罰則はありません。出さなかったとしても、個人事業主であることに変わりはありません。

青色申告のほうが税金面での特典が多い

それから、開業届と同時に「青色申告承認申請書」も提出しておくとよいでしょう（図❷）。**期限は開業後2ヵ月以内です。**

会社員時代と違って、個人事業主になった場合は、1年間（1月1日から12月31日まで）の所得（事業所得）について、翌年の2月16日から3月15日までに必ず確定申告をしなければなりません。

確定申告には、2種類あります。簡単に申告できるけれど税金面での特典の少ない白色申告と、少し複雑だけれど税金面での特典の多い青色申告です。やはり、最高65万円の特別控除がある青色申告のほうが魅力的でしょう（図❸）。

健康保険は任意継続か国保か

なお、個人事業主の社会保険は、原則、国民年金と国民健康保険になります。ただ、会社の健康保険を任意で2年継続できるので、保険料の安いほうを選ぶとよいでしょう。

A ひとり暮らし世帯
B パートナー世帯
C 夫婦世帯
D 子育て世帯
E ひとり親世帯

図❶ 個人事業の開業・廃業等届出書

開業後
1ヵ月以内に提出！

1	0	4	0

税務署受付印

個人事業の開業・廃業等届出書

________税務署長

____年____月____日提出

納税地	○住所地・○居所地・○事業所等(該当するものを選択してください。) (〒 −) (TEL − −)		
上記以外の住所地・事業所等	納税地以外に住所地・事業所等がある場合は記載します。 (〒 −) (TEL − −)		
フリガナ 氏名		生年月日	○大正 ○昭和 ○平成 ○令和 年 月 日生
個人番号			
職業		フリガナ 屋号	

個人事業の開廃業等について次のとおり届けます。

図❷ 青色申告承認申請書

開業後
2ヵ月以内に提出！

1	0	9	0

税務署受付印

所得税の青色申告承認申請書

________税務署長

____年____月____日提出

納税地	○住所地・○居所地・○事業所等(該当するものを選択してください。) (〒 −) (TEL − −)		
上記以外の住所地・事業所等	納税地以外に住所地・事業所等がある場合は記載します。 (〒 −) (TEL − −)		
フリガナ 氏名		生年月日	○大正 ○昭和 ○平成 ○令和 年 月 日生
職業		フリガナ 屋号	

令和____年分以後の所得税の申告は、青色申告書によりたいので申請します。

1 事業所又は所得の基因となる資産の名称及びその所在地(事業所又は資産の異なるごとに記載します。)

名称________ 所在地________

図❸ 白色申告と青色申告の主な違い

	白色申告	青色申告
開業時の届け出	不要	書類での届け出が必要
帳簿の付け方	やさしい(売上先、金額、経費などの記載のみ)	少し難しい(複式簿記での記載。簿記の知識が必要)
特別控除	一切なし	最高65万円までの控除があるなど、特典が多い

61 「法人成り」がおトクになるポイントとは？

✔売上高や利益の規模で損得は変わる

「法人成り」とは、自営業者である「個人事業主」から、会社（法人）を作って、その代表になることです。

売上高や利益の規模によって損得が違ってくるのですが、ざっくり言うと、個人事業主で課税売上高が1000万円を超えたり、利益が数百万円を超えたりした場合は、法人成りを検討してもよいと思います。

検討する際は、実際に税理士に細かく計算をしてもらうとよいでしょう。法人成りで、どのくらい税負担が軽くなるのか、そして、法人設立の登記費用や、決算を税理士に依頼する場合の費用など、負担はどのくらい重くなるのか。具体的な数値にして比較するわけです。

その試算結果を見て、明らかに個人事業主を続けるよりも法人成りしたほうが有利なのであれば、会社設立を実行に移せばよいでしょう。

✔社会保険のメリットも大きいかも？

会社を作って社長になると、事業所得から給与所得に変わります。

事業所得は、売上から経費を引いた部分の金額になりますが、法人が社長に支払った給与は、法人にとっては損金（経費）ですし、社長としてもらった給与からは給与所得控除を差し引くことができるのです。これが、税負担が軽くなる大きなポイントです（図❶）。

さらに、社長1人の会社でも、厚生年金保険や健康保険に加入しなければならないのが原則です。

厚生年金保険料や健康保険料は、労使折半で負担しますので、社長個人と法人の双方が保険料を支払うことになります。個人事業主より確実に負担は重くなるでしょうが、その分だけ将来の老齢年金額の増加が期待できますので、個人的にはメリットと考えるべきだと思っています。

図❶ 個人事業と法人（株式会社）の比較

	個人事業	法人（株式会社の場合）
経営者への給与	事業主への給与は必要経費にならない	役員報酬は損金算入可能 会社役員は給与所得控除も受けられる
退職金	事業主や事業主と同一生計の親族への退職金は不可	会社役員へ退職金を支払うことも可能
生命保険料	事業の必要経費にはできない	一定の要件を満たしたものは損金算入できる
繰越欠損金	3年間	10年間
信用力	低め	高め
資金調達	融資は受けにくい	融資を受けやすい
責任範囲	無限責任	有限責任（出資の範囲内）
決算日	年末（12月31日）	自由に決められる
所得にかかる税率	5～45%	15～23.2%
設立手続き	開業届のみ（無料）	登記費用20～25万円
会計処理	比較的容易	複雑（通常、税理士に依頼）
交際費	事業のための交際費は全額経費	中小企業は800万円、または接待飲食費の50%まで損金算入可能
社会保険の加入	従業員5人未満は加入義務なし	従業員の人数に関係なく加入義務あり

62 3組に1組は離婚する？

✔2002年をピークに減少傾向？

厚生労働省が公表している人口動態統計（確定数）によると、2022年1年間の婚姻件数は約50・5万件で、離婚件数は17・9万件だったようです。

結婚したカップルの3組に1組は離婚すると言われることが多いのは、単純にこの婚姻件数を離婚件数で割って求められているものです。

しかし当然ながら、2022年中に結婚したカップルの3組に1組が2022年中に離婚するわけではありません。短期間で離婚するカップルもいれば、長い結婚生活を経て熟年離婚するカップルもいます（図❶）。

そのため、過去結婚したカップルのうち何組中何組が離婚したのかを正確に求めるのは非常に困難です。私もちょうど結婚20年目で離婚しましたし、近年は、昔に比べて熟年離婚の割合が増加傾向にあるようです。

ちなみに、2002年あたりから婚姻件数、離婚件数ともに減少傾向にあるようです（図❷）。

✔離婚を考えるなら弁護士に相談を

離婚は、精神的にもきつく、パワーのいるものです。これは、自分の離婚経験だけでなく、離婚前後の相談を複数回受けたことがあるので、多くの人にとってそうなのだと思います。

そして、よくあるのが「元夫が養育費を支払ってくれない」などといった離婚後の揉めごとです。

そうならないためにも、離婚を考え始めた段階で弁護士にきちんと相談し、離婚後に揉めないようにしておくことが重要です。

決めておくべきこととしては、子どもの養育費だけでなく、慰謝料、財産分与、年金分割など、多岐にわたります。離婚問題に詳しい弁護士に相談するのが得策です（図❸）。

図❶ 同居期間別にみた離婚件数

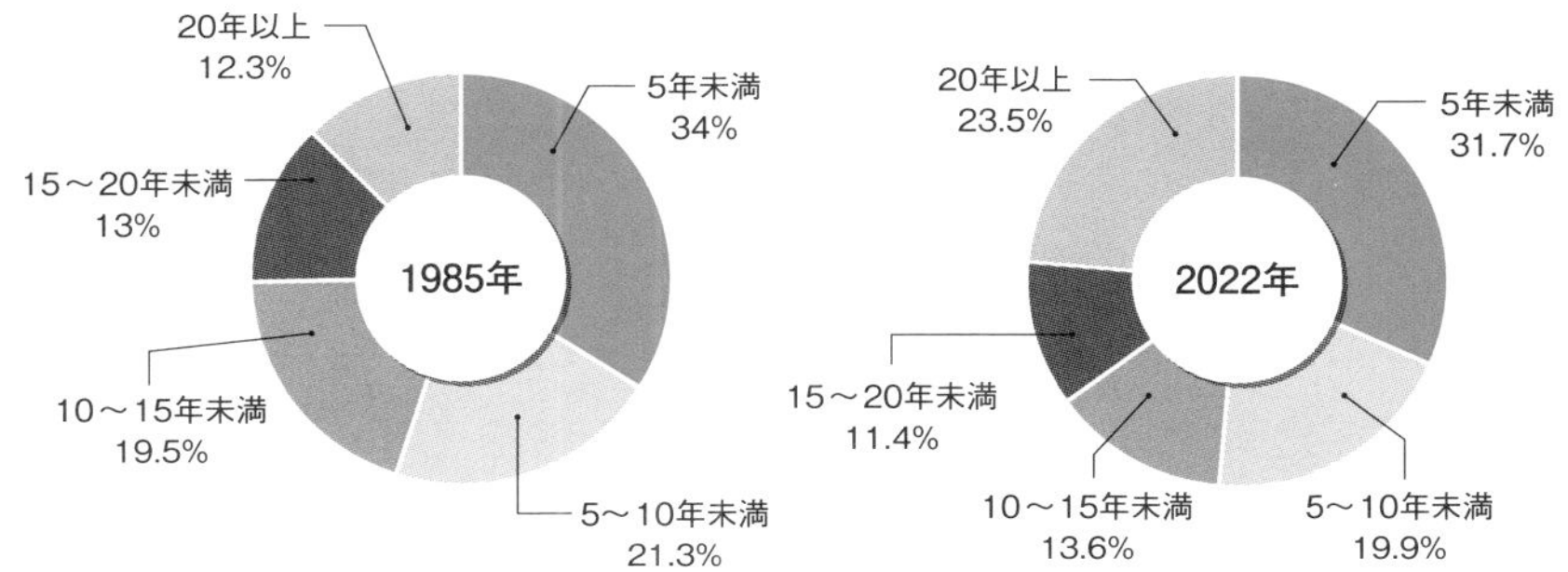

図❷ 婚姻件数・離婚件数の推移

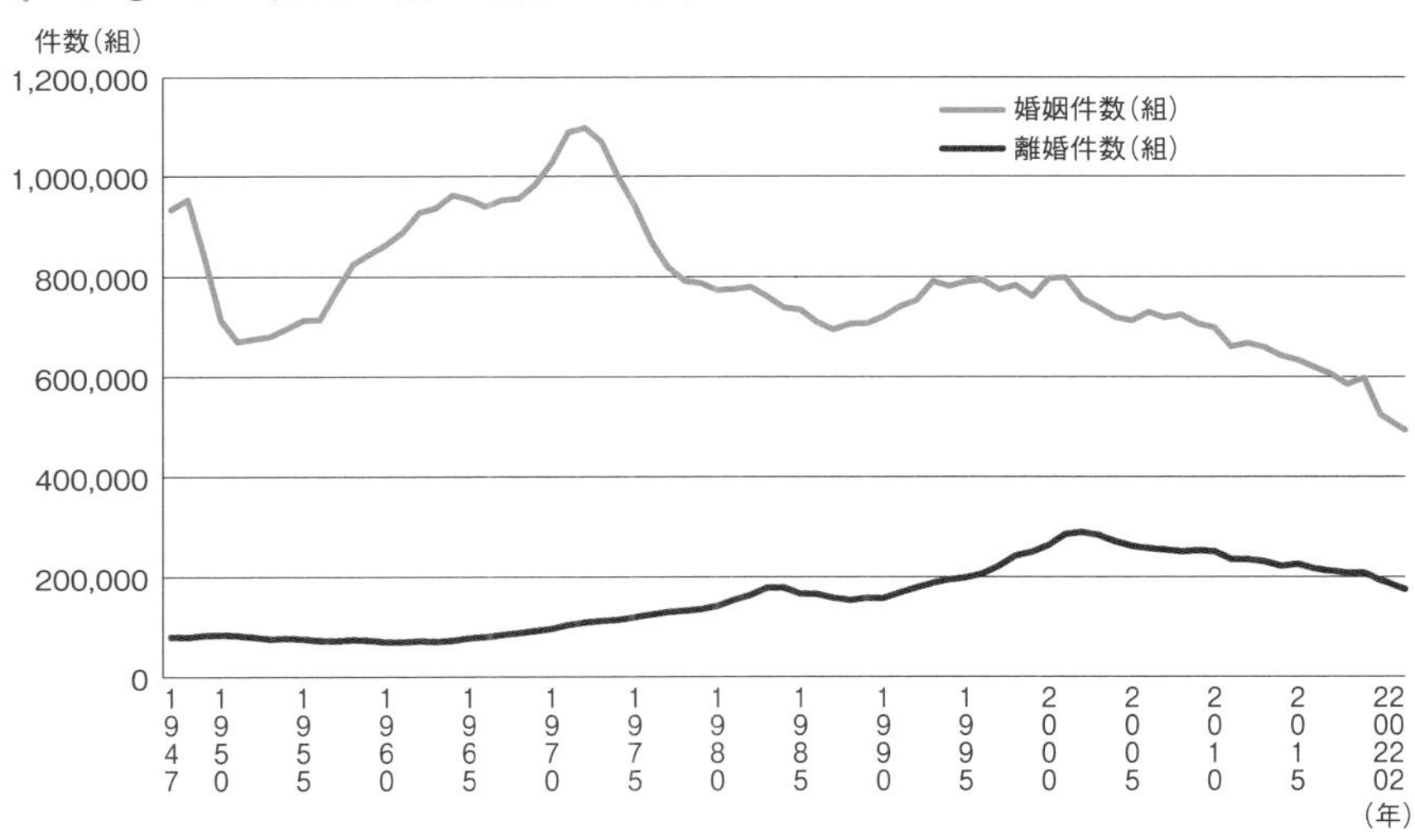

図❸ 離婚前後の準備や手続きチェックリスト

	離婚後名乗る苗字に関連する手続き		子どもについての手続き
	転居手続き		印鑑の変更
	住民票関連の公的書類変更		健康保険に関する手続き
	年金についての手続き		子ども関連の手当てについての手続き
	自動車関連の手続き		パスポートの変更手続き
	職場への届け出		マイナンバーカードの変更手続き

63 ひとり親世帯への支援制度のいろいろ

✔母子世帯の割合が9割近く

私のような父子世帯の割合は、母子世帯と合計したひとり親世帯数の1割強のようです（図❶）。やはり、母子世帯のほうが多いですね。

ひとり親になってしまった理由は8割近くが離婚ですが、父子世帯の2割近くが死別で、母子世帯の1割近くが未婚という現実。個別の事情はさまざまでしょうが、ひとり親と、その子どもたちをサポートする体制作りは、非常に重要なことです。

特に、母子世帯のお母さんの就業状況をみると、半数近くが正規の職員・従業員ではなく、パートやアルバイト等となっています。

母子世帯の平均年収が200万円台であることからしても、お金の面での支援が重要だということが容易に想像できます（図❷）。

✔お住まいの自治体の制度を確認しよう

ひとり親を対象として、国や自治体がさまざまな支援制度を用意しています（図❸）。

代表的なものが、児童扶養手当。**所得による制限はありますが、全部支給だと月額5万円前後（子どもの人数によって異なる）にもなります。**子どもが18歳を迎えて最初の3月31日まで、つまり高校を卒業するまで支給されます。中学生以下の子どもには児童手当もありますので、児童扶養手当と合わせると毎月6、7万円程度の手当てとなります。

さらに、ひとり親世帯の医療費助成制度によって、**医療費の自己負担が通常よりも軽くなります（所得制限あり。細かな部分は自治体によって違う可能性も）。**

それから、粗大ごみの割引や下水道料金の割引、住宅手当を用意している自治体もあるようです。これを機会に、お住まいの自治体の制度を調べてみるとよいでしょう。

図❶ 母子世帯・父子世帯数の推移

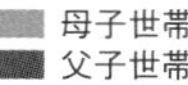

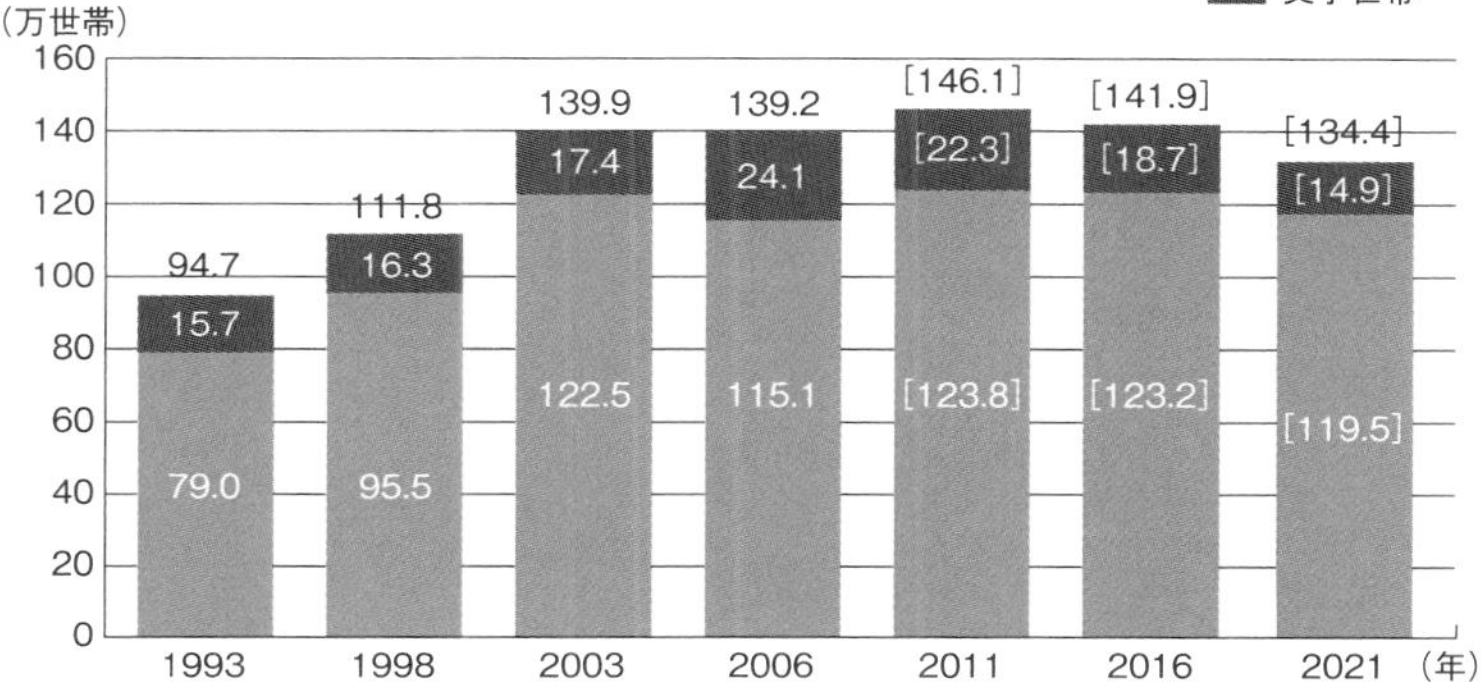

※各年11月1日現在
※母子（父子）世帯は、父（または母）のいない児童（満20歳未満の子どもであって、未婚のもの）がその母（または父）によって養育されている世帯。母子または父子以外の同居者がいる世帯を含む
※2011年値は、岩手県、宮城県および福島県を除く。2016年値は、熊本県を除く
（出所）2011年度以前は、厚生労働省「全国母子世帯等調査」、2016年以降は厚生労働省「全国ひとり親世帯調査」より作成

図❷ 母子世帯・父子世帯の現状

		母子世帯	父子世帯
世帯数		119.5万世帯	14.9万世帯
ひとり親世帯になった理由		離婚　79.5% 死別　5.3% 未婚　10.8%	離婚　69.7% 死別　21.3% 未婚　1.0%
就業状況		86.3%	88.1%
	うち正規の職員・従業員	44.8%	69.9%
	うち自営業	5.00%	14.80%
	うちパート・アルバイト等	38.80%	4.90%
平均年間収入（母または父自身の収入）		272万円	518万円
平均年間就労収入（母または父自身の就労収入）		236万円	496万円
平均年間収入（同居親族を含む世帯全員の収入）		373万円	606万円

※母子または父子以外の同居者がいる世帯を含めた全体の母子世帯、父子世帯の数
※母子のみにより構成される母子世帯数は約65万世帯、父子のみにより構成される父子世帯数は約7万世帯（令和2年国勢調査）
※「平均年間収入」および「平均年間就労収入」は、2020年の1年間の収入
（出所）厚生労働省「令和3年度全国ひとり親世帯等調査」より作成

図❸ 母子世帯・父子世帯が受けられる主な制度

児童手当（母子・父子世帯以外も可）	遺族年金（死別の場合）
児童扶養手当（最高で月額５万円前後）	ひとり親控除（35万円の所得控除）
住宅手当（自治体による）	国民健康保険料の減免（所得による）
ひとり親世帯の医療費助成制度	国民年金保険料の免除（所得による）
生活保護（母子・父子世帯以外も可）	保育料の減免（所得による）
粗大ごみの割引（自治体による）	上下水道料金の割引（自治体による）

64 奨学金には「もらう」と「借りる」がある

返済しなくていいのが「給付型」

親の所得が低いために学ぶ機会を得られないというのは悲しいことですよね。

所得差によって教育の差が拡大するのはよくないという考えから、近年、所得の低い世帯の子どもへの奨学金制度が、昔に比べて充実化してきています（図❶）。

日本学生支援機構では、2020年度から新たな給付型奨学金制度をスタートさせています（図❷）。

給付型なので、簡単に言えば「もらえる奨学金」。返済の必要がありません。条件は厳しめですが、制度を利用できる人にとっては願ったり叶ったりでしょう。

「貸与型」は利息の有無で2種類

「貸与型」は、奨学金を借りるタイプ。就職後に返済していく必要があります。

日本学生支援機構の貸与型奨学金は、利息の有無で2種類に分かれていて、無利子の第一種奨学金と、有利子の第二種奨学金があります。有利子といっても、2024年5月現在の利率は、年1%前後なので、超低金利で奨学金を借りられる状態になっています。

とはいえ、親が教育資金を借りる教育ローンと違って、貸与型奨学金は、あくまでも子どもが借りて子どもが返済していくものです。親子できちんと話し合ったうえで、利用するかどうかを決めるべきでしょう。

ちなみに、3ヵ月以上返済が滞ると個人信用情報機関に登録されます（いわゆるブラックリスト入り）。返済が苦しい場合は、減額や猶予などの救済措置が用意されていますので、速やかに連絡すべきでしょう。

なお、私立大学などでは、学校独自の奨学金制度を用意しているケースもあります。志望校の奨学金制度の有無は、事前に調べておくとよいでしょう。

図❶ 奨学金の種類

給付型

給付されるので、返済する必要がない

例：給付型奨学金制度（日本学生支援機構）

- ☑ 返済の心配がない
- ☑ 中には年間100万円以上もらえるものもある

- ☑ 採用基準が高い
- ☑ 採用人数が少ない

貸与型

大学卒業後に返済する必要がある

例：第一種／第二種奨学金（日本学生支援機構）

- ☑ 給付型より採用基準が低い
- ☑ 給付型より採用人数が多い

- ☑ 奨学金といっても借金なので、返済義務を負うことになる

図❷ 日本学生支援機構の給付型奨学金

●給付型奨学金の支給月額（住民税非課税世帯〈第Ⅰ区分〉の場合）

区分		自宅通学	自宅外通学
大学・短期大学・専門学校	国公立	29,200（33,300*）円	66,700円
	私立	38,300（42,500*）円	75,800円
高等専門学校（４年・５年）	国公立	17,500（25,800*）円	34,200円
	私立	26,700（35,000*）円	43,300円

*生活保護世帯で自宅から通学する人および児童養護施設から通学する人

●免除・減額の年額（住民税非課税世帯〈第Ⅰ区分〉の場合）

	国公立		私立	
	入学金＊	授業料	入学金	授業料
大学	約28万円	約54万円	約26万円	約70万円
短期大学	約17万円	約39万円	約25万円	約62万円
高等専門学校	約８万円	約23万円	約13万円	約70万円
専門学校	約７万円	約17万円	約16万円	約59万円

＊「入学金」の免除・減額を受けられるのは、入学後3ヵ月以内に申請して支援対象となった学生等。夜間部や通信教育課程の金額は表とは異なる

●世帯収入に応じた3段階の支援額

例　4人家族〈本人（18歳）・父（給与所得者）・母（無収入）・中学生〉で、本人がアパートなど自宅以外から私立大学に通う場合の支援額（年額）

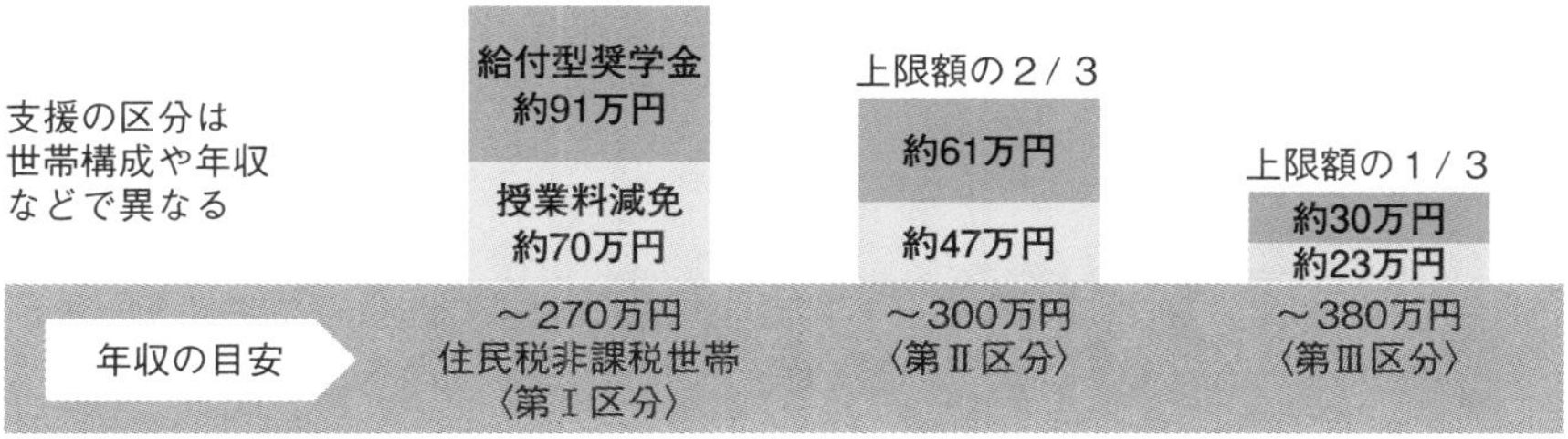

支援の区分は世帯構成や年収などで異なる

	上限額	上限額の２／３	上限額の１／３
給付型奨学金	約91万円	約61万円	約30万円
授業料減免	約70万円	約47万円	約23万円
年収の目安	～270万円 住民税非課税世帯 〈第Ⅰ区分〉	～300万円 〈第Ⅱ区分〉	～380万円 〈第Ⅲ区分〉

（出所）日本学生支援機構Webサイトより作成

65 親が借りるなら国の教育ローン

✓奨学金も教育ローンも最終手段

子どもの教育資金がきちんと準備できているなら、奨学金も教育ローンも必要ないわけですが、私立の高校や大学への進学が2人3人と重なると、準備してきた資金では足りなくなるケースもあるでしょう。

そんなときに、第4章64で触れた奨学金や、教育ローンに頼る必要性が出てきます。

奨学金は前述のとおり、子どもが借りて子どもが返済するもの。

一方、教育ローンは、親が借りて親が返済するものです。

超低金利時代とはいえ、利息負担が発生する借金ですから、利用しないに越したことはありません。どうしても利用する必要があるなら、比較的有利なものを利用すべきでしょう。

✓最大350万円、固定金利、最長18年返済

民間の銀行等でも教育ローンの取扱いはありますが、まずは、日本政策金融公庫の教育一般貸付（国の教育ローン）を優先すべきでしょう。

固定金利で年2・40％（2024年5月現在）、最長18年返済。学生・生徒1人あたり最大350万円（自宅外通学、大学院、海外留学などの場合は最大450万円）まで借りられます（図❶❷）。

ひとり親や交通遺児家庭の場合は、金利が2・00％まで引き下げられ、保証料も半額になります（図❸）。

借りたお金の資金使途もかなり自由で、受験費用や入学金、授業料だけでなく、通学のための定期券代やパソコン購入費にあてることもできます。

学校も、通常の高校や大学だけでなく、専門学校や各種学校に該当すれば問題ありません。

図❶ 日本政策金融公庫「教育一般貸付」(国の教育ローン)*1

上限350万円*2 まで借入れ可能	固定金利 年2.40%*3	受験前でも 申込み可能

*1　日本学生支援機構の奨学金と併用可能
*2　自宅外通学、大学院、海外留学などの場合は上限450万円
*3　金利は2024年5月現在

図❷ 世帯年収(所得)の上限額

子ども１人	子ども２人	子ども３人

790万円 (600万円)	890万円 (690万円)	990万円 (790万円)

*(　　)内は事業所得者の場合の所得上限額

図❸ 家庭の状況に応じた金利・保証料の優遇対象*

ひとり親家庭 (母子／父子家庭) 交通遺児家庭	子ども３人以上で 世帯年収500万円 以内	世帯年収 200万円以内

*年2.00%に金利引下げ(2024年5月現在)。ひとり親・交通遺児家庭は保証料が半額に

66 そろそろ真剣に老後資金を考えよう！

✔20年後には老後がやってくる！

老後資金はできる限り早く準備を始めるべきです。とはいえ20～30歳代だと、まだまだ老後をリアルに想像するのは難しいでしょう。しかし、40歳代にもなってくると、会社でも若手社員から中堅社員、ベテラン社員へと転換していく時期。子どもも大きくなってきて、家庭も安定期に入ったと感じる人が多いのではないでしょうか。

それと同時に、あと20年もすれば60歳代です。着実に老後は近づいています。まだ子どもが小さい家庭もあるかもしれませんが、時計の針は止められません。40歳代に入ったら、そろそろ真剣に老後生活をイメージして、具体的な準備を始めていくとよいでしょう。

✔65歳リタイアなら30年分を考えてみよう！

厚生労働省の人口動態統計2021年によると、最も多くの人が亡くなった年齢は、男性85歳、女性92歳でした。老後生活をイメージするなら、少し長めに95歳あたりまでを想定しておけばよいでしょう（図❶）。

では、老後の収入や資産はどのくらいあるでしょうか。公的年金、退職金、企業型DC、iDeCoなど、65歳から95歳までの30年分を計算してみましょう。

そして次は、老後の支出も計算しましょう。老後の生活は、現在の生活の延長線上にしかありません。現在の家計から、食費や公共料金、住宅の維持費など、リタイア後もかかる費用を合計し、趣味・レジャー費、医療費、介護費、リフォーム代など、リタイア後に増える支出を考慮しながら加算します（図❷）。

こうして出てきた将来の収入や資産から、想定される老後の支出を差し引いたものが、自分の老後資金の不足額になります（図❸）。まずは一度、計算してみましょう。

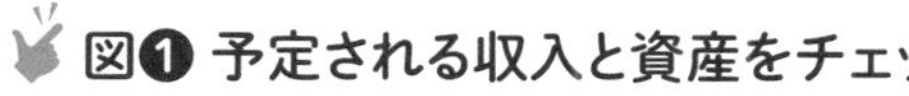

図❶ 予定される収入と資産をチェック!

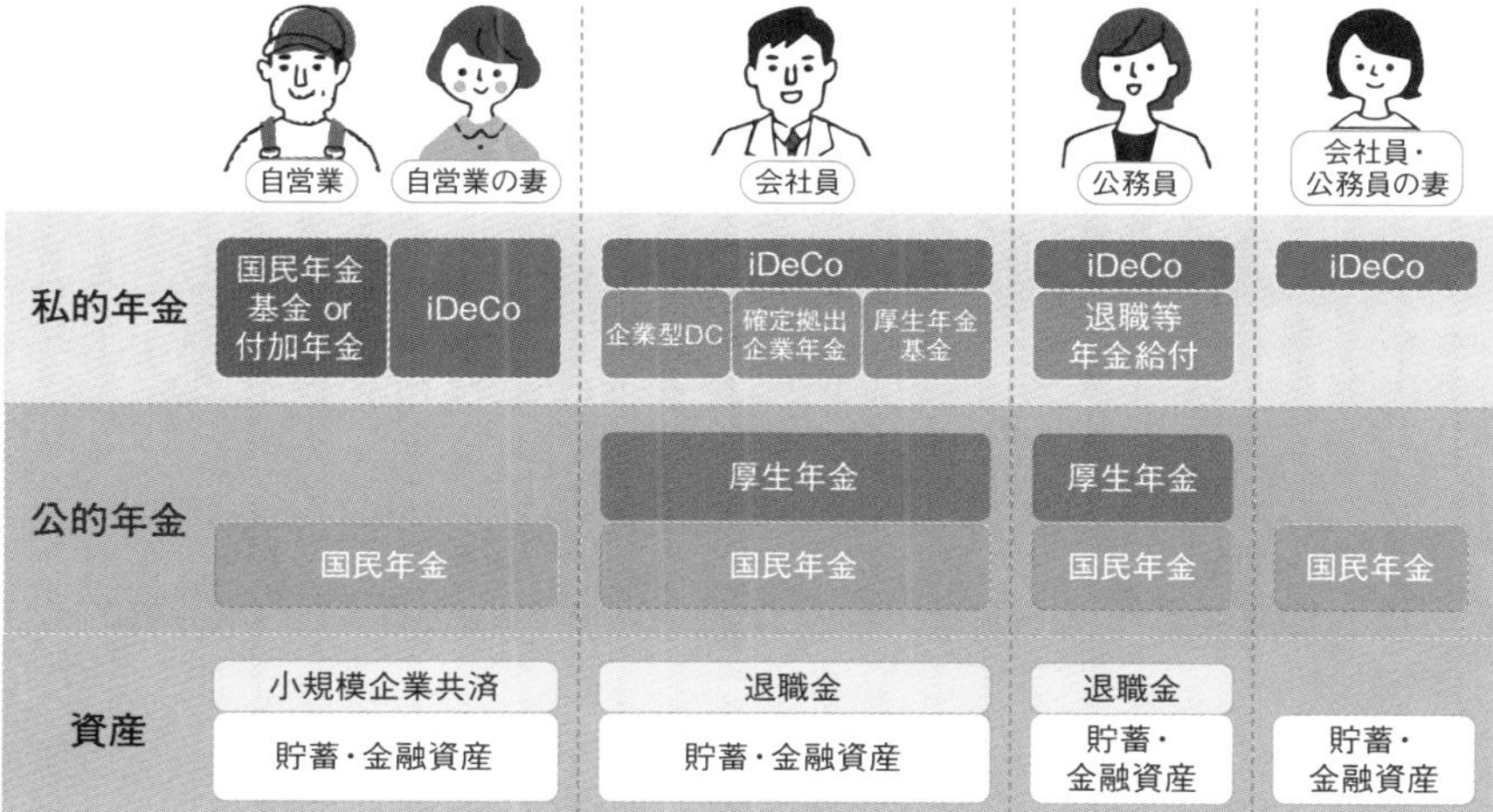

	自営業	自営業の妻	会社員	公務員	会社員・公務員の妻
私的年金	国民年金基金 or 付加年金	iDeCo	iDeCo 企業型DC / 確定拠出企業年金 / 厚生年金基金	iDeCo 退職等年金給付	iDeCo
公的年金	国民年金		厚生年金 国民年金	厚生年金 国民年金	国民年金
資産	小規模企業共済 貯蓄・金融資産		退職金 貯蓄・金融資産	退職金 貯蓄・金融資産	貯蓄・金融資産

図❷ 予定される出費をチェック!

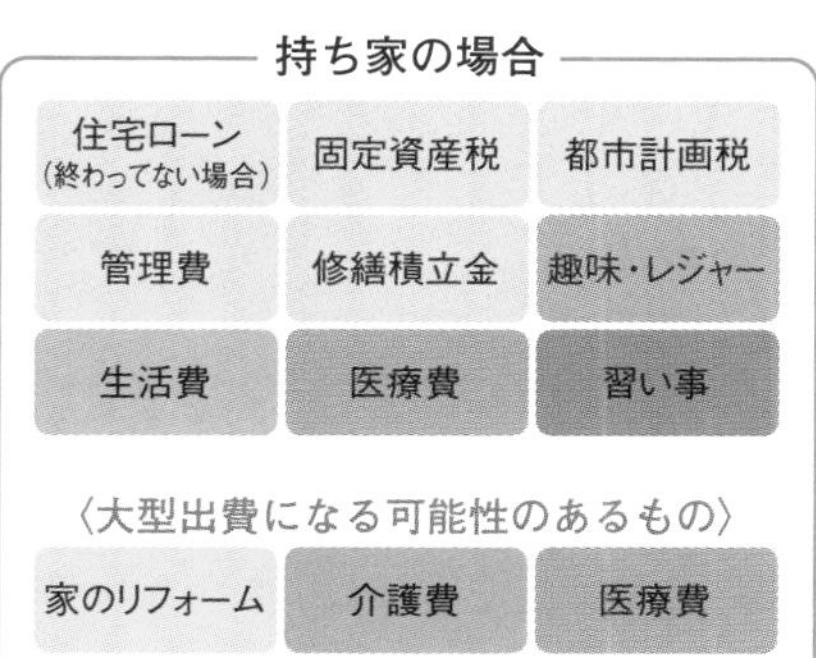

持ち家の場合
住宅ローン
(終わってない場合)
固定資産税
都市計画税
管理費
修繕積立金
趣味・レジャー
生活費
医療費
習い事
〈大型出費になる可能性のあるもの〉
家のリフォーム
介護費
医療費

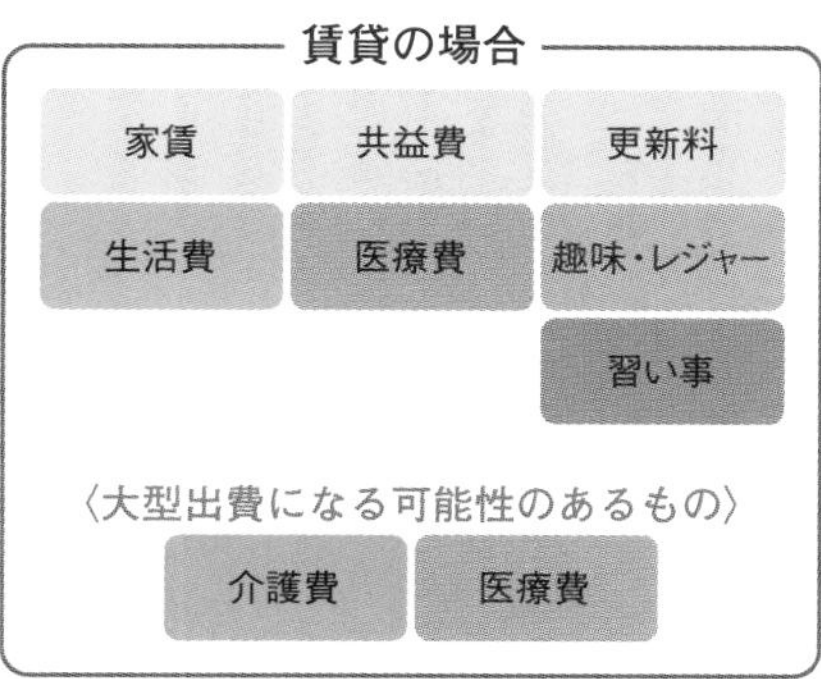

賃貸の場合
家賃
共益費
更新料
生活費
医療費
趣味・レジャー
習い事
〈大型出費になる可能性のあるもの〉
介護費
医療費

図❸ 老後資産算出の考え方

67 40歳代の資産形成のポイント

20～30歳代と大きくは変えない

40歳代になったからといって、資産形成の方針は20～30歳代のときと大きく変える必要はありません。

少なくとも今後20年間は積立運用ができるでしょうし、70歳代になっても健康に過ごせる可能性を考えると、まだ30年以上運用できる可能性もあります。

それだけの長期運用を前提とした資産形成なら、やはり、将来のインフレや円安に備えるスタンスで、代表的な4資産（国内債券、国内株式、外国債券、外国株式）は必ず組み合わせた積立運用をしていくべきでしょう。

40歳代の半数の資産保有額が200万円以下

金融広報中央委員会による「家計の金融行動に関する世論調査2022年」を見ると、40歳代で金融資産を持っていない人は、28・4％もいるようです（図❶）。持っていていも100万円未満の人を加えると、なんと40・4％！　つまり、40歳代のうちの4割を超える人が、100万円未満の資産しか持っていないわけです。

しかし反対に、1000万円以上の金融資産を持っている人も20％を超えています。そのため、40歳代の金融資産保有額の平均は785万円となっています（図❷）。

金融資産保有額の一番少ない人、もしくは一番多い人から順番に並べて、ちょうど真ん中にあたる人の保有額（中央値）は200万円なので、40歳代の半数の人は200万円以下しか保有していないことがわかります。

他人とは比べないことが大切

人生はいつでも「これから」です。いまの資産額が平均より多いか少ないかは気にしなくて大丈夫。少しずつでも積立運用を始めれば、20年でそれなりの資産にはなるはずです。とにかく始めましょう。

図❶ 金融資産保有額の年代別分布

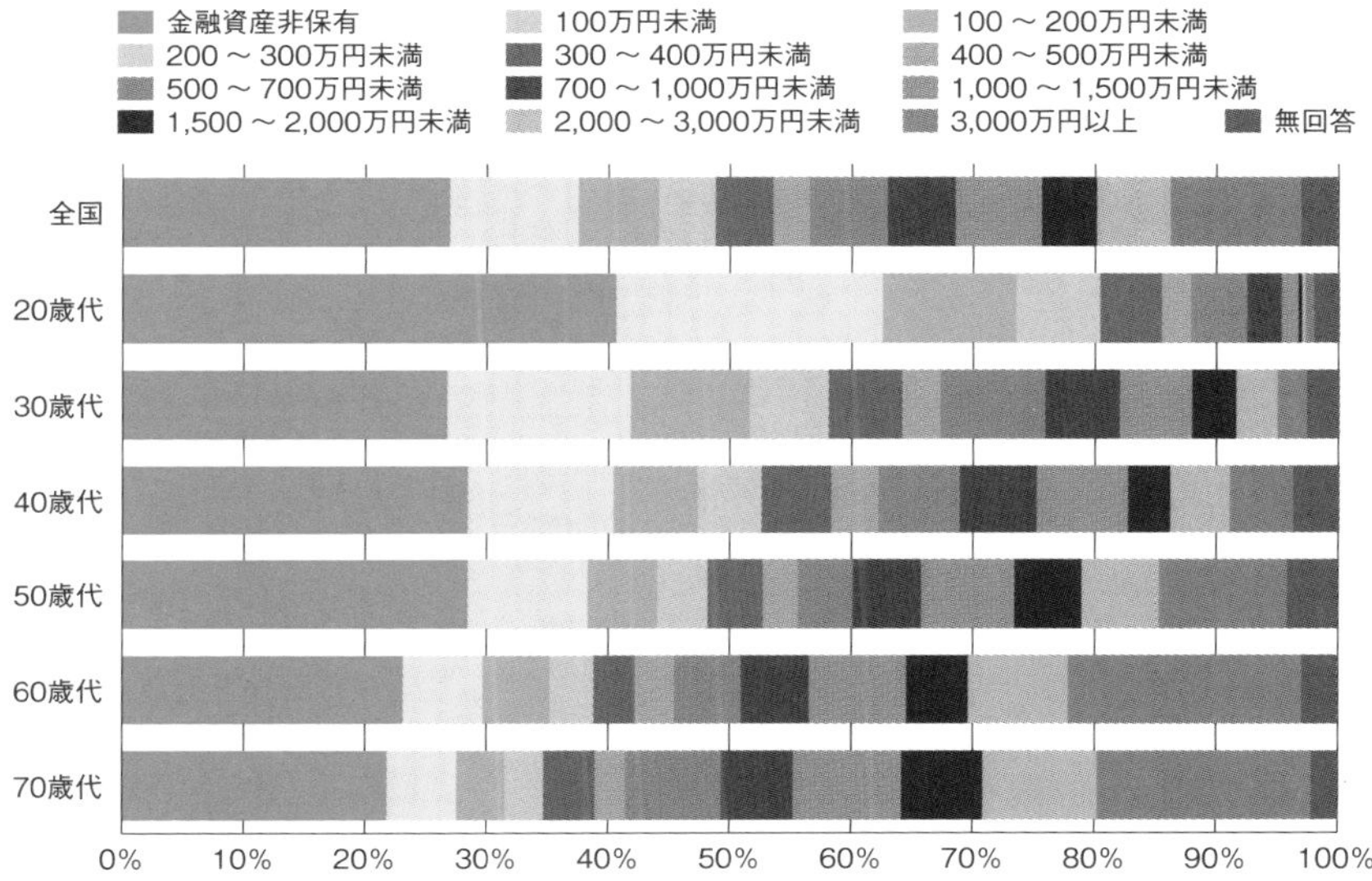

（出所）金融広報中央委員会「家計の金融行動に関する世論調査［総世帯］2022年」より作成

図❷ 種類別金融商品保有額（金融資産を保有していない世帯を含む）

		金融資産保有額（万円）	預貯金（運用または将来の備え）	うち定期性預貯金	金銭信託	生命保険	損害保険	個人年金保険	債券	株式	投資信託	財形貯蓄	その他金融商品
全国		1,150	498	252	13	130	16	70	45	231	106	23	18
世帯主の年令別	20歳代	185	95	21	5	11	3	11	7	22	15	13	3
	30歳代	515	237	62	7	52	5	26	5	95	64	13	10
	40歳代	785	331	116	10	88	11	46	25	151	73	37	12
	50歳代	1,199	473	226	14	154	19	100	18	253	94	49	25
	60歳代	1,689	791	466	21	189	22	123	76	279	150	14	24
	70歳代	1,755	737	417	15	190	27	70	100	417	171	7	21

（出所）金融広報中央委員会「家計の金融行動に関する世論調査［総世帯］2022年」より作成

68 40歳代のポートフォリオ例

40歳代が最も多様性のある世代かも?

40歳代と一口に言っても、人によって置かれた状況はかなり違うものです。

アラフォーで結婚し、まだ子どもは生まれたばかりという人もいれば、20歳代半ばで結婚して、40歳代になるころには子どももすでに中高生という人もいるでしょう。そのほか、独身の人もいるでしょうし、私のようにバツイチになった人、二度目の結婚をした人などもいるかもしれません。

40歳代は、20～30歳代以上にさまざまなライフスタイルがあると思われます。そんな40歳代の理想的なポートフォリオは、まさにケースバイケースといえるでしょう。

近い将来まとまった出費があるのかどうか

では、40歳代の人が、自分に合った保有資産の組み合わせの割合と、積立投資の組み合わせの割合を考えていくとしましょう。**まず確認すべきポイントは、「近い将来、まとまった出費の予定があるかどうか」です。**

まとまった出費の予定がある人は、その出費に備えて、多少なりとも預貯金の比率を高めておいたほうがよいかもしれません（図❶）。

もちろん、投資信託などの値動きのある商品でも、通常は4、5営業日後には現金化できますので、解約のタイミングの違いによる受取額の多少の増減を気にしないのであれば、預貯金の比率はさほど高めなくてもよいでしょう。

一方、まとまった出費の予定がない人は、少なくともまだ20年は長期の積立投資ができるでしょう。だとすると、20～30歳代の人と同様、将来のインフレに備えるために株式の割合を高めにし、将来の円安に備えるために外国株式や外国債券の割合も高めにするという方法が考えられます（図❷）。

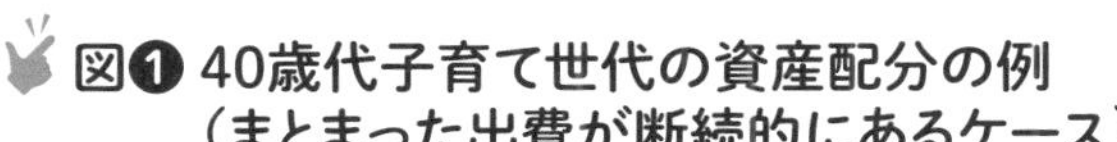

図❶ 40歳代子育て世代の資産配分の例（まとまった出費が断続的にあるケース）

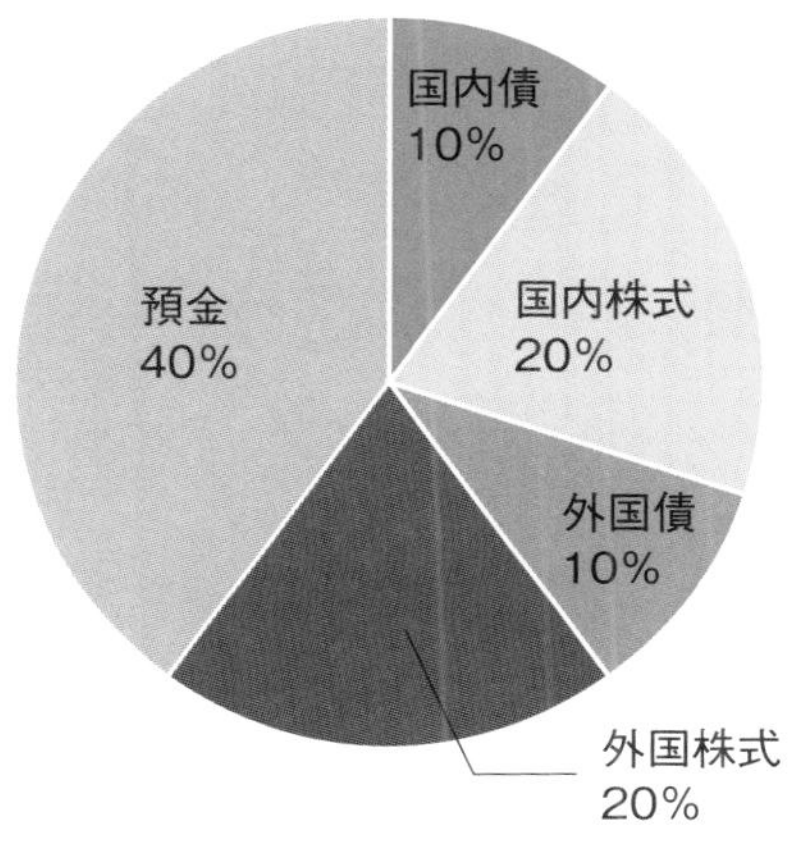

教育費などのまとまった出費が**断続的に予定される場合**は預貯金の割合を**多め**に

図❷ 40歳代子育て世帯の資産配分の例（まとまった出費がほとんどないケース）

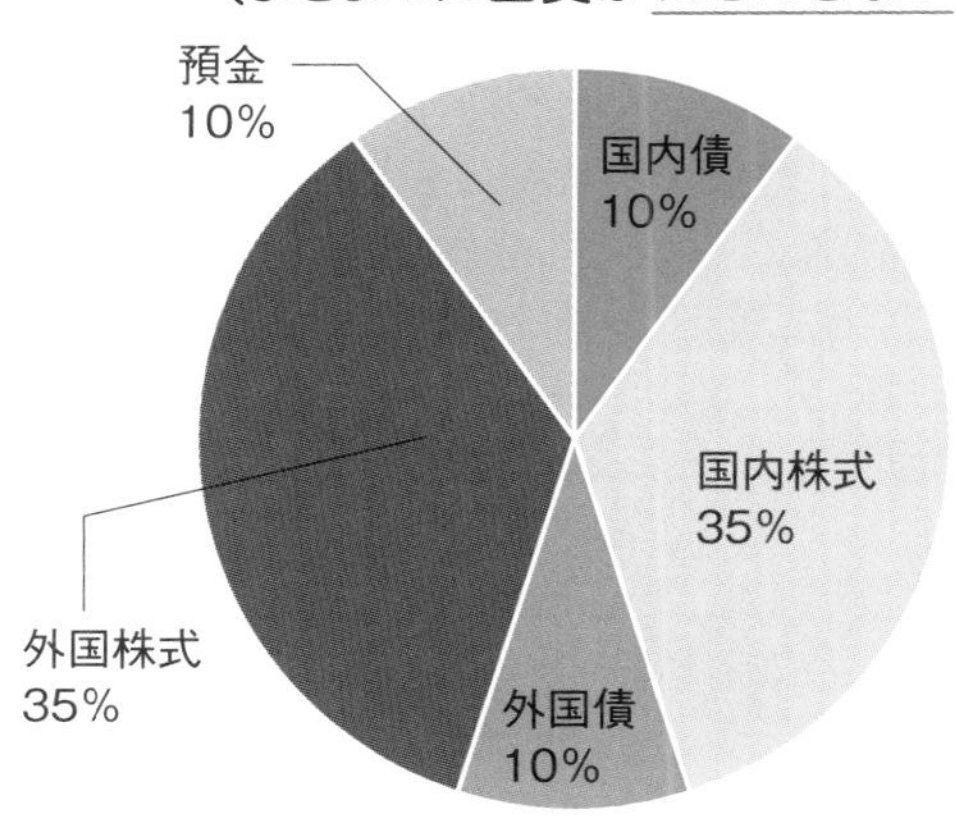

教育費などのまとまった出費が**ほとんどない場合**は預貯金の割合を**少なめに**

金融商品の受渡日（うけわたしび）

株式や投資信託の取引において、買付代金の払込日や、売付（解約）代金の受取日のことを「受渡日」といいます。国内株式の個別銘柄の受渡日は、約定日（取引が成立した日）から起算して3営業日目（約定日の翌々営業日）になります。投資信託の受渡日は、投資対象が国内のみの場合は4営業日目、投資対象に海外を含む場合は5、6営業日目になっているのが一般的です。詳しくは目論見書に記載されています。

何歳になってもワクワクする夢を描こう！

「あなたには夢がありますか？」

これは、私が44歳の時に受けたセミナーの講師の先生からの質問です。当時の私は、なんとなく夢というのは「大きくなったらサッカー選手になりたい」「大きくなったらお花屋さんになりたい」というように子どもがもつものだと思っていて、大人になって夢をもつという感覚がなかったのです。

講師の先生が、「夢の定義を変えましょう」と言いました。そして、「夢というのは、あなたにとって、遠い将来でも近い将来でも、大きくても小さくても、人から褒められようが褒められまいが、いいんです。あなた自身が、こうしたい、ああしたい、こうなりたいと思って、ワクワクしながら一歩でも進めているのであれば、それはあなたにとっての夢と言っていいでしょうね」と。

例えば、「来月、温泉旅行に行く」というのも立派な夢です。ワクワクしますよね？　どんなに些細なことでも、あなたがワクワクするならそれは夢です。

そして、夢を描くと、今からワクワクします。将来の夢なのに、今ワクワクするのです。私たちは、今しか生きられません。しかし、将来の夢を描くことで今ワクワクするということは、夢を描けば今の人生が輝くということなのです。

「あなたには夢がありますか？」という質問は、「あなたの人生は輝いていますか？」と言い換えてもよいかもしれません。

さあ、夢を描きましょう！　年齢は関係ありません。ワクワクする予定を作ればよいのです。そうすれば、仕事や生活にハリが出てくるはずですよ。

第5章

50歳代にかかわるお金の知識

ハッピーリタイアメントに向けた準備のラストスパート！

69 子どもが大きくなったら保険を見直そう！

50歳代で2000万円の死亡保障、必要？

私のシングルファーザー歴も今年で9年。離婚当時小学5年生だった三男も、高校を卒業し、鍼灸師の専門学校に進学しました。

27歳の長男はすでに社会人、22歳の次男も大学を卒業します。私も50歳代半ばに近づき、ワンオペ子育ても、いよいよ9回裏まできたという感じです。あとは打者3人をきっちり抑えて試合終了といきたいものです。

子どもがここまで大きくなると、私の死亡保障はほぼ不要です。私が死んでも、金銭的には誰も困らないからです。

しかし、世間一般の50歳代は平均額で2000万円超の死亡保険に加入し続けていて、支払保険料も平均で年間40万円を超えています（図❶❷）。

まずは冷静に、50歳代でそんなに保障が必要なのか、見直したいもの。年間40万円超の保険料負担も、もったいないのか。慎重に検討すべきでしょう。

保険に貯蓄性を求めるのは効率が悪い！

子どもが大きくなってきたら、死亡保障の必要性は下がります。配偶者やパートナーがいる人は、遺されたパートナーの住まいの有無、遺族年金、その他の収入などを見積もったうえで、可能な限り保障を減らすべきでしょう。

残念ながら、保険は確率論上、加入者にとって不利にできています。たくさん加入するほど、たくさん損をするようにできているのです。だからこそ、必要な分だけを安い保険料で準備することが重要なのです。

掛け捨ての保険よりも貯蓄性のある保険を好む人が多いようですが、運用と保障は分けるべきです。外貨建て保険や個人年金保険などは、運用商品としても相対的に不利です。目的が運用なら、コスト負担の軽い投資信託のほうが有効です。

図❶ 世帯主年齢別の世帯普通死亡保険金額（全生保）

（万円）

	2009年	2012年	2015年	2018年	2021年
全体	2,978	2,763	2,423	2,255	2,027
29歳以下	2,583	1,902	2,405	2,475	1,754
30～34歳	3,082	3,126	3,093	2,883	2,516
35～39歳	3,636	3,203	3,050	2,857	2,525
40～44歳	4,130	3,760	3,277	3,032	2,714
45～49歳	3,822	3,918	3,287	3,050	2,980
50～54歳	3,932	3,789	3,388	3,183	2,296
55～59歳	3,543	3,202	3,175	2,618	2,312
60～64歳	2,684	2,545	2,362	2,493	2,033
65～69歳	2,032	1,725	1,799	1,615	1,478
70～74歳	1,881	1,661	1,288	1,367	1,460
75～79歳	1,663	1,586	989	1,210	1,058
80～84歳	1,522	1,214	1,411	1,059	876
85～89歳	925	2,074	692	1,019	1,104
90歳以上	2,316	1,200	1,802	1,336	684

（出所）生命保険文化センター「2021（令和3）年度 生命保険に関する全国実態調査」

図❷ 世帯主年齢別の世帯年間払込保険料（全生保）

（万円）

	2009年	2012年	2015年	2018年	2021年
全体	45.4	41.6	38.5	38.2	37.1
29歳以下	31.7	20.2	24.2	23.3	21.5
30～34歳	33.1	31.0	27.6	29.8	26.2
35～39歳	37.0	31.7	32.9	38.0	38.2
40～44歳	46.9	40.3	41.0	34.5	34.8
45～49歳	51.3	46.2	44.2	42.7	37.5
50～54歳	47.6	51.8	49.8	48.3	43.2
55～59歳	55.1	51.3	49.2	45.3	43.6
60～64歳	48.2	43.4	43.4	43.9	38.4
65～69歳	42.1	39.4	33.9	33.8	43.6
70～74歳	43.1	36.9	30.7	29.9	33.7
75～79歳	43.8	32.9	30.0	35.3	31.4
80～84歳	48.7	43.9	30.6	29.5	28.6
85～89歳	16.9	73.9	21.1	36.5	35.8
90歳以上	64.2	23.6	21.4	22.5	25.6

（出所）生命保険文化センター「2021（令和3）年度 生命保険に関する全国実態調査」

70 相続対策にも有効！「おしどり贈与」とは？

結婚20年の記念に「おしどり贈与」

銀婚式（結婚25年）や金婚式（結婚50年）は有名ですが、結婚20年は何婚式と呼ぶか知っていますか？

磁器婚式、または、陶器婚式だそうです。これは、年月とともに風合いと価値が増す磁器・陶器のような夫婦の状態を表しています。また、磁器（陶器）のように硬い絆という意味も込められているようです。

そんな結婚20年以上の夫婦に認められている優遇制度が「贈与税の配偶者控除」、通称「おしどり贈与」です。

この制度は、贈与税の中の特例のようなもの。法律上の婚姻期間20年以上の夫婦間で、居住用不動産（マイホーム）そのもの、または、居住用不動産を取得するための金銭（お金）を贈与した場合、贈与税の基礎控除110万円とは別に最高2000万円までは、贈与税がかからないという制度です（図❶❷）。

例えば、100％夫名義になっているマイホームの持ち分を、結婚20年の記念に妻におしどり贈与をする場合、2110万円分までであれば、妻に贈与税はかからないということです。

贈与税がかからなくても確定申告は必要

ただし、この制度を利用する際は、贈与税額がゼロだったとしても、必ず確定申告をしなければなりません。贈与税の申告は、贈与された年の翌年2月1日から3月15日まで と決められています。

なお、妻が居住用不動産（マイホーム）の一部または全部を取得した際は、妻本人に、不動産取得税と、登記費用として登録免許税がかかります。

さらに、妻が取得したのがマイホームの持ち分の一部だったとしても、その持ち分に応じた固定資産税や都市計画税などが、毎年かかるようになります（図❸）。

図❶ 贈与税の配偶者控除（おしどり贈与）

婚姻20年以上の夫婦間での贈与

居住用不動産 ― 居住用不動産取得のための金銭

基礎控除110万円のほかに
最高2,000万円まで控除できる制度

図❷ 贈与税の配偶者控除[*1]の要件

- 夫婦の婚姻期間が20年を過ぎた後に贈与が行われたこと
- 配偶者から贈与された財産が、居住用不動産[*2]であること、または居住用不動産を取得するための金銭であること
- 贈与を受けた年の翌年３月15日までに、贈与により取得した居住用不動産または贈与を受けた金銭で取得した居住用不動産に、贈与を受けた者が現実に住んでおり、その後も引き続き住む見込みであること

＊1　配偶者控除は同じ配偶者からの贈与については、一生に一度しか適用を受けることができない
＊2　居住用不動産とは、もっぱら居住の用に供する土地、もしくは土地の上に存する権利または家屋で国内にあるものをいう

図❸ 贈与税の配偶者控除の注意点

- 納税額がゼロでも確定申告が必要である
- 不動産取得税や登録免許税だけでなく、固定資産税や都市計画税の負担も必要となる
- 相続開始３年以内（2024年以降は最大７年以内）の贈与でも生前贈与加算の対象にはならない

71 リタイア後の住まいはどうする？

第2の人生をどこでどう過ごすか

皆さんは、リタイア後、どこで、どんな暮らしがしたいですか？

世界一周旅行に行きたい！　趣味を楽しみたい！　山の近くに住みたい！　海の近くに住みたい！　など、いろいろあるかと思います。

また、現在の住まいがマイホームの人、賃貸住宅の人、社宅の人、親と同居中など、こちらもさまざまでしょう。

重要なことは、リタイア後の住まいや暮らし方について、なるべく早めに考えておくことです。配偶者やパートナーがいる人は、お互いの希望を持ち寄り、早くから話し合っておいたほうがよいでしょう。

以前、相談者の50歳代夫婦がこんな会話をしていました。

私「退職後はどんな暮らしがしたいですか？」

夫「退職後は、田舎でのんびりしたいと思っています」

妻「あんた何言ってるの！　歳とって不便な田舎に行ってどうすんのよ！　私は買い物や通院に便利なところに住みたいわよ」

私「……」

これ、結構〝あるある〟なのでは？

リタイア後の住まいの選択肢もいろいろ

近年は、平均寿命だけでなく、健康寿命も延びているといわれます（図❶）。

健康寿命とは、平均寿命から、寝たきりや認知症などの介護状態の期間を差し引いたものです。健康寿命が延びているということは、つまり、老後を元気に過ごせる期間が延びているということです。

だからこそ、長くなるかもしれない老後期間を有意義に過ごすためにも、さまざまな選択肢のメリット・デメリットを考慮しながら決めていくことが重要でしょう（図❷）。

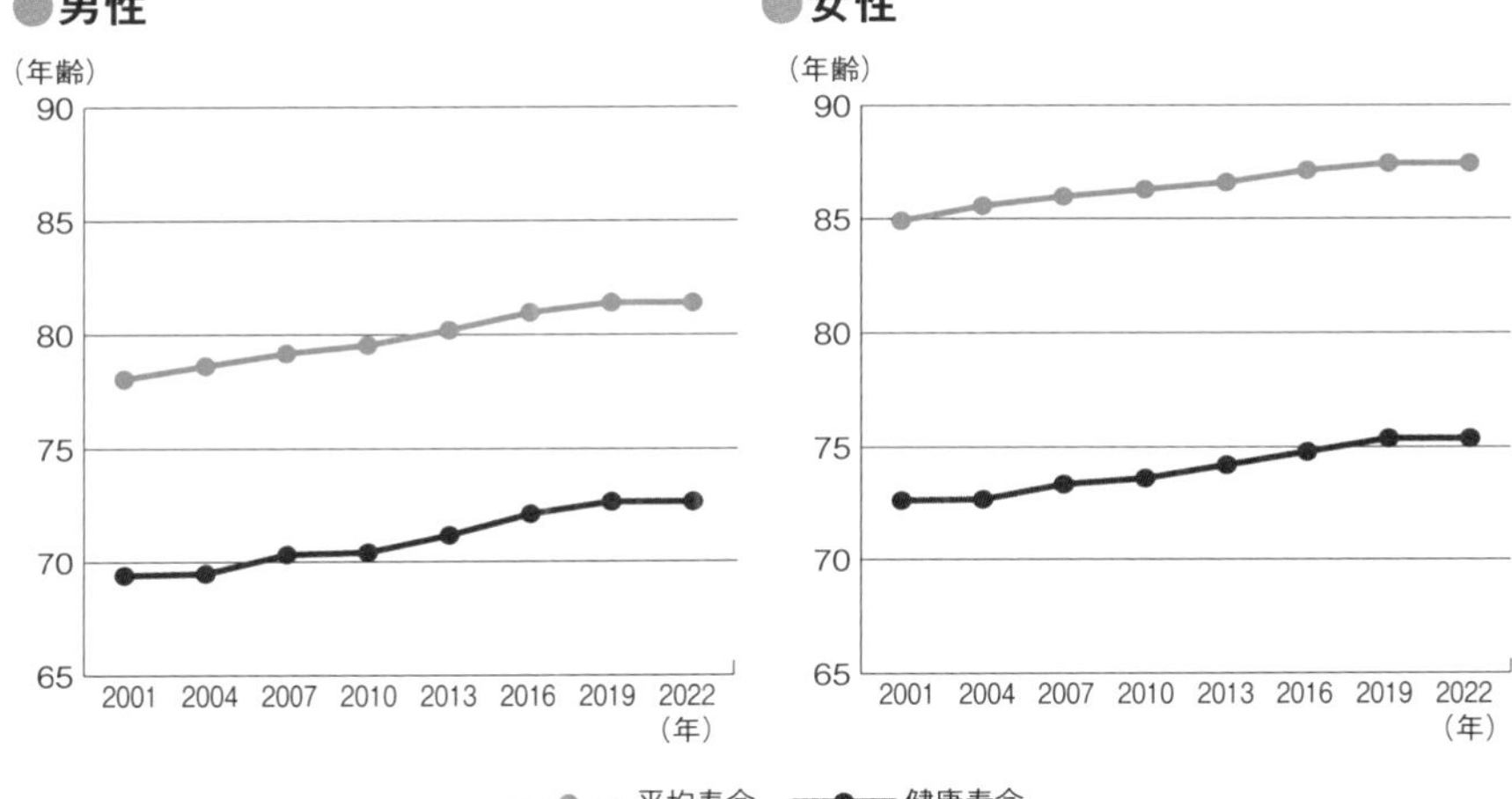

（出所）厚生労働省

図❷ リタイア後の主な住まいの選択肢

選択肢		メリット	デメリット
住み替えない	賃貸住宅	収入や家族構成などに応じて引っ越しがしやすい	家賃負担が一生涯続く
	マイホーム	住宅ローンの返済が終われば住居費負担が軽くなる	築年数に応じた修繕や、バリアフリーなどのリフォーム費用が必要になる
住み替える	シニア向け分譲マンション	老人ホームよりも自由な暮らし。購入後は自分の資産に	価格が高め。介護度が上がると住みにくくなる可能性あり。物件数が少ない
	シニア向け賃貸住宅	固定資産税等の維持費の負担がない	毎月の家賃負担がある。介護度が上がると住みにくくなる可能性あり
	サービス付き高齢者向け住宅	有料老人ホームよりも初期費用が安い	一般の賃貸住宅よりも家賃が高い。介護度が上がると住みにくくなる可能性あり
	有料老人ホーム	提供されるサービスや設備が非常に充実したところもある	施設によるサービス内容の差が大きい。費用負担の差も大きく、高額なところも
	二世帯住宅	子世帯と同居または近居にすることによる安心感。親子リレーローンを組める	子世帯とうまくいかなくなることによる別居などの可能性あり

72 リバースモーゲージとリースバックとは？

自宅の所有権が売却した業者に移るため、固定資産税などの維持費の負担からも解放されます。リバースモーゲージよりも条件は緩く、資金使途も自由です。

ただし、リースバックの場合、家賃負担が生涯続くことになります。自宅の売却代金を手にできるメリットと、家賃負担が続くデメリットを冷静に比較することが重要でしょう。

✔リ・バース60とは？

近年、リバースモーゲージ型住宅ローンという商品も登場しています。代表格が「リ・バース60」。リバースモーゲージのように死亡時に一括返済する住宅ローンです（図❷）。

住宅の建設・購入、リフォーム、サービス付き高齢者向け住宅の入居時一時金、さらに、ローンの借換えなどにも使えます。

ノンリコース型も導入され、利用者が増えています。ノ

✔老後資金のゆとりを生む仕組み？（図❶）

リバースモーゲージ

リバースモーゲージとは、自宅を担保にお金を借りて、自分の死亡後に自宅を売却して返済する仕組みです。通常、毎月の返済はありませんが、利息の支払いだけ必要な場合もあります。

このリバースモーゲージは、住み慣れた自宅に住み続けながら、自宅の資産価値を有効活用し、老後の資金にゆとりを生む仕組みといえます。

自宅を子どもに残す必要がない人には、一つの選択肢として有効かもしれません。

リースバック

リースバックとは、不動産業者に自宅を売却するのと同時に賃貸契約を結び、自宅の売却代金を受け取った後も、家賃を支払って自宅に住み続ける仕組みです。

ンリコース型とは、担保物件の売却代金でローンを完済できなくても、不足分を相続人が負担しなくてよいタイプ。子どもたちにローンを残さないことが約束されるので安心でしょう。

ただし、その分ノンリコース型のほうが借入金利は高くなっているのが通常です。

図❶ リバースモーゲージとリースバックの比較

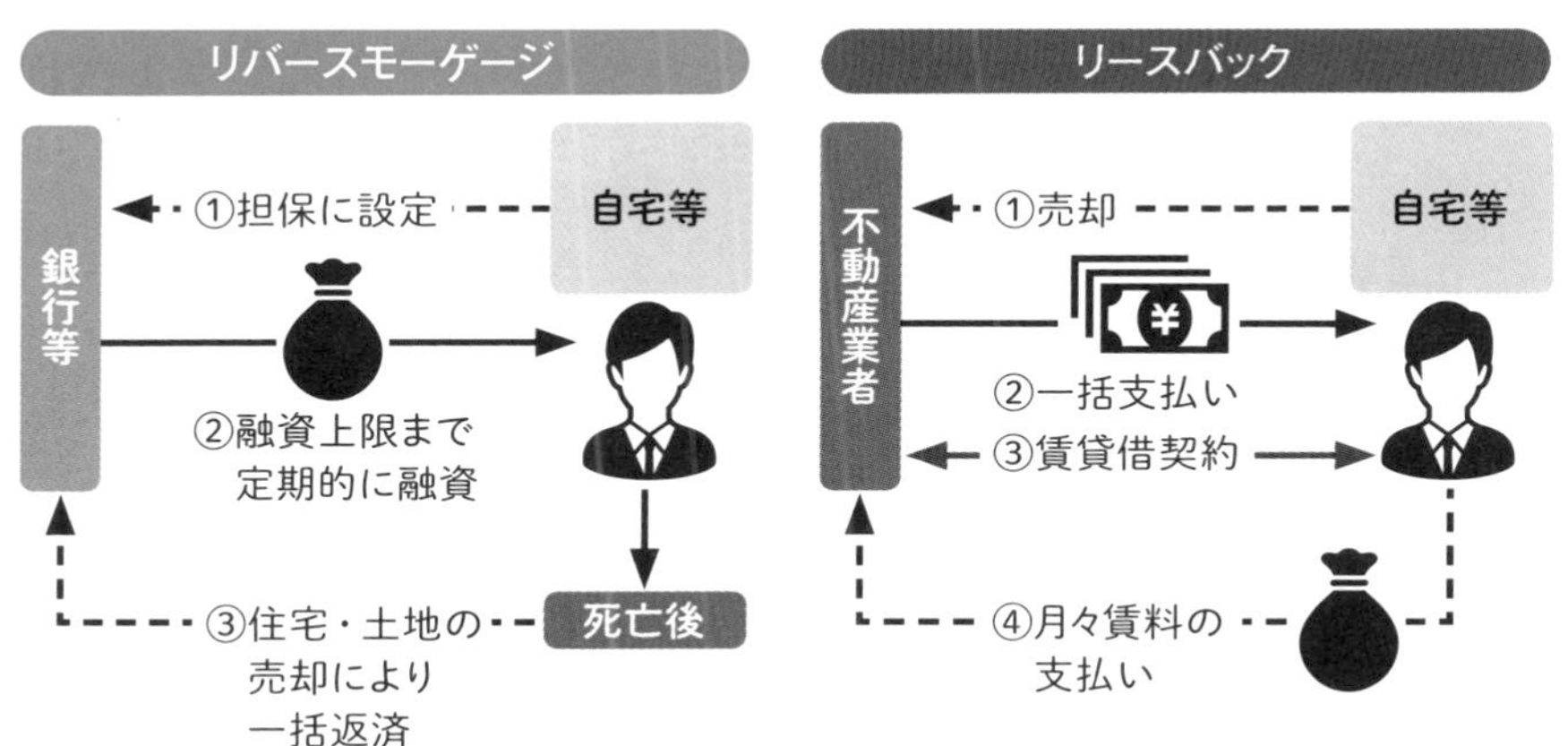

図❷「リ・バース60」の仕組み

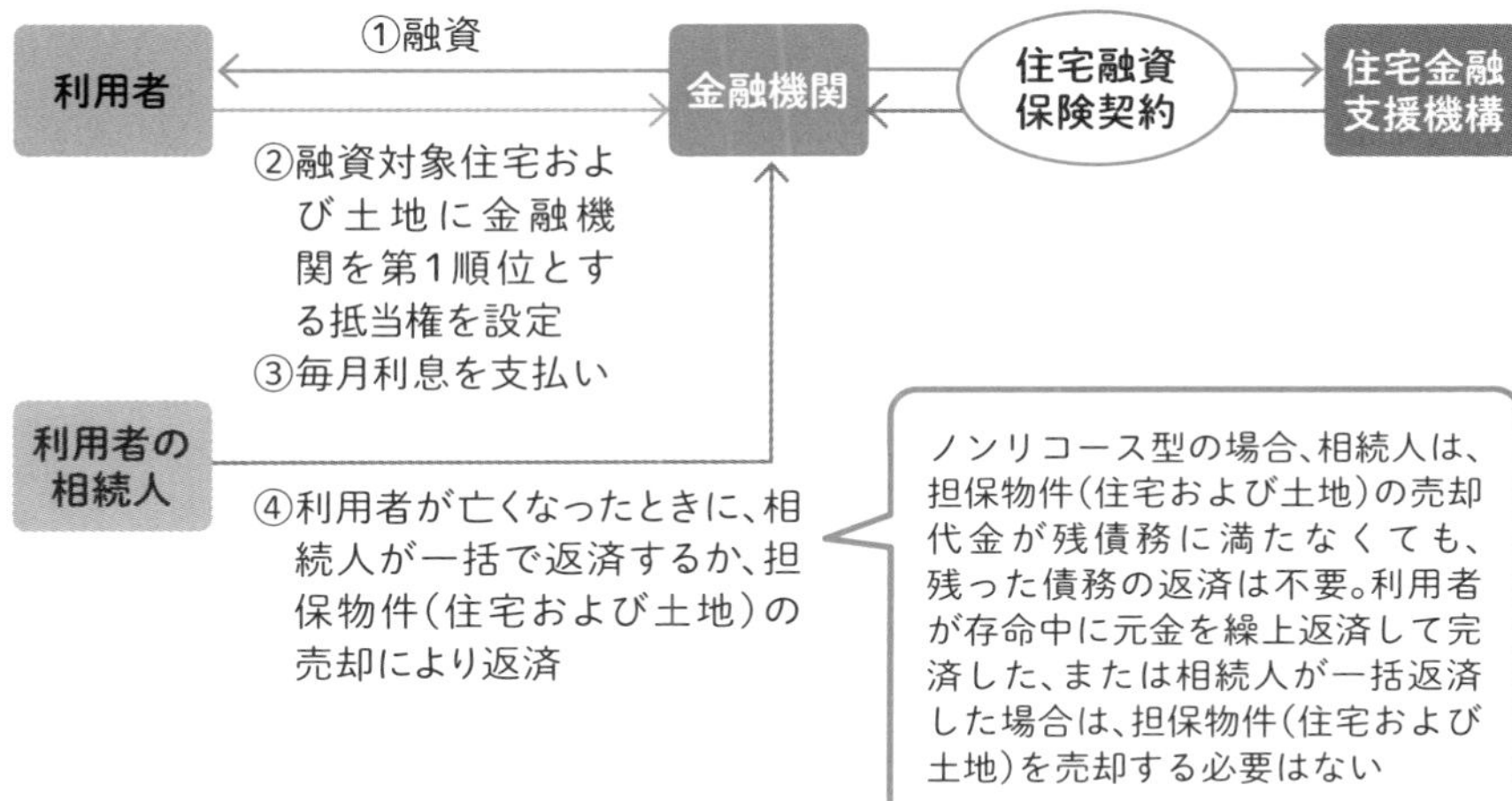

73 要注意！ 50歳代から「ねんきん定期便」が変わる!?

50歳未満は加入期間のチェックを

毎年誕生月（1日生まれは前月）にねんきん定期便が届きます。通常は、圧着式のハガキで届いているはずです（図❶❷）。そして、35歳、45歳、59歳という特定の年齢のときだけは大きな封筒で届きます。

50歳未満の人の年金定期便には、これまでの保険料納付額や年金加入期間、加入実績に応じた年金額が書いてあります。

若い人ほど加入期間が短いので、年金額もビックリするくらい少ないと思いますが、安心してください。加入期間が延びることで、増えていきます。

50歳未満の人は、これまでの年金加入期間をチェックするだけでも十分です。20歳から現在まで、加入漏れがないかどうかを確認しましょう。学生納付特例を使って保険料の支払い猶予を受けた期間分は、10年以内なら追納できます。

しかし、10年を過ぎてしまった場合や、単に保険料の未納期間がある場合は、60歳を過ぎてから国民年金に任意加入するか、60歳以降も会社員として厚生年金に加入し続けることで5年分まではカバーできますので、覚えておきましょう。

50歳代は年金の予想額もチェック

50歳以上のねんきん定期便には、現在の加入条件が60歳まで続いた場合の年金の予想額も載っています。条件が変わらなければどのくらいの年金額になるのかがわかりますので、毎年きちんと確認しましょう。

ただし、この予想額は、60歳以降も厚生年金に加入して働き続けた場合は考慮されていませんし、配偶者の加給年金なども考慮されていません。現在の延長線上で60歳まで働いた場合の最低金額だと思っておくとよいでしょう。

図❶ 50歳未満のねんきん定期便

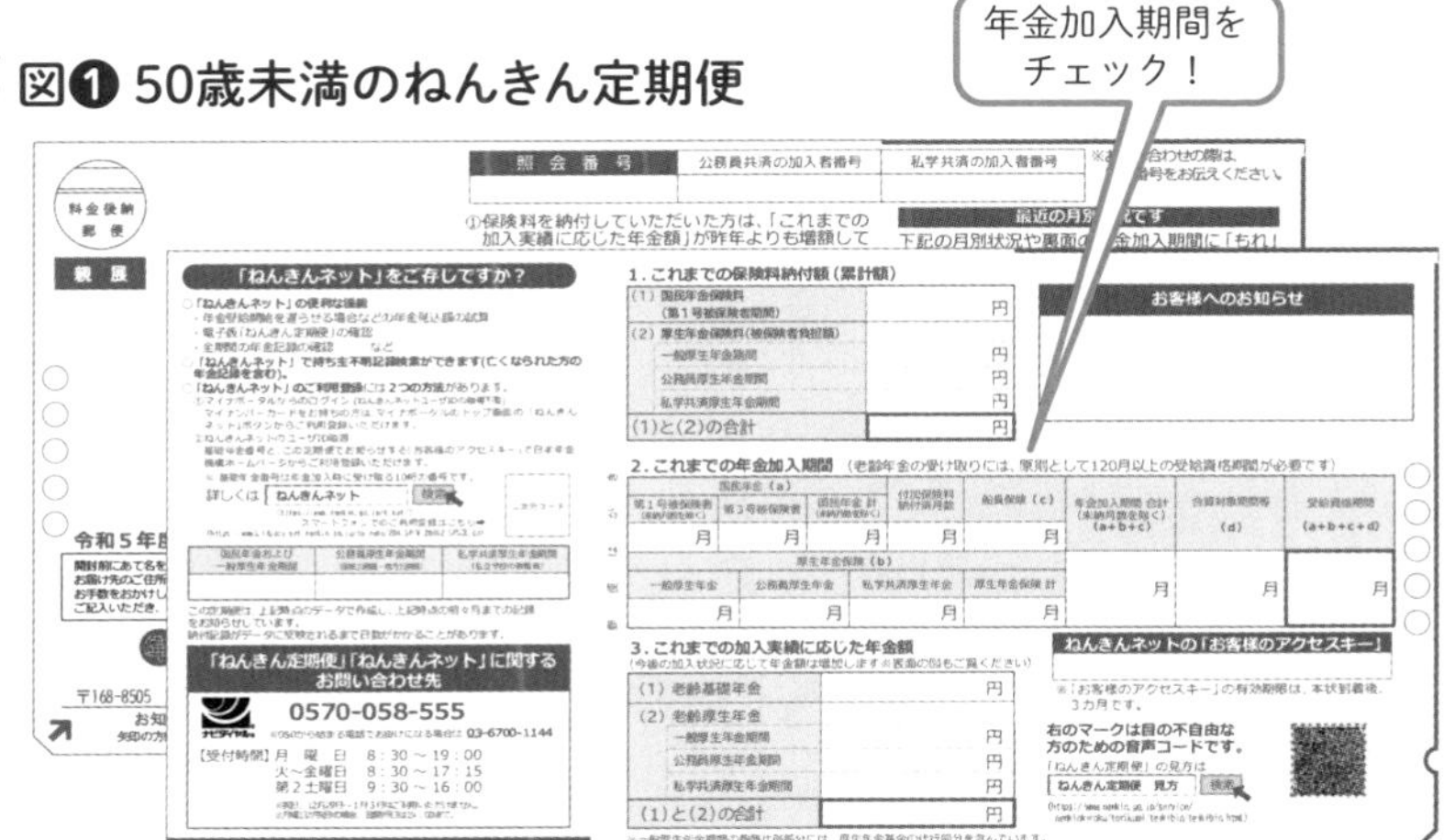

照会番号 公務員共済の加入者番号 私学共済の加入者番号

①保険料を納付していただいた方は、「これまでの加入実績に応じた年金額」が昨年よりも増額して

最近の月別状況です

「ねんきんネット」をご存じですか？

1. これまでの保険料納付額（累計額）

(1) 国民年金保険料（第1号被保険者期間）	円
(2) 厚生年金保険料（被保険者負担額）	
一般厚生年金期間	円
公務員厚生年金期間	円
私学共済厚生年金期間	円
(1)と(2)の合計	円

お客様へのお知らせ

2. これまでの年金加入期間（老齢年金の受け取りには、原則として120月以上の受給資格期間が必要です）

国民年金 (a) 第1号被保険者（未納月数を除く）	第3号被保険者	国民年金 計（未納月数を除く）	付加保険料納付済月数	船員保険 (c)	年金加入期間 合計（未納月数を除く）(a+b+c)	合算対象期間等 (d)	受給資格期間 (a+b+c+d)
月	月	月	月	月	月	月	月

厚生年金保険 (b) 一般厚生年金	公務員厚生年金	私学共済厚生年金	厚生年金保険 計
月	月	月	月

3. これまでの加入実績に応じた年金額

(1) 老齢基礎年金	円
(2) 老齢厚生年金	
一般厚生年金期間	円
公務員厚生年金期間	円
私学共済厚生年金期間	円
(1)と(2)の合計	円

ねんきんネットの「お客様のアクセスキー」

「ねんきん定期便」「ねんきんネット」に関するお問い合わせ先

0570-058-555

03-6700-1144

【受付時間】 月曜日 8:30～19:00
火～金曜日 8:30～17:15
第2土曜日 9:30～16:00

右のマークは目の不自由な方のための音声コードです。

令和5年度

〒168-8505

図❷ 50歳以上のねんきん定期便

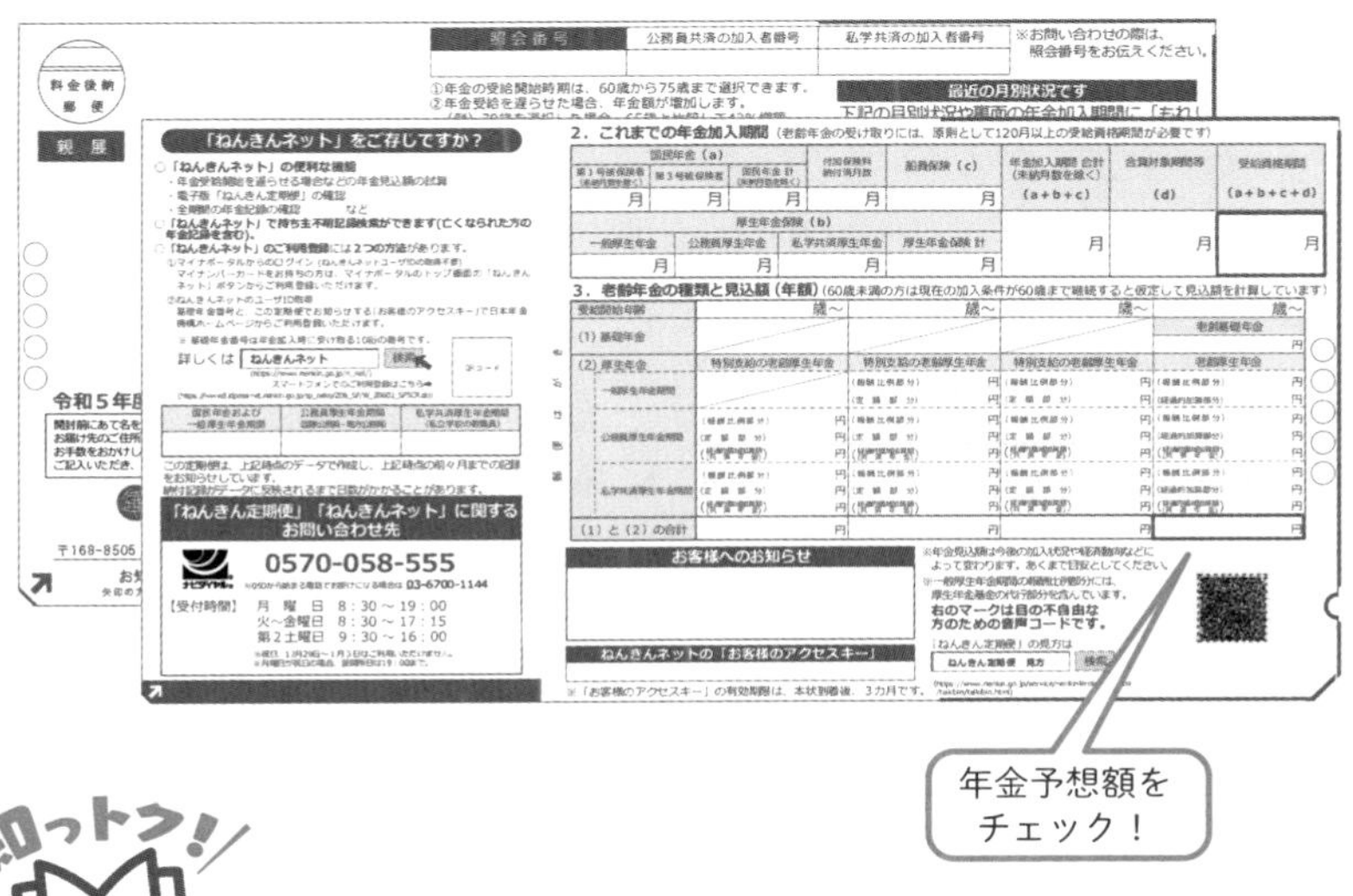

照会番号 公務員共済の加入者番号 私学共済の加入者番号

※お問い合わせの際は、照会番号をお伝えください。

①年金の受給開始時期は、60歳から75歳まで選択できます。
②年金受給を遅らせた場合、年金額が増加します。

最近の月別状況です

「ねんきんネット」をご存じですか？

2. これまでの年金加入期間（老齢年金の受け取りには、原則として120月以上の受給資格期間が必要です）

国民年金 (a) 第1号被保険者（未納月数を除く）	第3号被保険者	国民年金 計（未納月数を除く）	付加保険料納付済月数	船員保険 (c)	年金加入期間 合計（未納月数を除く）(a+b+c)	合算対象期間等 (d)	受給資格期間 (a+b+c+d)
月	月	月	月	月	月	月	月

厚生年金保険 (b) 一般厚生年金	公務員厚生年金	私学共済厚生年金	厚生年金保険 計
月	月	月	月

3. 老齢年金の種類と見込額（年額）

受給開始年齢	歳～	歳～	歳～	歳～
(1) 基礎年金				老齢基礎年金 円
(2) 厚生年金	特別支給の老齢厚生年金	特別支給の老齢厚生年金	特別支給の老齢厚生年金	老齢厚生年金
一般厚生年金期間		円	円	円
公務員厚生年金期間	円	円	円	円
私学共済厚生年金期間	円	円	円	円
(1) と (2) の合計	円	円	円	円

お客様へのお知らせ

ねんきんネットの「お客様のアクセスキー」

「ねんきん定期便」「ねんきんネット」に関するお問い合わせ先

0570-058-555

03-6700-1144

【受付時間】 月曜日 8:30～19:00
火～金曜日 8:30～17:15
第2土曜日 9:30～16:00

右のマークは目の不自由な方のための音声コードです。

令和5年度

〒168-8506

知っトク！

なぜ1日生まれの人だけ前月に届く?

1日生まれの人は誕生月の前月に年金定期便が届きます。これは、「年齢計算ニ関スル法律」と民法143条に基づき、誕生日の前日24時に年齢が1歳加算されるから。例えば、閏年2月29日生まれの人は、誕生日は4年に1度でも、毎年2月28日の24時に1歳加算されます。また、日にちを単位とする場合は前日に年齢が加算されるので、年金定期便も前月に届くという仕組みです。4月1日生まれが1つ上の学年になるのも同じ仕組みです。

74 60歳代の働き方を考えておこう！

70歳定年の時代がやってくる？

今から70年ほど前の1955年当時、平均寿命は、男性が63・6年、女性が67・75年だったようです。

60歳代というのは、今でこそ第2の人生のスタートのようにいわれますが、昔はまさに生涯の残り少しの部分である「余生」だったのでしょう。

定年退職の年齢も、昔は55歳が一般的でした。1980年代半ばごろから少しずつ60歳定年が主流になっていき、2000年代あたりから65歳までの定年延長などが行われるようになっていきました。

現在は、①65歳までの定年引上げ、②定年廃止、③65歳までの継続雇用制度の導入、のいずれかを選択することが企業に義務づけられています（図❶）。

さらに、2021年4月からは、70歳までの雇用延長などの努力義務も法律に明記されました（図❷）。今後は、少しずつ70歳定年という会社も増えていくのかもしれません（図❸）。

50歳代のうちに準備をしておこう！

60歳以降の働き方にも、いろいろな選択肢があります。会社員であれば、転職や再雇用、派遣社員など。そのほか、アルバイトやパート、起業、フリーランスなどもあります。

50歳代のうちから、それぞれのメリット・デメリットを理解し、自分はどうするのかを考えておくことが重要でしょう。特に、独立・起業なども検討するなら、早くから準備を始めるに越したことはありません（第6章83）。

なお、再雇用については、慣れ親しんだ会社に勤め続けられるメリットはありますが、収入は大幅減になるケースもあります。50歳代のうちに何らかの資格を取り、それを活かす仕事をハローワークで探すというのも1つの方法です。

図❶ 高年齢者雇用安定法による義務

- 65歳までの定年引上げ
- 定年廃止
- 65歳までの継続雇用制度の導入
  （特殊関係事業主（子会社・関連会社等）によるものを含む）

（出所）厚生労働省「高年齢者雇用安定法改正の概要」より作成

図❷ 2021年4月施行の改正による努力義務

次の①～⑤のいずれかの措置（高年齢者就業確保措置）を講ずるよう努める必要がある（努力義務）。

創業支援等措置（雇用によらない措置）（過半数労働組合等の同意を得て導入）

①70歳までの定年引上げ
②定年廃止
③70歳までの継続雇用制度の導入（特殊関係事業主に加えて、他の事業主によるものも含む）

④高年齢者が希望するときは、70歳まで継続的に業務委託契約を締結する制度の導入
⑤高年齢者が希望するときは、70歳まで継続的に以下の事業に従事できる制度の導入
・事業主が自ら実施する社会貢献事業
・事業主が委託、出資（資金提供）等する団体が行う社会貢献事業

（出所）厚生労働省「高年齢者雇用安定法改正の概要」より作成

図❸ 雇用確保措置の内訳

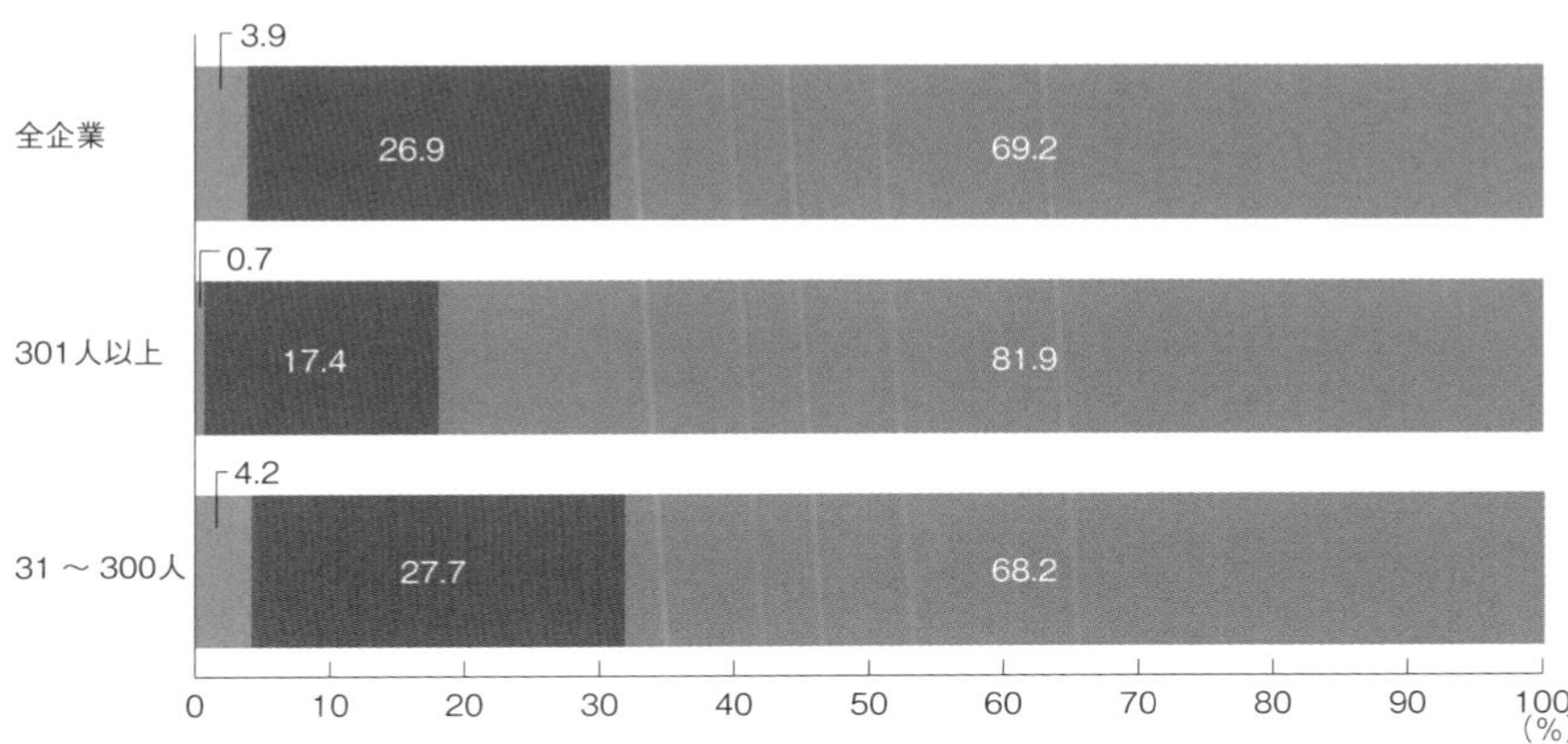

（出所）厚生労働省「高年齢者雇用状況等報告」（2023年）

75 介護費用はどのくらいかかる？

✔ 現実問題として近づく親の介護

現在、私（54歳）の両親は、父が81歳で母が80歳、おかげさまで健康ですが、父親は、最近散歩中につまずいてしまうことが増えてきたそうです。いずれは要支援や要介護の状態になる可能性もあるのでしょうね。

やはり、50歳代になると、親の介護というのも現実問題としてやってくる可能性が高まります。将来的には、自分やパートナーの介護も必要になる可能性があります。

何歳くらいから要支援や要介護になるのか、実際に介護が必要になると、いくらくらいの自己負担が必要なのか、そして、介護期間はどのくらいなのか。将来に備えるためにも、統計などの数値をみておくとよいでしょう。

✔ 介護費用は３００～８００万円？

年齢的には、70歳代後半から要支援者や要介護者の割合が10％を超えてきます。80歳代後半にはそれが6割近くまで上昇しますので、やはり、私の父親同様80歳前後から要介護者が増えていくイメージです（図❶）。

そして、介護費用に関して自己負担した金額をみてみると、一時的な費用が平均74万円、月々の費用が在宅介護で4・8万円、施設介護で12・2万円が平均的な水準のようです（図❷）。

介護に要した期間の平均61・1ヵ月（約5年）で計算すると、介護にかかるトータルの費用は、３００～８００万円程度になることがわかります（図❸）。

親の介護費用は、親が負担するのが通常でしょうが、将来的な自分やパートナーの介護の場合も考えると、その程度の費用負担が必要になることは、早くから知っておくとよいでしょう。

どうしても心配であれば、民間の介護保険への加入を検討するのも1つの方法です。

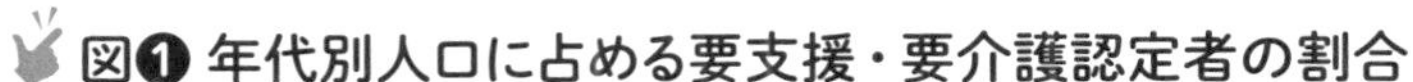

図❶ 年代別人口に占める要支援・要介護認定者の割合

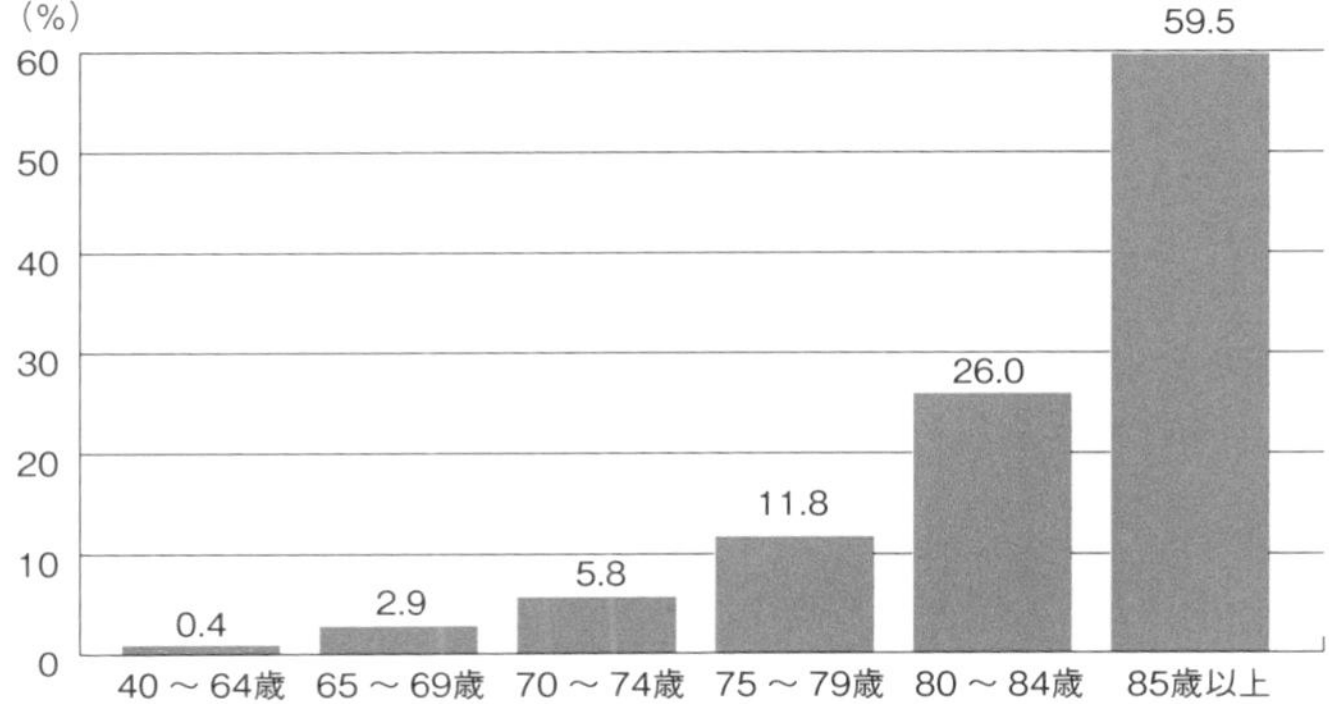

(出所)厚生労働省「介護給付費等実態統計月報」2023年9月審査分、総務省「人口推計月報」(2023年9月確定値)より作成

図❷ 介護に要した費用

●介護に要した費用(公的介護保険サービスの自己負担費用を含む)

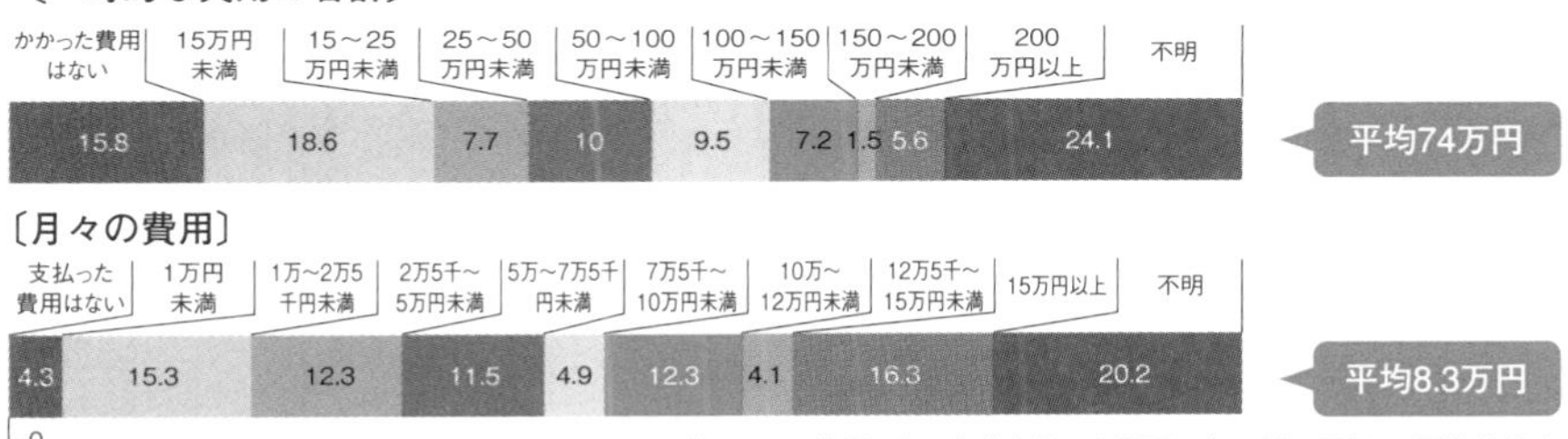

※それぞれ「かかった費用はない」、「支払った費用はない」を0円として平均を算出

●介護を行った場所別介護費用(月額)　●要介護度別介護費用(月額)

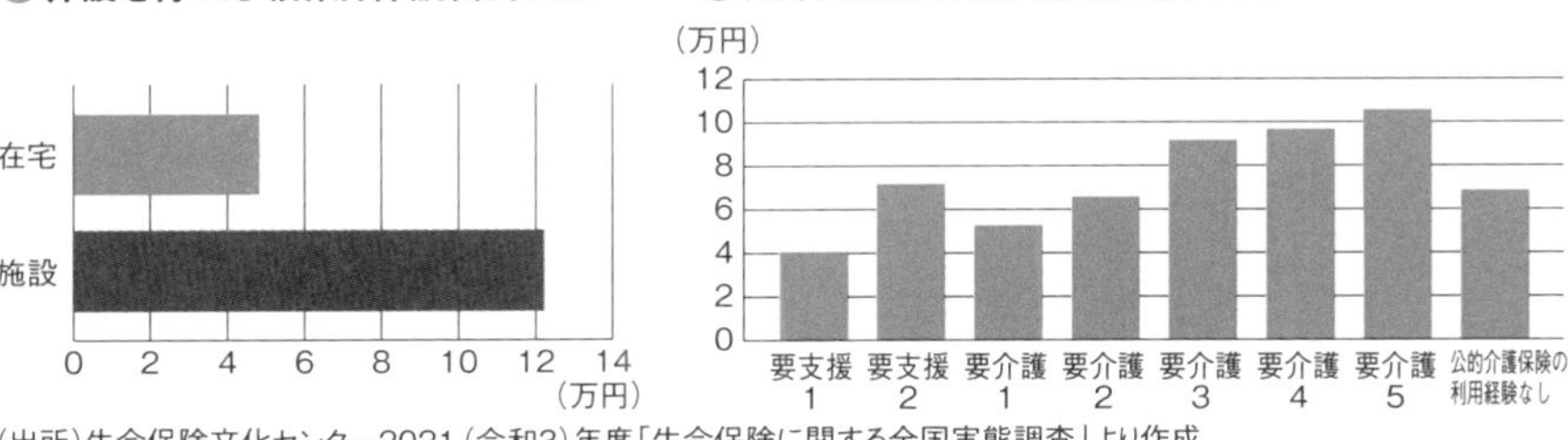

(出所)生命保険文化センター2021(令和3)年度「生命保険に関する全国実態調査」より作成

図❸ 介護に要した期間

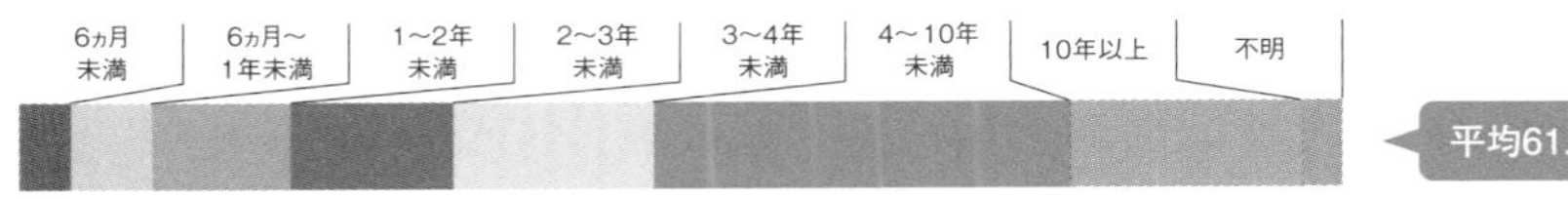

※介護中の場合は、これまでの介護期間による回答

(出所)生命保険文化センター2021(令和3)年度「生命保険に関する全国実態調査」より作成

76 相続手続きの期限を知っておこう!

相続人には順位がある?

前述のように、現在、死亡者数の最も多い年齢は、男性が85歳、女性が92歳です(第4章66)。

親が高齢になってきたら、やはり多少は心の準備が必要かもしれません。それと同時に、相続についても、法律上の決まりは一般常識として知っておいたほうがよいでしょう。

まず、亡くなった人(被相続人)の財産などを相続する相続人には順位があります(図❶)。

配偶者は常に相続人になることが決まっていて、その他の親族では、子が第1順位の相続人。そのため、子がいれば、配偶者と子が相続人になります。

そして、子がいなかった場合に第2順位の親が相続人になり、子も親もいなかった場合に第3順位の兄弟姉妹が相続人になります。

3ヵ月以内に承認か放棄を決める!

それから、相続に関する主な手続きについて特に知っておくべきなのが、3ヵ月以内の相続の承認・放棄です(図❷❸)。

例えば、父親の死亡後、何もせずに3ヵ月が経つと、自動的に「単純承認」になります。

単純承認は、父親名義の財産すべて(借金も含めて)を相続すると決めることです。もしも、借金のほうが多かったら大変です。相続人が引き継いで返済していかなければなりません。

そんなときに選択できるのが、「限定承認」もしくは「放棄」。

限定承認は、借金などのマイナスの財産の返済を、プラスの財産の範囲内で行うだけで済む仕組み。

マイナスのほうが多くても安心です。ただし、死亡後3ヵ月以内に相続人全員で家庭裁判所に申述しなければなりません。

一方、放棄は、プラスの財産もマイナスの財産も相続しないと決めること。ただし、受取人になっている死亡保険金や死亡退職金等は受け取れます。また、限定承認と違って放棄は単独で申述できます。

図❶ 相続人の順位

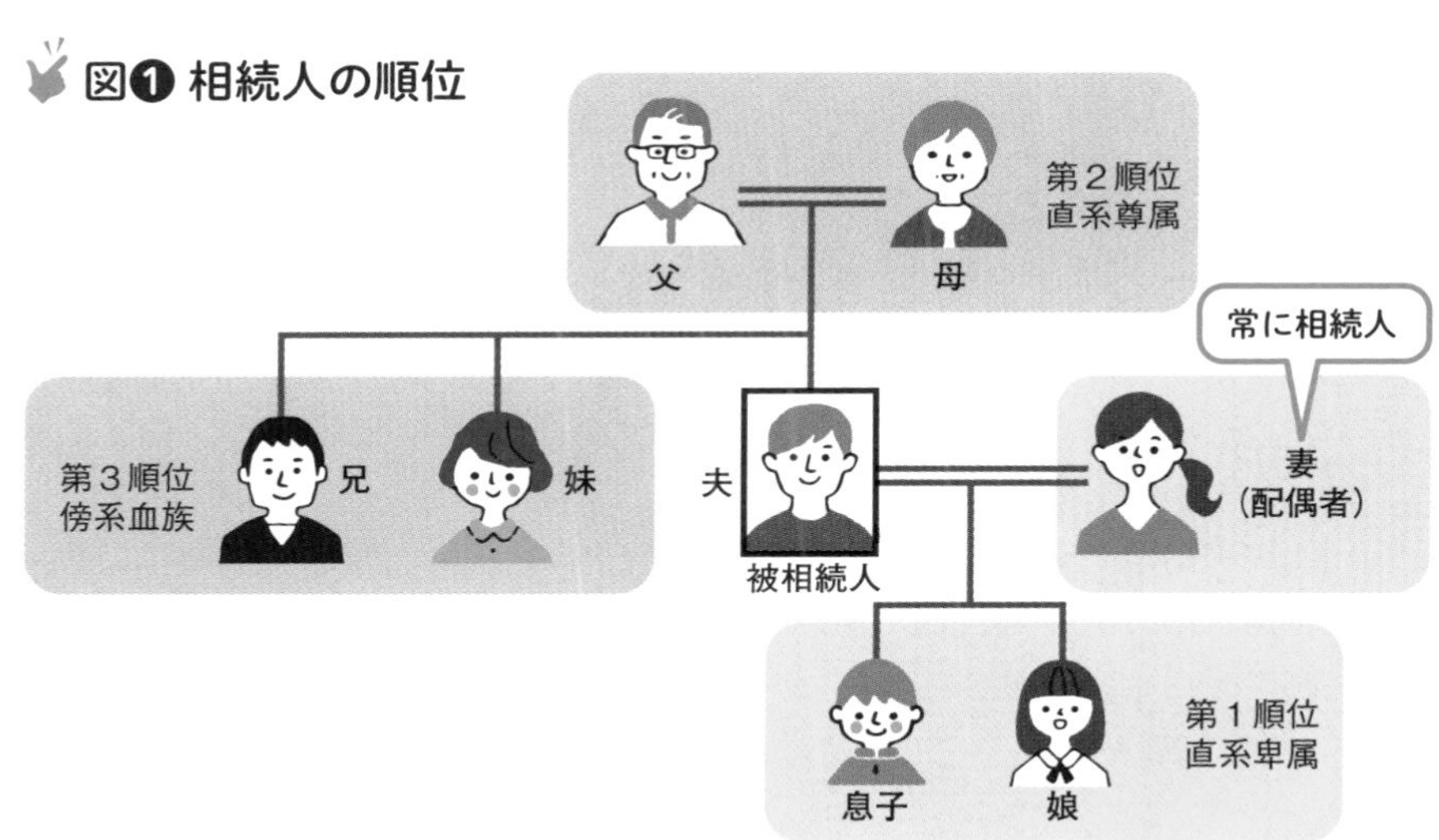

図❷ 相続に関する主な手続きと期限

期限	手続き	提出先
発見後すみやかに	遺言書の検認	死亡者の住所地の家庭裁判所
7日以内	死亡届	死亡者の住所地の市区町村役場
3ヵ月以内	相続の承認・放棄	被相続人の住所地の家庭裁判所
4ヵ月以内	準確定申告	被相続人の住所地の税務署
10ヵ月以内	相続税の申告・納付	被相続人の住所地の税務署
1年以内	遺留分侵害額請求	相手方の住所地の家庭裁判所
3年以内	死亡保険金請求	各保険会社

図❸ 相続の承認・放棄

単純承認	被相続人のプラスの財産もマイナスの財産もすべて相続
限定承認	マイナス財産のほうが多い場合、その弁済の責任を、プラス財産を限度とする ※相続人全員が共同で家庭裁判所に申述する必要あり
放棄	プラスもマイナスもすべての財産を相続しない ※単独で家庭裁判所に申述可能

77 退職金制度を確認しておこう！

会社によって制度が異なる退職金

会社員や公務員の皆さんは、自分の勤務先の退職金がどんな制度で、どのくらいもらえるのか把握していますか？将来のためにも、早くから確認しておきましょう。

厚生労働省「就労条件総合調査」によると、調査対象の会社（企業約6400社）では、8割近い会社に退職給付制度（一時金・年金）があるようです（図❶）。

退職給付制度（退職金制度）は、会社によって導入パターンが異なり、次の3つのいずれかが一般的です。

①退職一時金のみ
②企業年金（退職年金）のみ
③退職一時金と企業年金の併用

退職一時金は、その名のとおり、退職したときに1回でまとめて退職金を受け取るもの。一方、企業年金（退職年金）は、一時金か年金かを選択できるのが一般的です。ただし、年金を選択するためには勤続20年以上などの条件を満たす必要があります。

確定拠出年金（DC）と確定給付企業年金（DB）

企業年金も、時代とともに変化してきています。20年ほど前は、適格退職年金と厚生年金基金が主流でしたが、**現在は、DCとDBが主流です（図❷）。**

この2つの大きな違いは、運用指図を誰がするか。DCは、加入者自身が商品ラインナップの中から選んで運用します。一方、DBは、運用を外部の信託銀行や保険会社等に委託します。DCは、加入者ごとの運用成績によって受取金額が変わりますが、DBは、受取金額がある程度決まっていて、大きな変動はないのが一般的です。

50歳代になったら、公的年金とともに退職金の予想額も確認し、リタイア後の収支を試算してみましょう。

図❶ 退職給付制度の実施状況

●退職給付制度がある企業の割合の推移

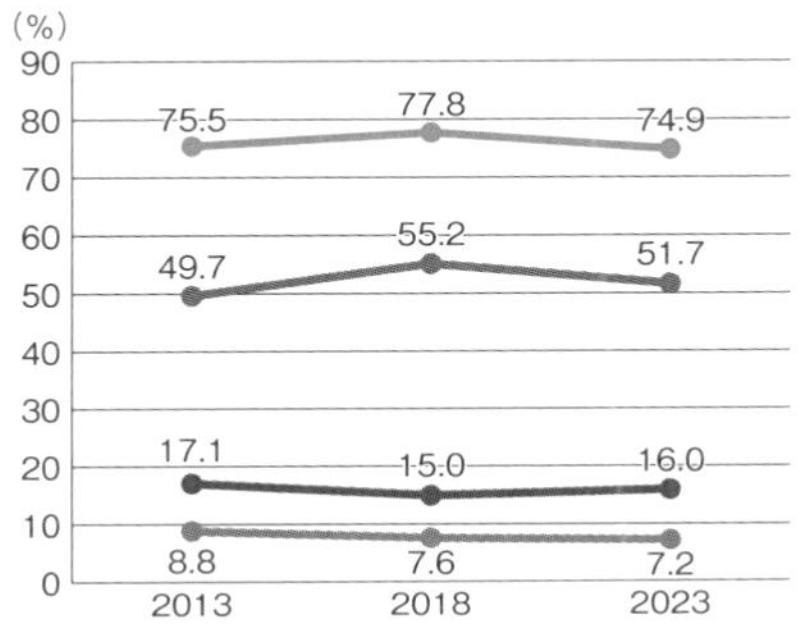

退職給付（一時金・年金）制度がある企業の割合
退職年金制度のみの割合
両制度併用の割合
退職一時金制度のみの割合

●退職給付水準の推移（大学・大学院卒で35年以上勤務した定年退職者の平均）

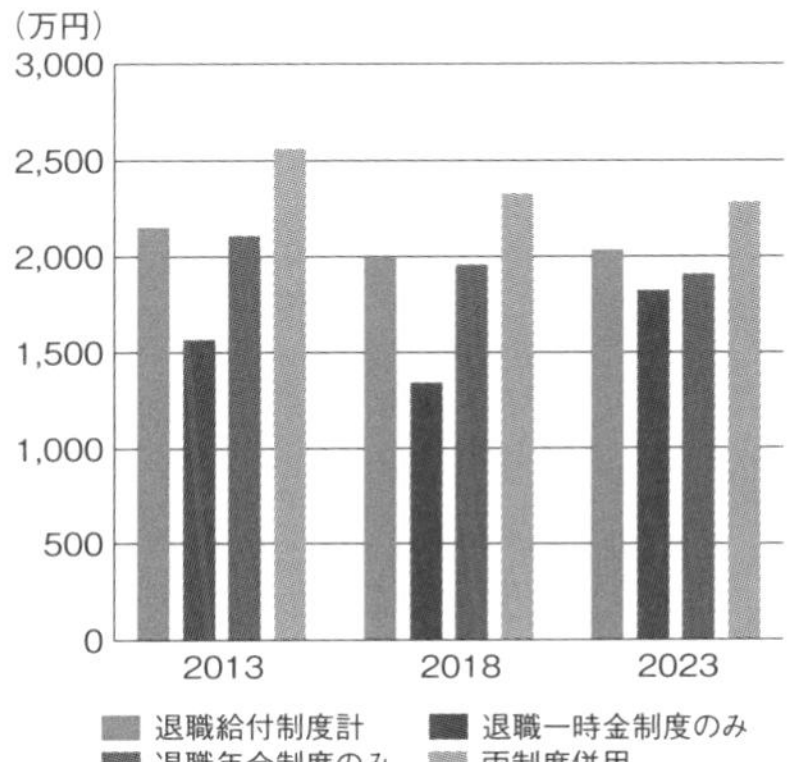

退職給付制度計　退職一時金制度のみ
退職年金制度のみ　両制度併用

※1　退職一時金制度とは、社内準備、中小企業退職金共済制度、特定退職金共済制度、その他をいう
※2　退職年金制度とは、確定給付企業年金、厚生年金基金、適格退職年金、確定拠出年金（企業型）、企業独自の年金をいう
※3　2013年、2018年調査については、「常用労働者30人以上である会社組織に民営企業」で、「複合サービス事業」を含まない
（出所）厚生労働省「就労条件総合調査」より作成

図❷ 企業年金の加入者数の推移

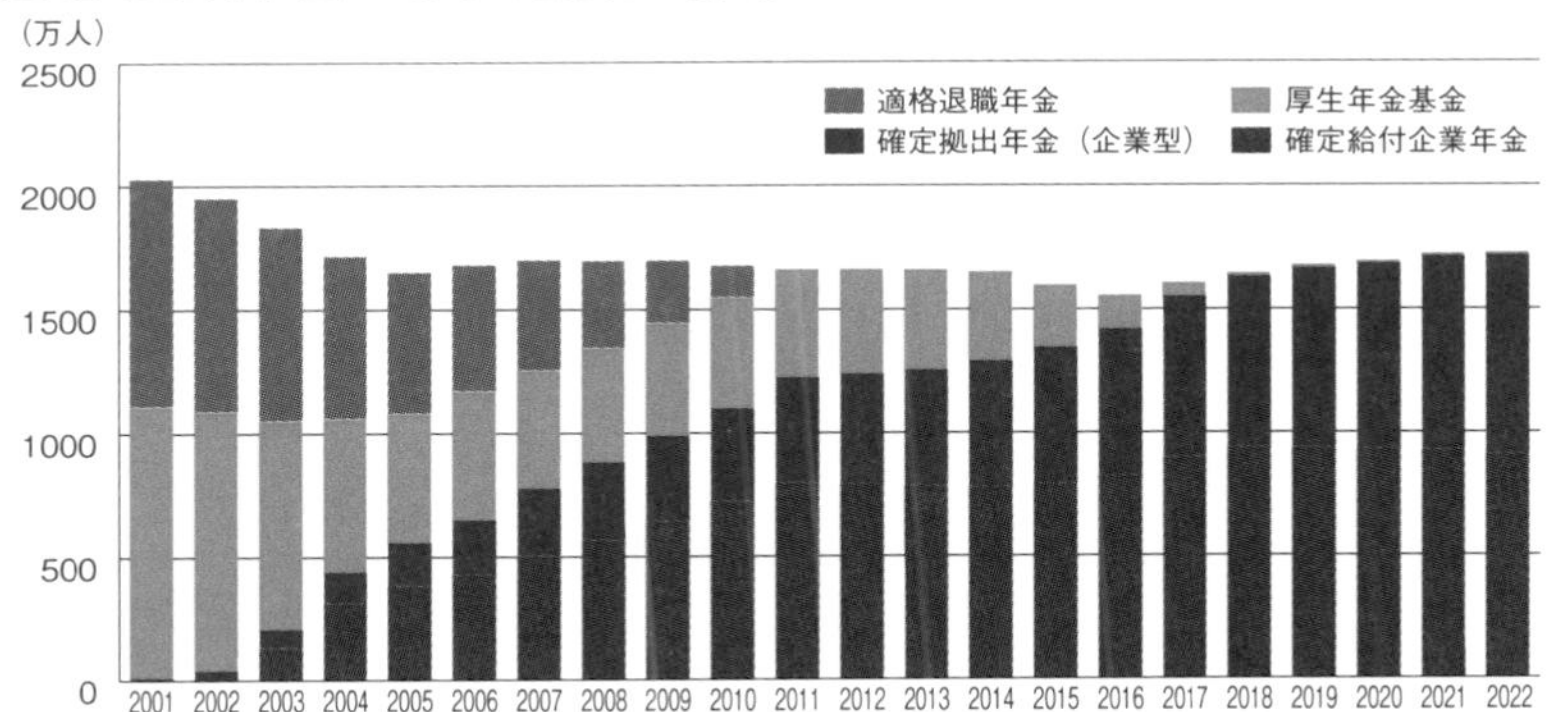

（出所）適格退職年金・厚生年金基金・確定給付企業年金：生命保険協会・信託協会・JA共済連「企業年金の受託概況」
確定拠出年金：運営管理機関連絡協議会「確定拠出年金統計資料」

企業年金のもらい忘れが108万人も!?

企業年金連合会によると、もらえるはずの企業年金を請求していない人が、2023年３月末現在で約108万人もいるようです。このうち、お知らせは届いているはずなのに請求しない人が約43万人、お知らせが届かない人が約65万人とのこと。離職や転職、転居などで、お知らせが届かなくなってしまった人が多いようです。前職の会社の退職金制度の有無を調べるべきでしょう。企業年金連合会にも問い合わせ窓口があります。

78 50歳代からの資産形成

✔老後資金準備のラストスパート期間

50歳代にもなると、リタイア後の生活が現実のものとして近づいてきた感じがします。

50歳代歳前半だと、「まだ10年以上ある」と思う人も多いかもしれませんが、「あと10年ちょっとしかない」と思う人もいることでしょう。

実際に私も54歳になり、還暦（60歳）まで、たった6年しかないと感じるようにもなりました。まだまだ気持ちは若いつもりでいますが、〝いい歳のオッサン〟であることは間違いないのでしょうね。

そんな私と同世代の50歳代からの資産形成は、60歳代が近づいている分だけ、現役生活が短くなってきていることを意識しつつ、その短い現役生活の期間が、残りの人生をより豊かにしていくためのラストスパートの期間になりますので、ムダにしないようにしましょう。

✔リタイア後の家計収支も意識

平均余命をみると、50歳代男性が30年前後、50歳代女性が35年前後の残りの人生があります（図❶）。それに対して、現役の期間は残り10年前後まで短くなっているわけですから、きちんと考えながら準備することが大切です。

子どもたちが社会人になると、教育費負担の終了によって家計にゆとりが生まれるはずです。そこで気を緩めて浪費を増やしてしまうと、リタイア後に家計をダウンサイジングするのが厳しくなります。

したがって、現役のうちからリタイア後の家計収支をイメージし、少しずつ家計のスリム化を図っていくのがベターでしょう。 あらためて家計を見直して支出を抑えられれば、その分、老後資金準備のラストスパートにあてられます。現役生活の終盤を楽しみたい気持ちもわかりますが、リタイア後のゆとりを優先する気持ちも大切でしょう。

図❶ 50歳代の平均余命

（歳）

	男性	女性
50	32.51	38.16
51	31.59	37.21
52	30.67	36.27
53	29.76	35.33
54	28.86	34.39
55	27.97	33.46
56	27.08	32.53
57	26.19	31.6
58	25.32	30.68
59	24.45	29.76

（出所）厚生労働省「令和4年度簡易生命表の概況」より作成

平均余命 ＝ 年齢ごとの平均的な余命
平均寿命 ＝ 0歳児の平均余命

例
50歳男性の平均余命…32.51年（約33年）
➜つまり、50歳まで生きた男性は、平均してあと33年くらい生きるという意味。

簡易生命表と完全生命表

毎年、厚生労働省が出しているのは「簡易生命表」ですが、5年に1度だけ、「完全生命表」というものを公表します。簡易生命表は、推計人口や人口動態統計（概数）から算出したもので、完全生命表は5年ごとの国勢調査の結果（確定数）をもとに算出したものとなっています。つまり、簡易生命表は推計値、完全生命表は確定値です。

79 50歳代のポートフォリオ例

リスク許容度は人によってかなり違う？

50歳代の人のリスク許容度（値動きによる資産の増減リスクを取れる度合い）は、40歳代以上に、人それぞれの違いが大きくなっていることが予想できます。

50歳代でも、まだ子どもが小中学生という人もいるでしょうし、すでに子どもは社会人として巣立っている人もいるでしょう。

保有資産の状況も、まだまだ住宅ローンや教育ローンを返済中で、プラスの資産のほうが少ない人もいるでしょうし、すでに保有資産が数千万円を超えるという人もいるかもしれません。

重要なのは、これからの残りの人生を考えたときに、自分はどのくらいリスクを許容できるのかを判断して、自分なりの資産配分やポートフォリオを作っていくことです。

どのくらい減っても大丈夫かを判断する

一般に、歳をとるほどリスクは取り過ぎないほうがいいと言われますが、すでに子どもたちが巣立っていて、まだ現役として働ける期間が10年前後ある人なら、老後資金準備のラストスパートとして、多少なりともリスクを取りながら運用していくことも可能だと思います。

積立投資の割合も、4資産均等、または少し株式の割合を多めにしても問題はないでしょう（図❶）。**すでに保有している資産の割合も、4資産均等程度を目安に、株式の割合を少し増やすか減らすかを検討するとよいでしょう。**

過去30年の4資産の動きをみると、株式の年間下落率は最大で30～40％程度。ポートフォリオに占める株式の割合を5割程度にすると、資産全体の年間下落率は最大でも15～20％程度まで下がります（図❷）。このような視点は、リスク許容度を判断する際の参考になります。

図❶ 50歳代プレリタイア世帯の資産分配の例

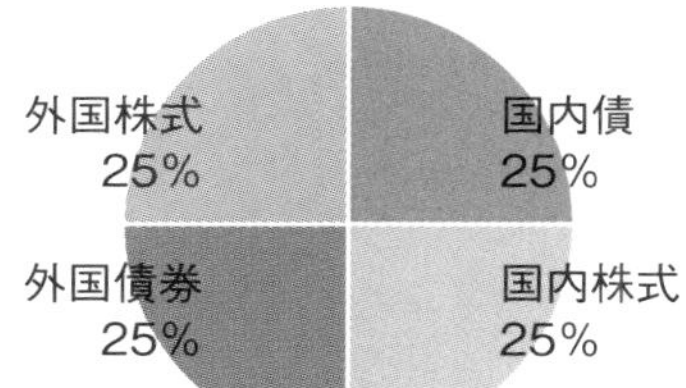

保有資産の割合
積立額の割合と同じ
60歳代に入ったら少しずつ株式の割合を減らしてもよい

図❷ 4資産の年度ごとの値動き

年度	国内債券	国内株式	外国債券	外国株式
1993	7.50	9.98	−6.23	−0.86
1994	6.74	−15.62	−7.39	−5.17
1995	6.46	26.14	37.11	56.67
1996	6.74	−15.40	20.01	39.46
1997	4.69	−8.00	15.49	51.84
1998	2.88	2.19	−3.57	0.10
1999	2.08	35.48	−17.88	3.40
2000	4.69	−24.55	26.28	−6.35
2001	0.95	−16.22	8.44	3.94
2002	4.26	−24.81	15.47	−32.35
2003	−1.74	51.13	0.15	24.70
2004	2.09	1.42	11.32	15.70
2005	−1.40	47.85	7.73	28.52
2006	2.17	0.29	10.24	17.85
2007	3.36	−28.05	0.52	−16.80
2008	1.34	−34.78	−7.17	−43.32
2009	2.04	28.47	0.18	46.75
2010	1.81	−9.23	−7.54	2.41
2011	2.94	0.59	4.99	0.50
2012	3.72	23.82	17.73	28.99
2013	0.56	18.56	15.09	32.09
2014	2.97	30.69	12.28	23.54
2015	5.40	−10.82	−2.74	−8.64
2016	−1.15	14.69	−5.41	14.51
2017	0.90	15.87	4.23	8.47
2018	1.38	−5.04	2.46	8.21
2019	−0.18	−9.50	4.37	−13.40
2020	−0.70	42.13	5.43	60.21
2021	−1.22	1.99	1.88	19.38
2022	−1.65	5.81	−0.56	1.88
30年間のうち下がった年の数	7回	12回	9回	8回

4資産の年度ごとの値動きの特徴

- 1993～2022年の30年間の年度ごとの上昇率下落率を見ると、下がった数値の数（合計36個）よりも、上がった数値の数（合計84個）のほうが多いことがわかる
- 2つ以上の資産が値下がりした年（11回）よりも、3つ以上の資産が値上がりした年（19回）のほうが多い
- 過去30年における4つの資産それぞれの最大の下落率は、国内債券−1.74%、国内株式−34.78%、外国債券−17.88%、外国株式−46.32%だった

人生で大切なのは お金よりも思い出

2024年1月1日、尊敬する経済コラムニストの大江英樹（おおえひでき）さんがこの世を去りました（享年71歳）。公私ともにお世話になった方の急逝に、ただただ信じられないという気持ちでした。約10年前、共通の知人を通じて出会い、元証券マン同士すぐに意気投合。奥さまの大江加代さんとともに食事に行ったり、お互いのセミナーを受講しあったりして仲良くしていただきました。

とはいえ、大江さんからは教わることばかり。多くの著書からも学ばせていただきました。特に以下の５冊は、多くの人に読んでほしい名著です。

・『90歳までに使い切る お金の賢い減らし方』（光文社新書）
・『となりの億り人 サラリーマンでも「資産１億円」』（朝日新書）
・『お金・仕事・生活…知らないとこわい定年後夫婦のリアル』（日本実業出版）
・『知らないと損する年金の真実』（ワニブックスＰＬＵＳ新書）
・『「定年後」の“お金の不安”をなくす』（総合法令出版）

そんな大江さんの未完の遺稿が、追悼記事として紹介されています。この遺稿の最後の一文に、私たちの人生にとって最も重要なことを、大江さん自身の実感のこもった言葉として記されています。

「自分が病気になり、一時は死を意識したこともあったが、その時に考えたことは『結局、人生の最後に残るのはお金ではなく、思い出しかないんだな』と。」
（日本経済新聞ＷＥＢサイト「マネーのまなびの水先案内人　追悼・大江英樹氏の遺稿」より）

大江さん、最後の最後まで気づきをありがとうございました。ゆっくりとお休みください。

第6章

60歳代にかかわるお金の知識

ハッピーリタイアメントに欠かせないのは安心の仕組み作り！

80 退職後の健康保険3つの選択肢、どれがおトク？

✔退職後は健康保険の切り替えが必要

会社員や公務員として働いていた人が退職した場合、当然ながら、勤務先の健康保険は使えなくなります。そのため、退職後は健康保険の手続きが必要になります。

退職後すぐに再就職をして、新しい会社の健康保険に加入できる場合は問題ありません。しかし、再就職先の健康保険に加入できない場合や、再就職をしない場合は、次の3つの選択肢の中から選んで手続きをする必要があります（図❶）。

①現在の健康保険を任意継続する
②国民健康保険に切り替える
③配偶者や子の扶養に入る

✔保険料の安さで選ぼう！

3つの選択肢のうち、最も保険料が安いのは、③「扶養に入る」です。配偶者や子が会社員として働いているのであれば、その扶養に入るわけです。年収130万円（60歳以上は180万円）未満など、要件は厳しめですが、扶養に入れれば保険料は無料です。

扶養に入れない人は、「①任意継続」と「②国民健康保険」で迷うでしょう。そんな時は、ズバリ！　保険料を計算してもらいましょう！

任意継続は、それまで加入していた健康保険に、国民健康保険は、住んでいる市区町村役場に問い合わせを。保険料が安いほうに決めましょう。

ちなみに、任意継続は2年間ですが、途中で国民健康保険に変更も可能です。例えば、退職後の所得が低いなら、その低い所得で計算した国民健康保険料のほうが安くなる可能性があります。つまり、退職した翌年は任意継続、翌々年から国民健康保険に切り替え、ということも可能なので、保険料を調べておトクなほうを選びましょう。

図❶ 退職後の健康保険はどうする?

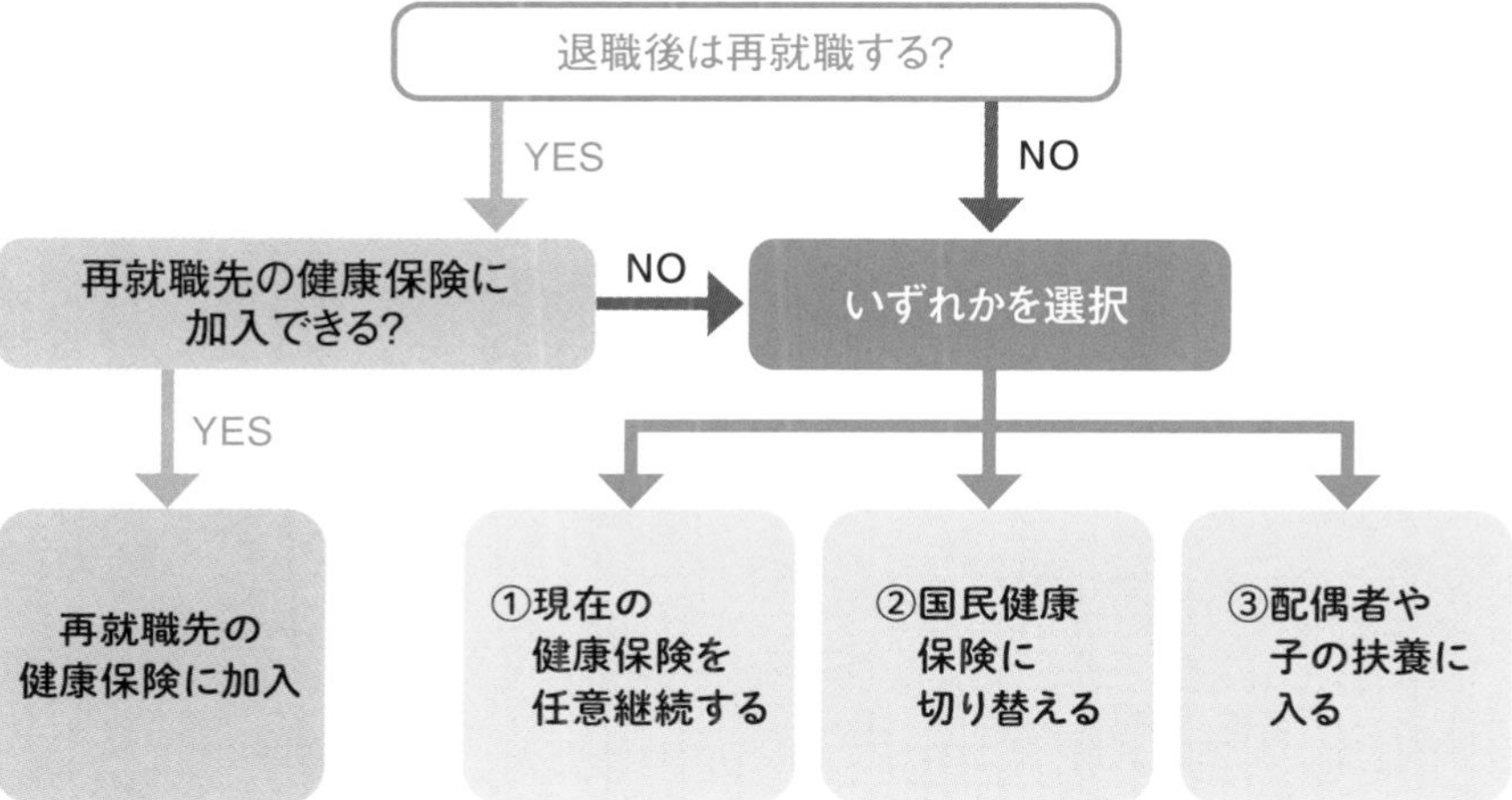

選択肢	主な要件と特徴	手続き先
①現在の健康保険を任意継続	〈要件〉 ・資格喪失日の前日(退職日)までに継続して2ヵ月以上の被保険者期間があること ・資格喪失日から20日以内に、「任意継続被保険者資格取得申出書」を提出すること 〈特徴〉 ・任意継続できる期間は2年間 ・保険料は全額自己負担(在職中の2倍。ただし、上限あり)	加入していた健康保険組合、または、住所地を管轄する協会けんぽ支部
②国民健康保険に切り替える	〈特徴〉 ・国民健康保険料(税)は、前年の所得などに応じて計算される ・倒産や解雇等、自ら望まないかたちで失業した人(非自発的失業者)については、おおむね在職中の保険料の本人負担分の水準に維持されるよう、失業の翌年度末まで保険料が軽減される措置あり	住所地の市区町村役場
③配偶者や子の扶養に入る	〈要件〉 ・同居の場合、年収130万円未満(60歳以上は180万円未満)、かつ被保険者の年収の2分の1未満であること ・別居の場合、年収130万円未満(60歳以上は180万円未満)、かつ被保険者からの仕送り額より少ないこと 〈特徴〉 ・保険料負担なし	配偶者や子が加入している健康保険組合、または、住所地を管轄する協会けんぽ支部

81 退職金にはどのくらい税金がかかるの？

✔退職一時金の税制優遇はとても大きい！

退職時に1回でまとめて受け取る退職金（正確には、退職一時金）は、長年の勤労に対する報酬として、税金面でも大きな優遇が3つも用意されていて、税金が高くならないように工夫されています（図❶）。

優遇① 退職所得控除
退職所得の計算の際、勤続20年までは1年あたり40万円、勤続20年超は1年あたり70万円の控除が受けられます。例えば、勤続30年なら1500万円、勤続40年なら2200万円の控除が受けられるので、その金額の範囲内の退職金なら税金はかかりません。

優遇② 2分の1課税
退職所得の計算の際、収入金額（退職一時金の額）から退職所得控除額を差し引くだけでなく、さらに、その2分の1が退職所得となります。

これは、勤続5年以下の法人役員等を除くすべての人が受けられる優遇です。

優遇③ 分離課税
退職所得は、他の所得とは合算せずに税額を計算する「分離課税」となっています。それだけ高い税率が適用されないように配慮されているのです。

ただし、勤務先に「退職所得の受給に関する申告書」を提出した場合としない場合とでは、取扱いが異なります。

提出した場合は、退職金が支払われる際に、適正な所得税額・住民税額が源泉徴収されるため、確定申告は必要ありません。

一方、提出していない場合は、退職一時金から20％の所得税（復興特別所得税込みだと20・42％）が源泉徴収されます。

確定申告すれば払いすぎた税額を取り戻せますが、勤務先への申告書の提出は忘れないようにしましょう。

A ひとり暮らし世帯
B パートナー世帯
C 夫婦世帯
D 子育て世帯
E ひとり親世帯

図❶ 退職所得の計算の流れ

●退職所得の金額の計算式*

退職所得の金額 ＝ （収入金額－退職所得控除額） × 1／2

＊勤続5年以下の法人役員等の場合は「退職所得＝収入金額－退職所得控除額」

●退職所得控除額の速算表

勤続年数	退職所得控除額
20年以下	40万円 × 勤続年数 （最低保証80万円）
20年超	800万円 ＋ 70万円 ×（勤続年数－20年）

※勤続年数に1年未満の端数がある場合には、1年に切り上げ
※退職が障害者になったことに直接基因する場合、退職所得控除額が100万円加算

●計算例

退職一時金が2,500万円、勤続年数が36年2ヵ月（切り上げて37年）である人の、退職一時金にかかる税金はいくら?

退職所得控除額	800万円 ＋ 70万円 ×（37年 － 20年）＝	①1,990万円
退職所得	（2,500万円 － ①1,990万円）× 1 ／ 2 ＝	②255万円

所得税額	②255万円×10％－9.75万円＝	③15.75万円
復興特別所得税	③15.75万円×2.1％＝	0.33万円
住民税	②255万円×10％＝	25.5万円

合計 41.58万円

確定申告をしたほうがトクになる場合もある!?

退職一時金は分離課税なので確定申告は不要ですが、年の前半に退職してその後働いていないなど、その年の他の所得が少ない場合は、退職一時金を確定申告することで、所得から控除しきれなかった所得控除の金額を退職所得からも差し引けるようになるので、税金が戻ってくることがあります。

82 企業年金にはどのくらい税金がかかるの？

分割受け取りが可能な退職金

企業年金とは、勤務先の退職金制度です。一般に退職金というと、退職時に1回で受け取る退職一時金を指しますが、企業年金は、一時金でも年金でも受け取れるタイプを指します。ただし、年金で受け取るには勤続20年以上などの要件を満たす必要があるのが一般的です。

企業年金と一口に言っても、具体的には、厚生年金基金や確定給付企業年金、企業型DCなどがあります。企業によって導入している制度が異なりますので、勤務先に企業年金の制度があるのか、あるならどの制度を導入しているのか、確認してみましょう。

年金受取りは公的年金と同じ課税に

企業年金も、一時金として1回で受け取る場合は退職所得になるので、退職一時金と同じ計算になります。

一方、年金として分割して受け取る場合は、公的年金と同じ「雑所得」に該当します。

雑所得は、公的年金等の雑所得と、その他の雑所得に分けられますが、企業年金を年金形式で受け取った場合は、公的年金等の雑所得となります（図❶）。

公的年金等の雑所得は、年金収入から概算の必要経費である公的年金等控除を差し引けます。65歳未満で最低60万円、65歳以上で最低110万円の控除があるので、公的年金等は、それだけ優遇されているということです。

なお、年金収入が400万円以下で公的年金等の雑所得以外の所得が20万円以下の人は、確定申告は不要です。ただし、住民税の申告が必要な場合があります。

また、企業年金からは一律7・6575％（所得税＋復興特別所得税）が源泉徴収されます。各種控除が考慮されていないので、確定申告で税金が戻る可能性もあります。毎年、確定申告をしたほうがトクかを確認しましょう。

図❶ 公的年金や企業年金による所得は「雑所得」に該当する！

●雑所得の金額の計算式

雑所得の金額 ＝ ①公的年金等の雑所得 ＋ ②その他の雑所得

（収入金額 － 公的年金等控除額）　（収入金額 － 必要経費）

●雑所得の具体例

①公的年金等の雑所得 ▶ 老後に受け取る公的年金等

公的年金（老齢基礎年金、老齢厚生年金）、国民年金基金、企業年金（厚生年金基金、確定給付企業年金、企業型ＤＣ、iDeCo）　など

②その他の雑所得 ▶ 公的年金等以外

個人年金保険、外貨預金の為替差益、講演や執筆を主たる事業としていない人の講演料、原稿料　など

●公的年金等控除額の速算表（年金以外の所得が年間1,000万円以下の場合）

	受け取る年金額（A）	公的年金等控除額
65歳未満	130万円以下	60万円
	130万円超　410万円以下	（A）×25％＋27.5万円
	410万円超　770万円以下	（A）×15％＋68.5万円
	770万円超1,000万円以下	（A）×５％＋145.5万円
	1,000万円超	195.5万円
65歳以上	330万円以下	110万円
	330万円超　410万円以下	（A）×25％＋27.5万円
	410万円超　770万円以下	（A）×15％＋68.5万円
	770万円超1,000万円以下	（A）×５％＋145.5万円
	1,000万円超	195.5万円

（出所）日本年金機構「所得金額の計算方法」より作成

●計算例

Pさん68歳は、公的年金（老齢基礎年金+老齢厚生年金）260万円、個人年金保険150万円（必要経費120万円）の収入を得た。雑所得の金額はいくら？（公的年金控除額は110万円）

公的年金等の雑所得（厚生年金）	260万円 － 110万円 ＝	150万円
その他の雑所得（個人年金保険）	150万円 － 120万円 ＝	30万円
	合計	180万円

Pさんに他の所得がなかった場合には、雑所得180万円から基礎控除48万円や社会保険料控除25万円（概算）などを差し引き、課税所得を求め、税率をかけて税額を求める。

課税総所得金額	180万円－48万円－25万円＝	①107万円

所得税	①107万円×5％＝	②5.35万円
復興特別所得税	②5.35万円×2.1％＝	0.11万円
住民税	①107万円×10％＝	10.7　万円*
	合計	16.16万円

*課税所得を所得税と同じ金額だと仮定

83 シニア起業はメリットも多いが注意点も？

シニア起業家が増加中

近年、雇用延長や再雇用などによって60歳以降も働き続けられる環境が整ってきました。

しかし、私の知り合いで大手企業の部長だった人がこんなことを言っていました。「再雇用で65歳まで働けるのはいいけれど、収入は半分以下だし、仕事内容も雑用中心。こんなことなら起業でもしようかな」と。

もちろん、**起業を考える理由はさまざまでしょうが、近年は50～60歳代で起業する人の割合が少しずつ増えていることがわかります**（図❶）。**起業する人の平均年齢も、少しずつ高齢化しているようです**（図❷）。

老後生活を充実化できるシニア起業

シニア起業のメリットは、退職金などによる資金的な余裕、公的年金収入などによるライスワーク（食べていくための労働）が不要である点、豊富な知識や経験を生かしたビジネスができる点などが挙げられます（図❸）。

私の知り合いにも、シニア起業をした人が何人かいますが、口を揃えて言うのが「定年がなく、自由な働き方ができて、とっても充実している」ということでした。

もちろん、誰もが起業すればうまくいく、というわけではありません。シニア起業のデメリットや注意点をきちんと認識したうえで、無理をしない起業を目指すべきです。

健康面や体力面ではきつく感じるときがあるかもしれません し、会社で要職についていた人ほど、プライドが邪魔になる可能性もあります。安易にお金をかけ過ぎて失敗したり、高齢になるほど資金調達が難しくなったりします。

これらを理解したうえで、年金の足しになる多少の収入を確保できれば十分というスタンスで、あまりお金をかけずに起業することができれば、シニア起業のメリットの多くを享受できるのではないでしょうか。

図❶ 起業時の年齢

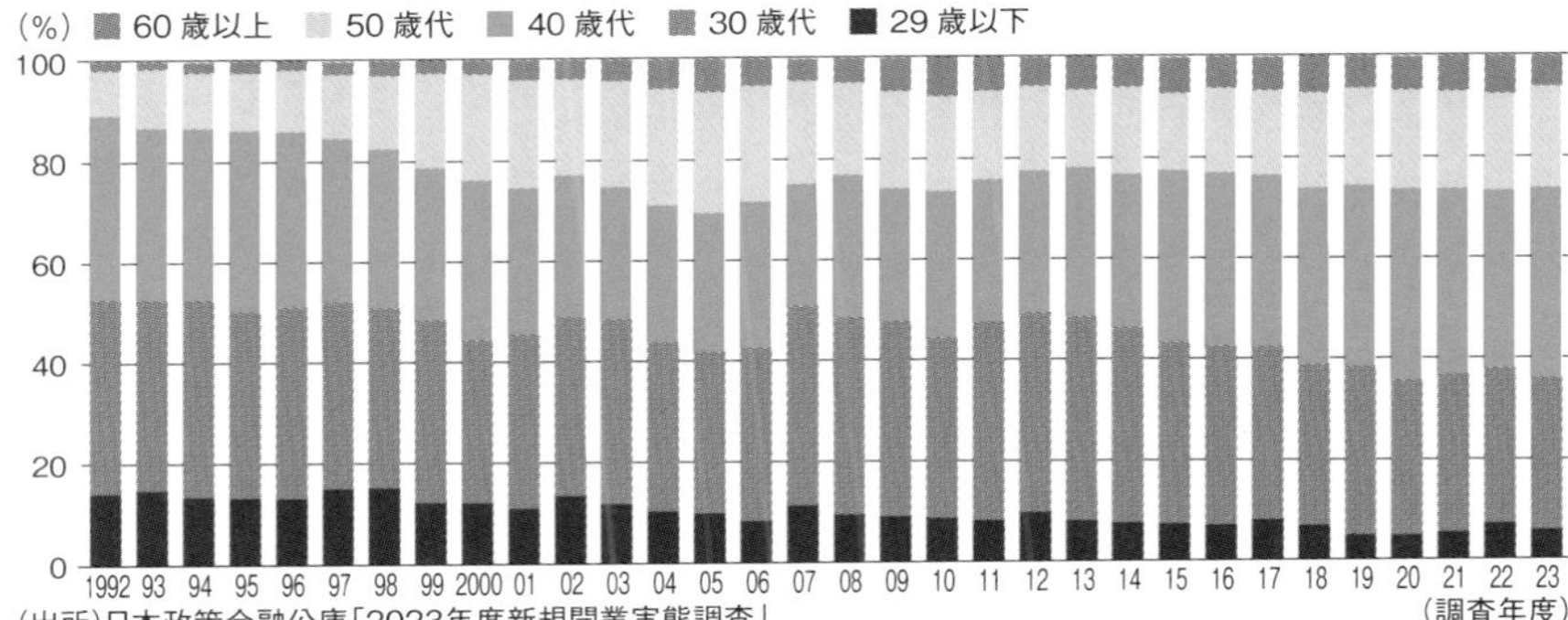

(出所)日本政策金融公庫「2023年度新規開業実態調査」

図❷ 起業時の平均年齢

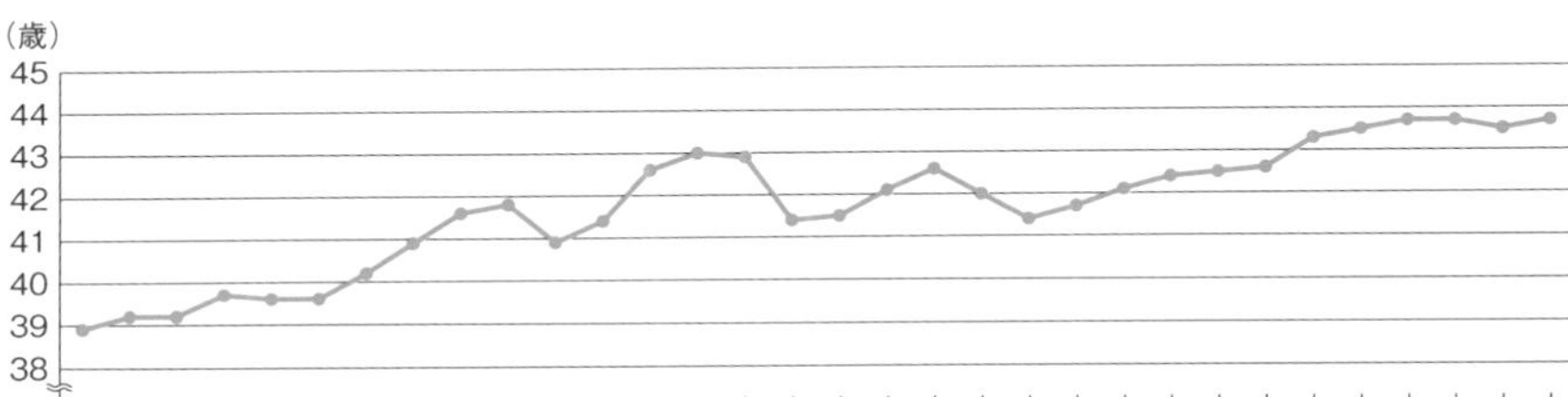

(出所)日本政策金融公庫「2023年度新規開業実態調査」

図❸ シニア起業のメリット・デメリット

メリット	デメリット
・自己資金に余裕がある ・ライスワークの必要性が低い ・年齢を信頼に使える ・豊富な知識や経験を武器にできる ・充実感のある老後を過ごせる ・自由な働き方ができる ・定年がない	・健康面、体力面できつく感じる ・プライドが邪魔になる ・自信過剰で安易に起業してしまう ・お金をかけ過ぎてしまう ・長期の借り入れがしにくい

国や自治体の助成金・補助金が利用できる場合も?

シニア起業に対しては、国や自治体の助成金・補助金の制度が利用できる可能性があります。助成金や補助金は返済の必要もありませんので、起業にあたっては事前に調べておくとよいでしょう。また、日本政策金融公庫の創業支援融資(返済必要)などもありますので、貯蓄を取り崩さずに事業を始めたい人には利用価値があるでしょう。

84 企業型DC、iDeCoの受取り方を考えよう！

必ずしも60歳から受取らなくてもよい

確定拠出年金は、企業型DCもiDeCoも、法律上の決まりでは60歳から75歳までの間に受取り始めることとされています（企業型DCについては第3章31、iDeCoについては第3章32）。

つまり、60歳を過ぎて退職後すぐに受取り始めることもできますが、最長75歳まで受け取りを待つこともできるのです。

受取りを遅らせるメリットもあります。受取りを待っている間、ずっと非課税で運用を続けることができるのです。60代のうちは働いて収入を確保することができるなら、その間は確定拠出年金に貯まっているお金は受け取らずに、そのまま運用を続けておくというのも1つの方法です。

なお、60歳までの確定拠出年金加入期間が10年に満たない場合は、受取開始が加入期間に応じて61歳62歳……と引き下げられます。

一時金か、年金か、一時金と年金の組合せか

確定拠出年金の受取方法には、一時金か、年金か、一時金と年金の組合せか、の3種類があります（図❶）。

一時金と年金の大きな違いは、税金の取扱いです。一時金は退職所得扱い、年金は公的年金等の雑所得扱いとなります。

ケースバイケースではありますが、税金の負担は一時金のほうが軽い可能性が高いといえます。

年金として受け取る場合、公的年金などと合算した金額から公的年金等控除を差し引き、さらに所得控除を差し引いた課税所得に税率をかけます。なので、多少なりとも毎年税金がかかる可能性があります。

さらに、確定拠出年金の受取時には1回あたり400円前後の給付事務手数料がかかるので、細かく分割して受取

回数を増やすと、その分だけ手数料がかさみます。

とはいえ、非課税で運用しながら分割して受け取れるので、年金受取りにもメリットはありります。まとまった出費の予定がないなら年金受取りも選択肢として有効でしょう（図❷）。

図❶ 確定拠出年金の受取方法

一時金

積立金を一括でまとめて受け取る方法

年金

積立金を分割して受け取る方法

一時金と年金の組合せ

積立金の一部を一時金、残りを年金として受け取る方法

図❷ 年金として分割して受け取る場合の選択肢

	特徴	受取期間	受取額
①分割払い年金	運用を続けながら取り崩していく方法。運用による増減は最終回の年金額で調整されるのが一般的	5年、10年、15年、20年から選択するのが一般的	運用実績に応じて受取総額は変動する
②確定年金*	当初決めた一定期間、年金として受け取る。受取期間中に死亡した場合は残りの額を遺族が受け取れる	5年、10年、15年、20年から選択するのが一般的	受取開始の時点で年金額は確定する
③保証期間付終身年金*	当初決めた一定の保証期間中は生死にかかわらず年金が支給され、保証期間が過ぎた場合は、生きている場合のみ年金が支給される	一生涯（保証期間は、5年、10年、15年、20年から選択するのが一般的）	受取開始の時点で年金額は確定する。長生きした場合は受取総額が増えていく

*受取専用商品として保険会社の商品が用意されている場合に選択可能

85 公的年金のおトクな受取り方とは？

✔60歳から75歳まで自由に指定できる？

意外と知らない人が多いようですが、公的年金も確定拠出年金と同様、60歳から75歳までの間の好きなタイミングから受け取り始めることができます。

65歳を基準として、最大60歳までの繰上げ受給と、最大75歳までの繰下げ受給ができるのです。

繰上げ繰下げは、老齢基礎年金と老齢厚生年金を同時に行うことも、別々に行うこともできます。

繰り上げた場合は、年金の受給額が1ヵ月あたり0・4％減額され、繰り下げた場合は、1ヵ月あたり0・7％増額されます。そして、減額、増額された年金額は一生変わりません（図❶）。

したがって、60歳まで繰り上げると24％ダウンの年金額が、75歳まで繰り下げると84％アップの年金額が一生続くことになります。

✔繰下げが有利だと信じたほうがよい？

繰上げ受給と繰下げ受給のどちらが有利かは、自分が何歳で死亡するのかによって違ってきます。繰上げは損益分岐点よりも早く死亡すると有利、繰下げは損益分岐点よりも長生きすると有利になります（図❷）。

でも、自分の寿命はわかりません。そのため、無難な考え方だけ押さえておきましょう。

ズバリ！「繰下げのほうが有利」と信じることです。そんなこと言っても、早く死ぬかもしれないじゃないか！と思うかもしれません。でも安心してください。繰下げで早く死んで後悔するのは「あの世」、一方、繰上げで長生きして後悔するのは「この世」なのです。

死んでから後悔するか、生きている間に後悔するか、あなたならどちらを選びますか？　判断はお任せしますが、基本的には繰下げたほうが有利だと信じてよいと思います。

A ひとり暮らし世帯
B パートナー世帯
C 夫婦世帯
D 子育て世帯
E ひとり親世帯

図❶ 年金は増額できる！

公的年金は、60～75歳までの間で自由に受取開始時期を決められる！

1ヵ月繰上げ＝0.4%減額
60歳受取開始だと24%減額

65歳

1ヵ月繰下げ＝0.7%増額
75歳受取開始だと84%増額

図❷「繰上げ」と「繰下げ」どちらがおトク？

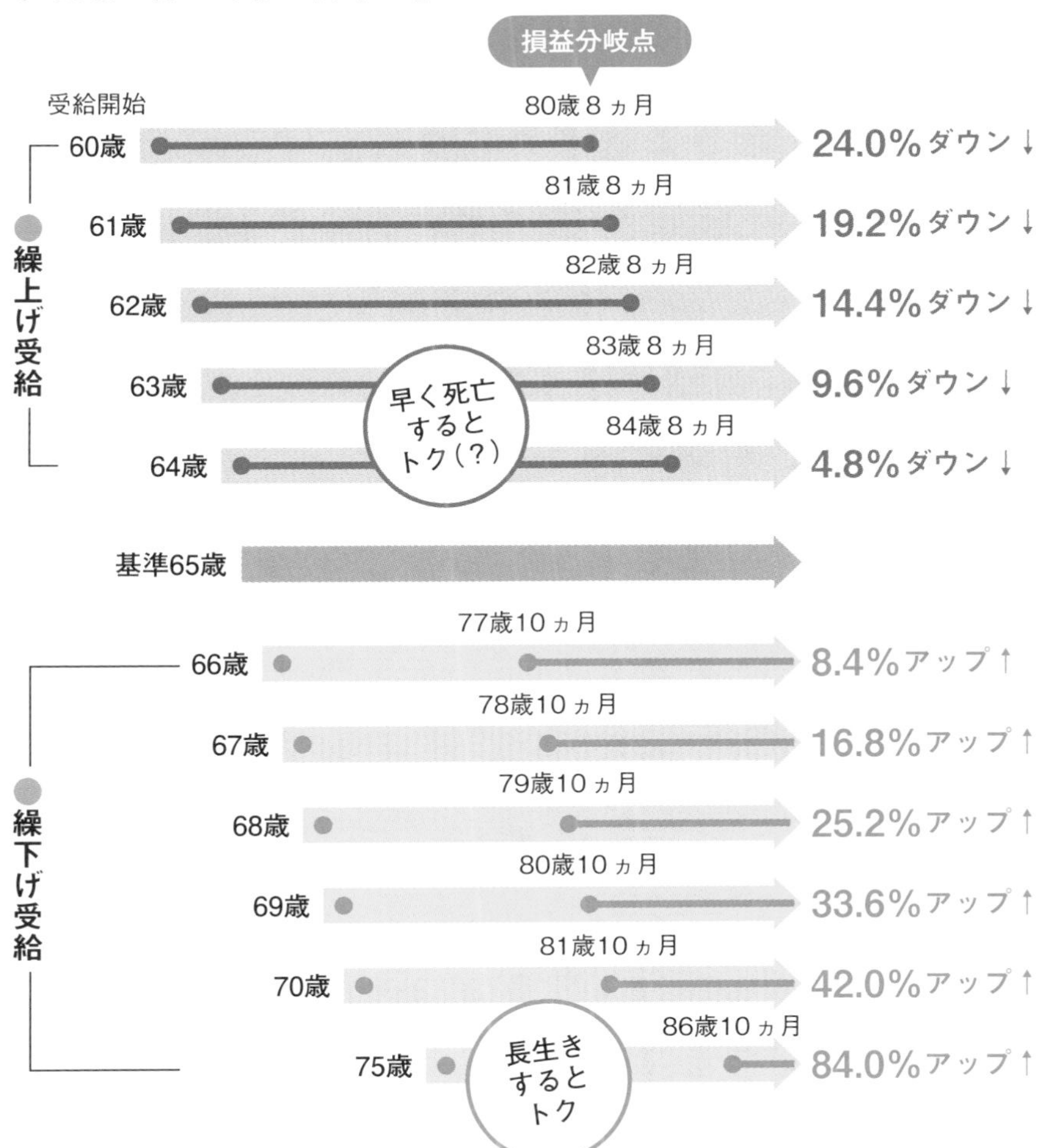

86 安心できる私的年金・公的年金の組み合わせ

100歳まで生きる前提で考えよう！

2022年9月、100歳以上の人口はついに9万人を突破しました（図❶）。52年連続で増加しており、このペースでいくと、1、2年後には10万人を超えそうです。10万人という数字は、日本の人口に占める割合で言えば、まだ0.1％にも満たないのですが、今後も着実に増えていくことは間違いないでしょう。

だとすると、私的年金や公的年金の受取り方を考える際には、100歳くらいまで生きる前提で考えることが重要になります。

シン・年金受給戦略「WPP」とは？

人生100年時代の年金受給戦略として、私の友達でもある谷内陽一（たにうちよういち）さん（名古屋経済大学教授）が、「WPPシン・年金受給戦略」（中央経済社）という著書の中で、「WPP」という考え方を提唱しています。とても理にかなっていて、多くの人がWPPを実践すれば、老後のお金の不安を減らせるのではないでしょうか。

WPPとは、まず、W（Work longer）＝就労延長です。60歳以降も身体が元気な限り、働いて得られる収入で生活していきます。企業年金や退職金には手を付けずに65歳過ぎまで頑張ります。

65歳を過ぎて、働いて得られる収入だけでは生活が厳しくなってきた段階で、P（Private pensions）＝私的年金に移ります。企業年金や退職金、貯蓄を取り崩して生活していくわけです。この段階でも、公的年金はできるだけ受け取らずに頑張ります。

そして、70歳を過ぎてきたら最後のP（Public pensions）＝公的年金です。繰下げた分だけ増額された年金が一生続きます。このような「先発W、中継ぎP、抑えP」という継投策は、とても賢い戦略だといえますね。（図❷）

図❶ 100歳以上の高齢者数の推移

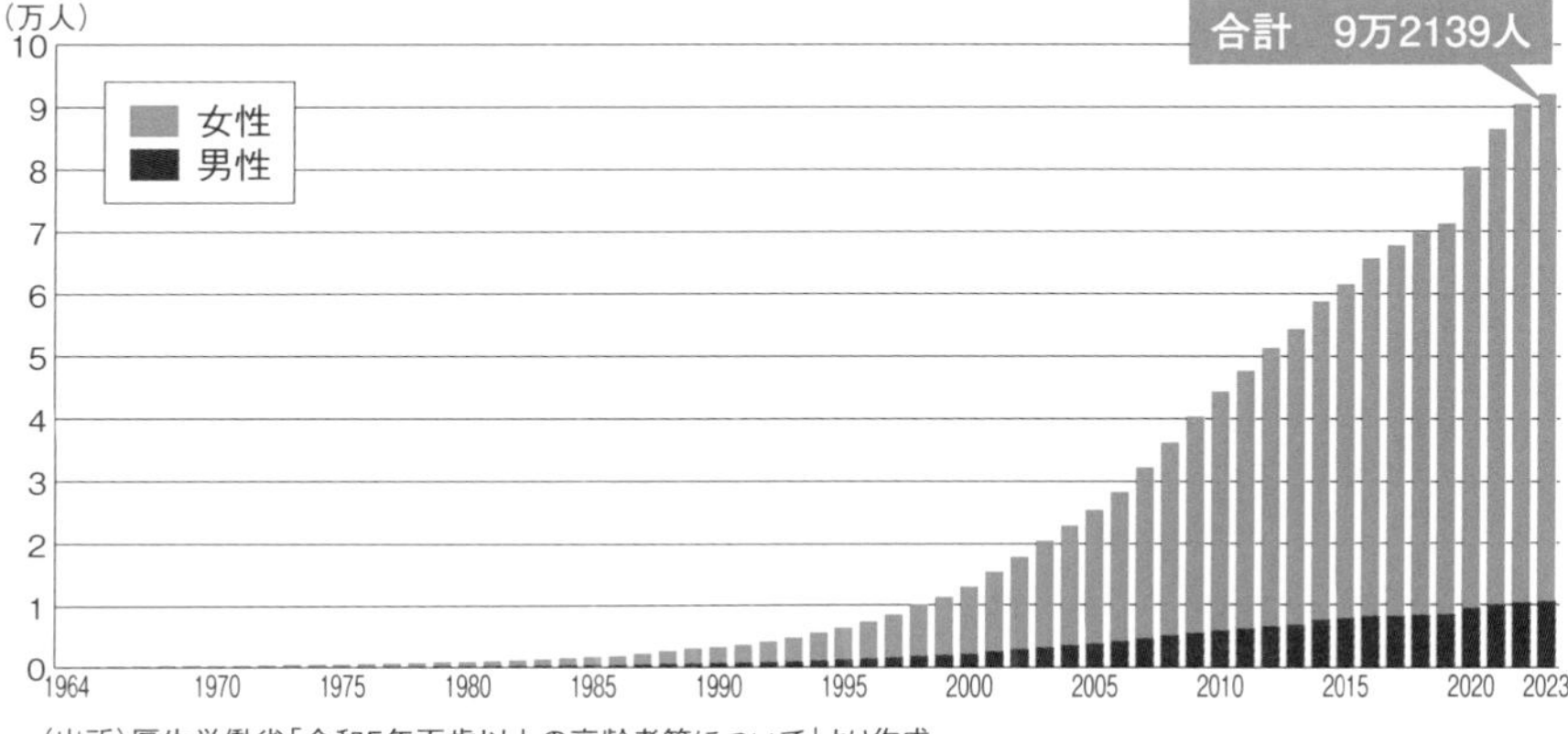

（出所）厚生労働省「令和5年百歳以上の高齢者等について」より作成

図❷ 完投型からWPPによる継投型へ

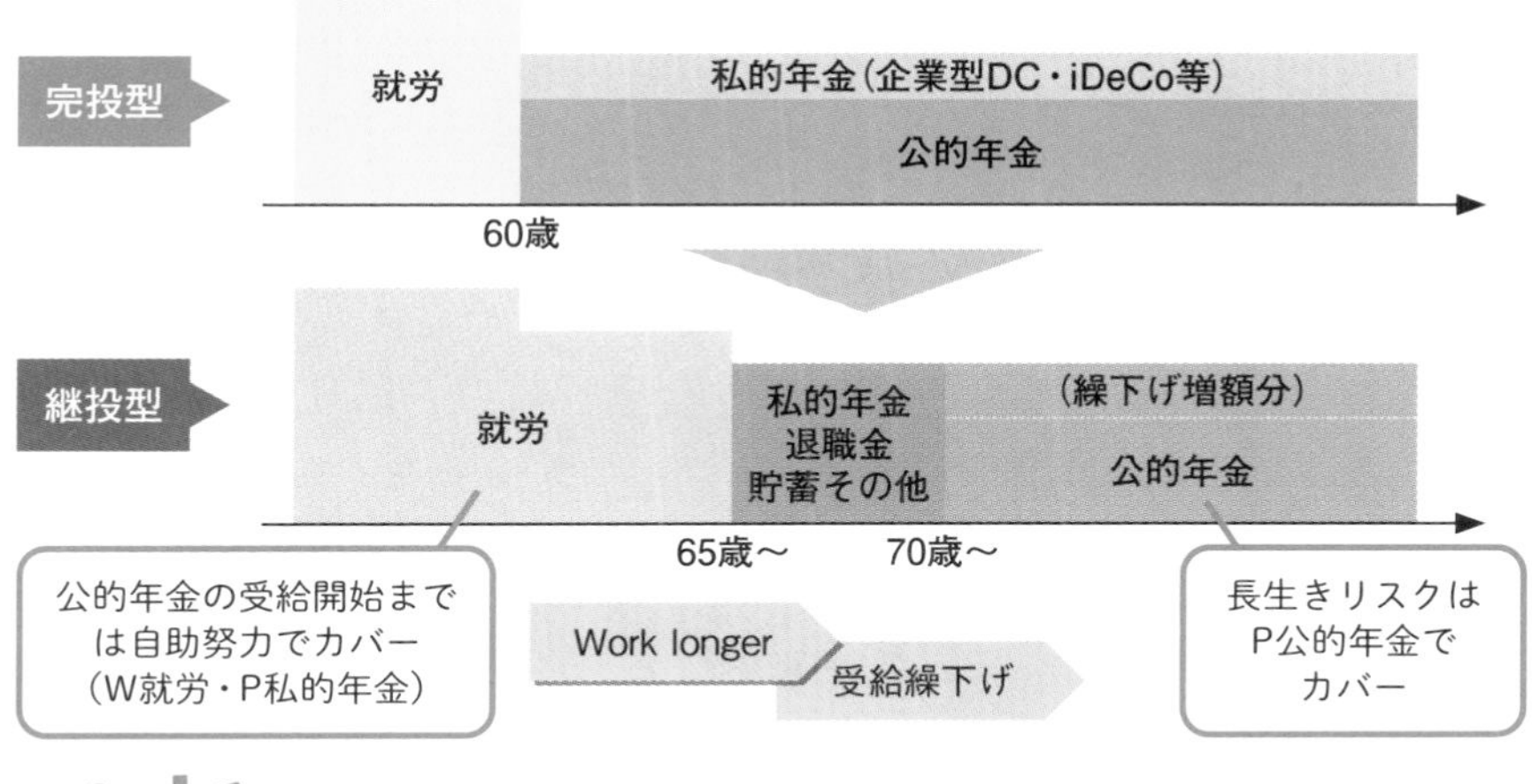

WPPの着想を得た阪神タイガースのJFKとは？

2005年～2008年の岡田彰布監督時代の阪神タイガースにおける、ジェフ・ウィリアムス（J）、藤川球児（F）、久保田智之（K）の3人のリリーフ投手の組み合わせを指す用語。当時、左投手のウィリアムス、右投手の藤川・久保田をセットでリリーフ起用することを前提に、試合中盤までに先行し、残り数イニングをこの3投手の継投で逃げ切る勝ちパターンを作り上げました。2005年はリーグ優勝。

87 安心してお金を使える仕組みを作ろう！

リタイア後に初の体験がやってくる？

多くの人にとっての老後不安の代表的なものは、「お金」と「健康」でしょう。特にお金は、何歳まで生きるかわからない、病気や介護にどのくらいお金がかかるかわからない、だからこそ、お金が足りるのか不安になるのです。

また、人によっては、老後生活のなかでお金の不安が徐々に大きくなる人もいるようです。その理由は、お金が減っていくのを見るのが怖くなるから。

多くの人は、老後初めて、貯蓄を取り崩しながら生活することを経験します。例えば、3000万円あったお金が2000万円台になり、1000万円台になり、実際に減っていくのを見て、だんだん怖くなってしまうようです。

安心して使える仕組み作り

では、どうすれば安心して使えるのか。1つの方法としては、目的別にお金を分けることです。

老後のお金の目的は、大きく分けて「残す」「使う」「備える」の3つ（図❶）。特に、「残す」と「使う」は正反対の行動なので、きちんと分けておくべきです。

手順としては、まず子ども等に「残す」金額を決めます。例えば、保有資産3000万円のうち1000万円を残すと決めたら、受取人を子どもに指定した終身保険や、子ども名義の預貯金口座などに移しておきます。

残った2000万円は、万が一に備えつつ、死ぬまでに使い切ってよいお金になります。このお金は、個人年金保険や、投資信託などの定期取り崩しで、定期的にお金を受け取れる仕組みにしておきます。定期的に入ってくるお金は使いやすいからです。

この仕組みなら、仮に「使う」お金を使い切っても、「残す」お金がまだある、という安心のもとで使っていくことができるのです（図❷）。

図❶ お金を「残す」「使う」「備える」

- **残す** ▶ 終身保険、子ども名義の口座など
- **使う** ▶ 個人年金、投資信託など
- **備える** ▶ 医療保険、投資信託など

図❷ 「残す」「使う」「備える」お金を計算してみよう！

保有資産総額 − 残すお金 ＝ 使うお金 ＋ 備えるお金

計算例

保有資産総額		残すお金		使うお金 ＋ 備えるお金
3000万円	−	1000万円	＝	2000万円

これを使い切らないと
より残ってしまう

▼

逆に、使い切ったとしても、お金（残すお金）がまだある！

保険ならではのメリットは利用価値あり？

残すお金を終身保険にするメリットは、受取人を指定できる、相続税の非課税枠（500万円×法定相続人の数）を使える、など。使うお金を個人年金保険にするメリットは、定期的にお金を受け取れるところです。ただし、利回りは他の金融商品より劣る可能性があります。利回り重視か、安心重視かで決めるとよいでしょう。

88 60歳代からの資産形成

インフレ・円安に備えながら使う

60歳代以降の資産形成は、資産を増やしていくというよりも、資産を減らさないように守りながら、上手に使っていくことがメインテーマになるでしょう。

もちろん、人によっては60歳代以降も安定収入があり、資産を増やしていける人もいるでしょうが、割合としてはそれほど多くないかと思われます。

積立貯蓄や積立投資などの資金の積み上げが難しくなってきたときこそ考慮すべきなのが、インフレや円安による実質的、または相対的な資金の目減りへの備えです。

実際に、2022年、2023年は世界的に物価上昇が進み、日本の消費者物価指数も2022年が前年比2・5%、2023年が前年比3・2%の上昇率を記録しました（図❶）。物価上昇率が3%を超えるのは、1991年以来32年ぶりです。

そして、2023年は年初1ドル＝110円台だった為替レートが、一時1ドル＝160円台をつけるまで円安が進みました（図❷）。

その間、元本の積み上げができていない人、物価上昇率や円の下落率を上回る収益が得られなかった人は、実質的・相対的に資産が目減りしてしまっているわけです。

守りを重視するかしないか

保有資産を守りながら上手に使うためには、資産の一部に株式や不動産などを組み入れておくことが欠かせません。**すぐに取り崩して使う部分は値動きの小さい国内債券や預金、すぐには使わないお金は現役世代と同じように、幅広く分散投資をしておく。これが無難だと思われます。**

とはいえ、安心してお金を使える仕組み作り（第6章87）を重視したい場合は、多少の目減りは気にせずに使っていくことに意識を向けてもかまいません。

図❶ 消費者物価指数の前年比上昇率の推移（全国総合）

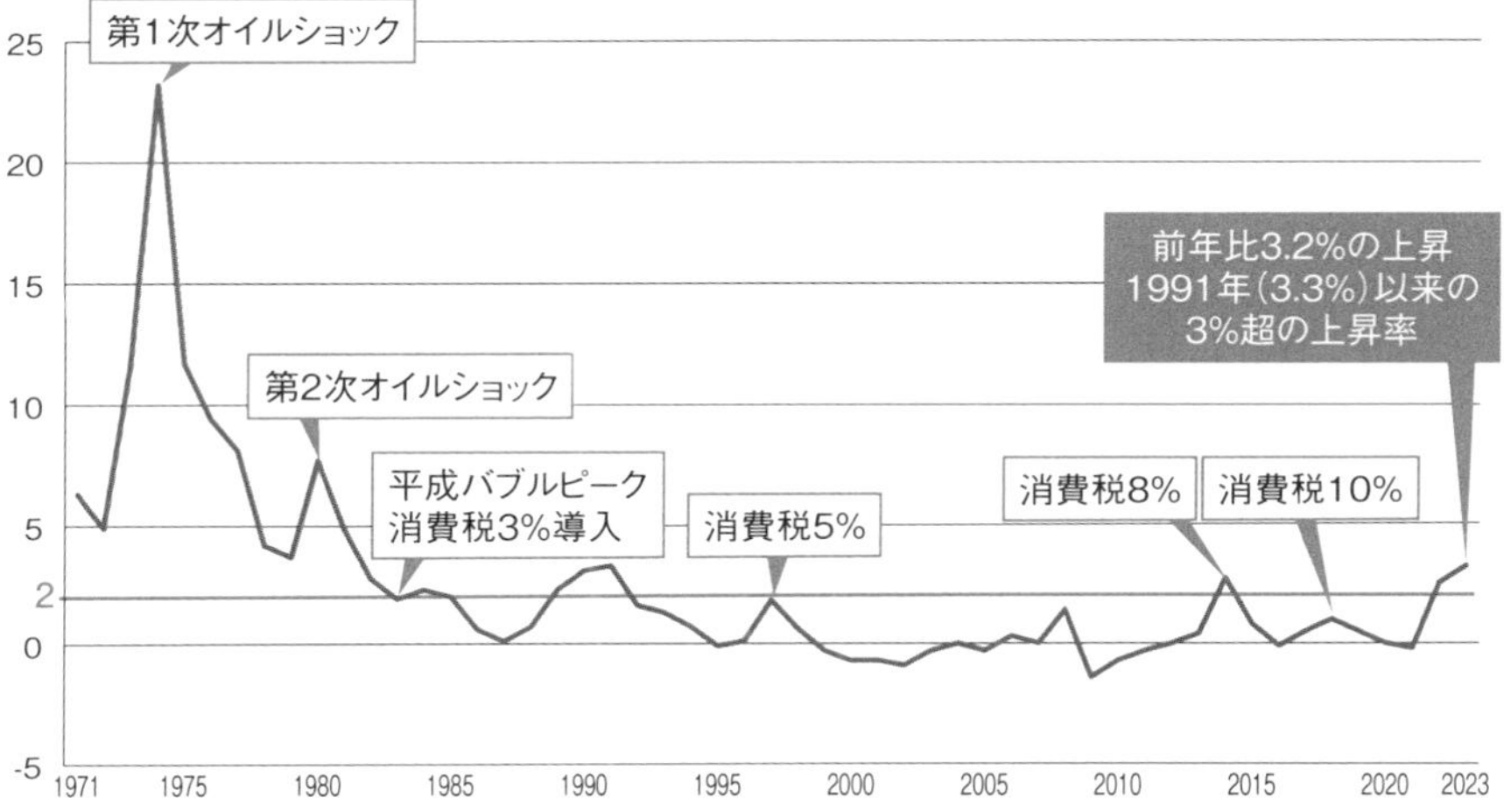

（出所）総務省統計局「2020年基準 消費者物価指数 全国 2023年（令和5年）平均」より作成

図❷ 米ドル／円の為替レートの推移（1980年1月～2023年4月）

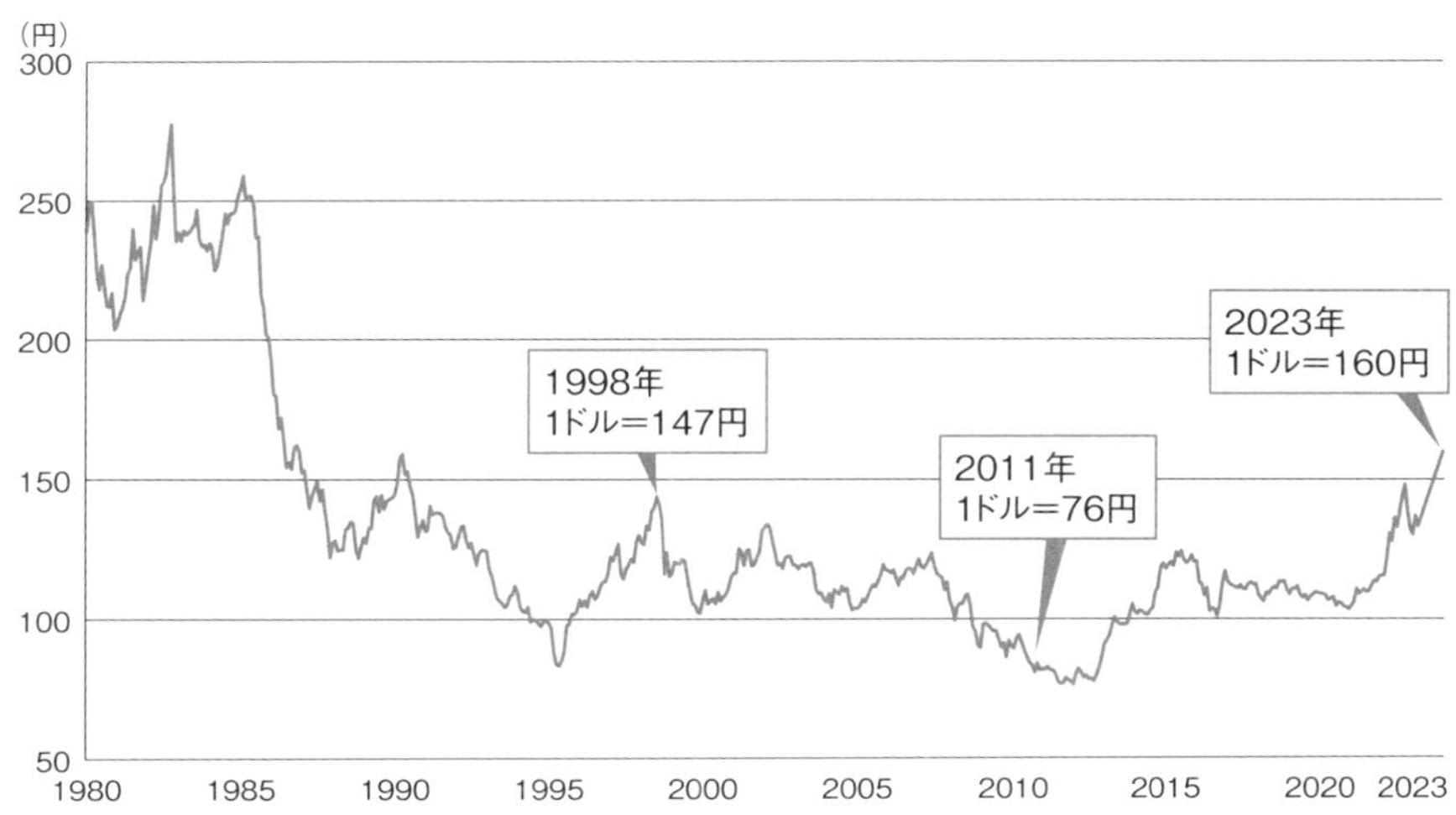

89 60歳代のポートフォリオ例

安心して使うことができる組合せ

60歳代になったら、とにかく貯めたお金や退職金を上手に使いたい、インフレや円安に備えるとか、利回りを追求することは考えないという人は、安心して使える仕組みを意識するとよいでしょう（図❶）。

残すお金を先に決めれば、死ぬまでに使ってよい金額がわかります（第6章87）。利回りはあまり期待できませんが、残すお金を終身保険にすれば、受取人を指定でき、相続税の非課税枠も使えます。さらに、使うお金を使い切っても、解約すれば使えるお金になります。

そして、使うお金は個人年金のように、定期的に受け取れる仕組みにしておけば、一定期間ごとに入ってくるお金を期限内に使うという、安心できる仕組みを作れます。

インフレや円安のリスクはありますが、金利が上昇していけば、多少は利回りの改善が期待できるはずです。

一定率ずつ取り崩すのも1つの方法

一方、60歳代以降も運用しながら取り崩していきたい人は、バランスを考えた運用を続けるのがベターです（図❷）。価格変動による資産全体の増減リスクは、預貯金や国内債券の割合で調整すればよいでしょう。

ちなみに、運用を続けた場合の取り崩し方は、毎年一定額ずつ売却する、毎年一定率ずつ売却するなどの方法があります。この方法なら、ポートフォリオの割合を大きく崩すことなく運用を続けることができます。

なお、60歳代以降は、定期的に利息や配当金、分配金を受け取れる商品や銘柄を選ぶのも1つの方法です。公的年金は偶数月に支給されますので、奇数月に利息や配当金、分配金を受け取ることができれば、毎月収入を得られるからです。そういう意味では、安定的に配当利回りの高い株式を保有するという方法もあります。

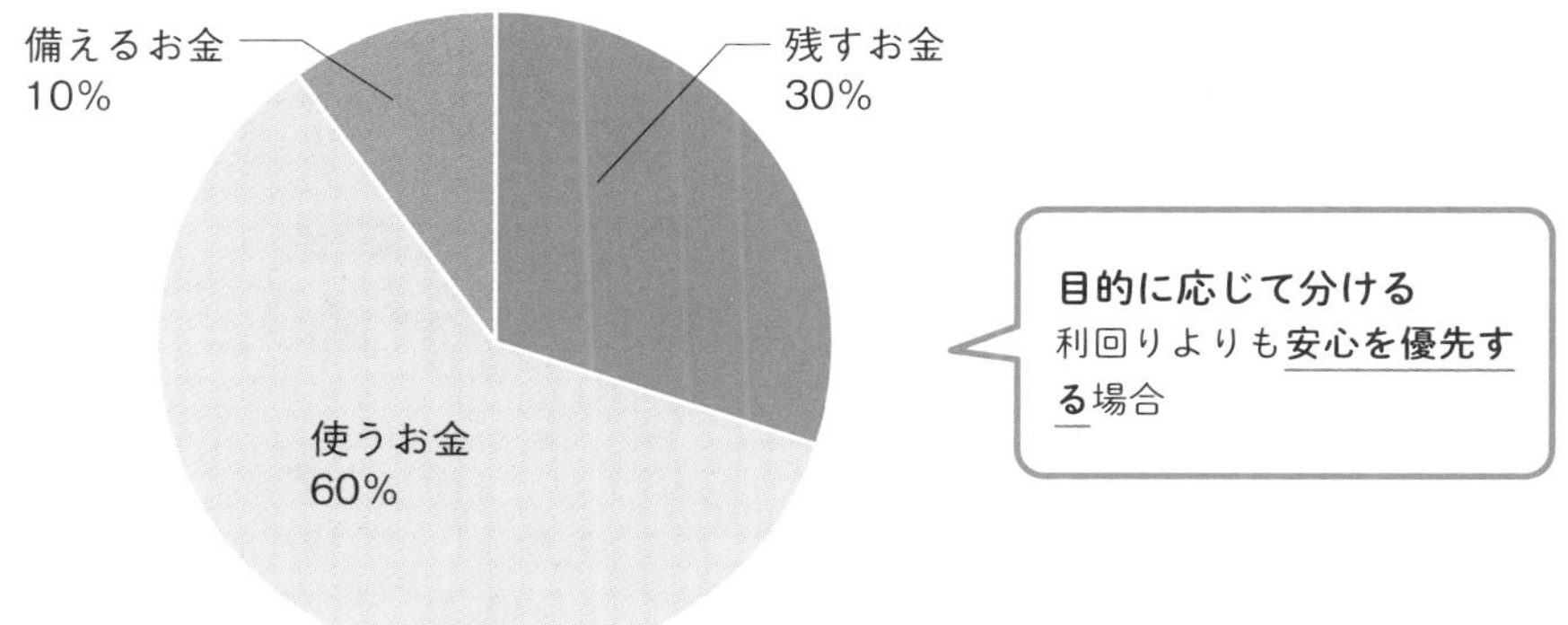

図❷ 60歳代リタイア世帯の資産分配の例②

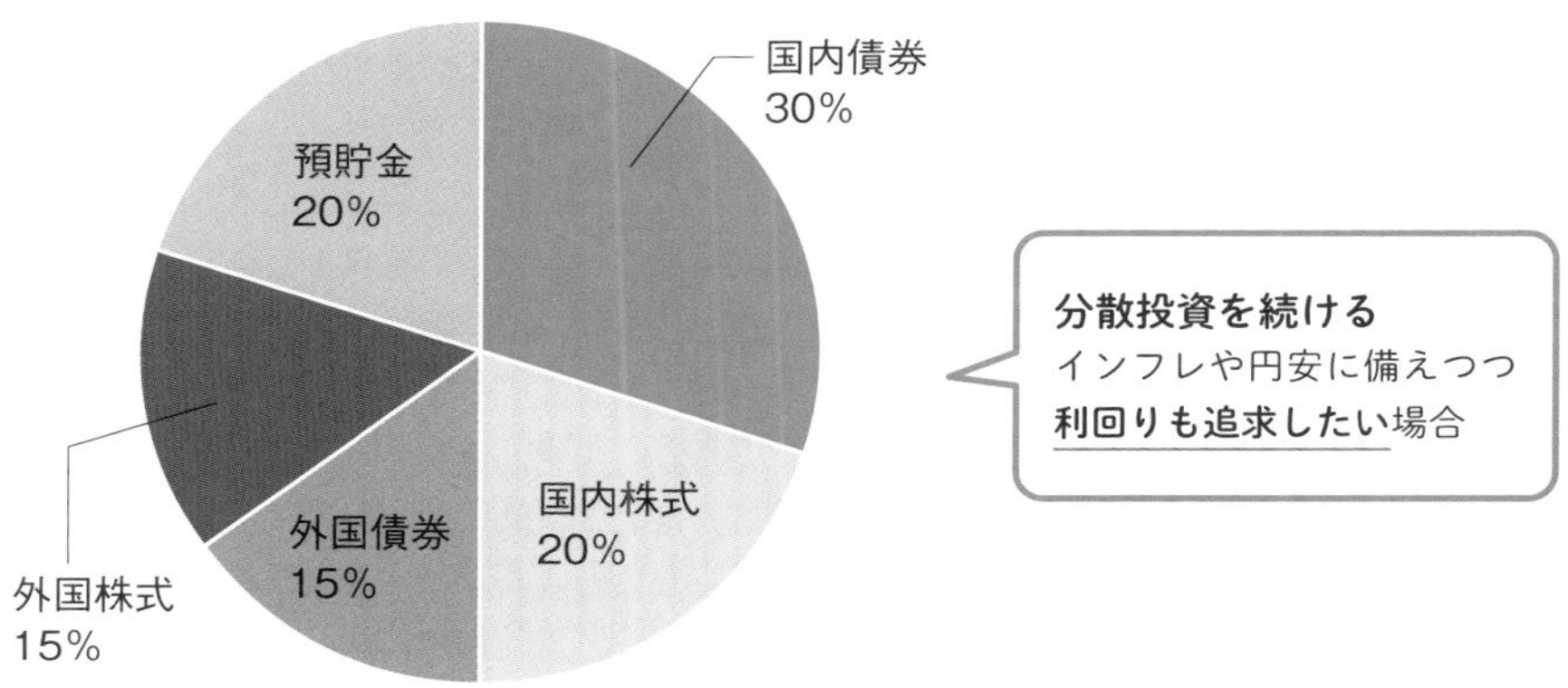

毎日をスペシャルにすれば スペシャルな人生を送れる！

「あなたは昨日、どんな１日を過ごしましたか？」という問いに、あなたならどう答えますか？　その答え方によって人生は大きく違ってくるのです。

例えば、「昨日は６時半に起きて会社に行き、９時から取引先との打ち合わせの準備をして、10時からお昼まで取引先とオンラインでの打ち合わせ。昼食後、アポがあった取引先３社へ訪問、17時ごろに帰社。報告書などの事務仕事を済ませて19時半には帰宅、風呂に入って夕食を食べてＴＶを見て23時ごろに寝ました。平凡な１日でした」と答えたとします。本人が平凡だと言っているとおり、平凡な１日だったのでしょうね。

でも、同じ１日の出来事を「よかったなぁ」という感情とともに言うと大きく変わるのです。「昨日は、６時半に起きて会社に行く時、ちょうど部活の朝練に行く息子と一緒に家を出ました。今度の大会でのレギュラー抜擢が決まり、すごく嬉しそうでよかったです。午前中の取引先との打ち合わせでは、こちらの提案を非常に気に入ってくれてよかったです。昼食は、いつも行列の定食屋が空いていてラッキーでした。午後は、アポのあった取引先３社に訪問、いずれも手ごたえがあってよかったです。17時ごろに帰社して事務仕事を済ませて19時半には帰宅。やっぱり家の風呂と食事はサイコーです。奥さんと仕事や子どもの話をして、一緒にＴＶドラマを楽しんで23時ごろに寝ました。よい１日でした」などと、日々の出来事ひとつ１つを「よかったなぁ」「ありがたいなぁ」と“よい感情”とともに噛みしめてみてください。そうすると、平凡な１日が特別な１日に変わるのです。人生は１日１日の積み重ね、きっとあなたの人生もスペシャルな人生になることでしょう。

第7章

70歳代にかかわるお金の知識

そろそろ相続のことも考えつつ老後生活を満喫しよう！

90 「きょういく」と「きょうよう」の大切さ

右肩上がりで増加している認知症患者

日本では、年々進む高齢化とともに認知症患者も増加傾向にあります。推計によれば、2025年には700万人に達する可能性もあるようです（図❶）。

認知症は、日ごろの食生活や運動などの生活習慣によって発症確率が変わるといわれています。そのため、日々の生活において認知症予防を意識しておくことが重要でしょう（図❷）。

以前、私が勤めていた山一証券時代にお世話になった部長に言われた言葉があります。

「菱田くん、あのな、ワシみたいに歳をとってきたらな、『きょういく』と『きょうよう』が大切なんだよ」

「**教育**」と「**教養**」かと思ったら、「今日行くところ」と「**今日の用事**」とのこと。何の用事もなく家でじっとしていると、あっという間にボケてしまう。だから、毎日のように出かける用事を作っておく。そうすれば、日々脳が刺激され、認知症予防になるとのことでした。

「きょういく」と「きょうよう」。ウマい言い方ですね。

「ちょきん」も大切？

ウマい言い方といえば、私が通っているパーソナルジムのコーチに以前、こんな風に言われたことがあります。

「菱田さん、歳をとるほど『ちょきん』が重要って知っていましたか？」

「**貯金**」かと思ったら、「**貯筋**」だそうです。筋肉は、歳とともにどんどん落ちてしまいます。人間の筋肉の7割は下半身にあり、ふくらはぎは第二の心臓とも呼ばれるくらい血流に与える影響も大きいそうです。

特にリタイア世代は、「きょういく・きょうよう・ちょきん」を意識して、健康寿命を延ばしていけるようにしたいものですね。

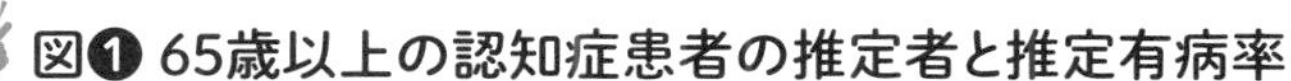

図❶ 65歳以上の認知症患者の推定者と推定有病率

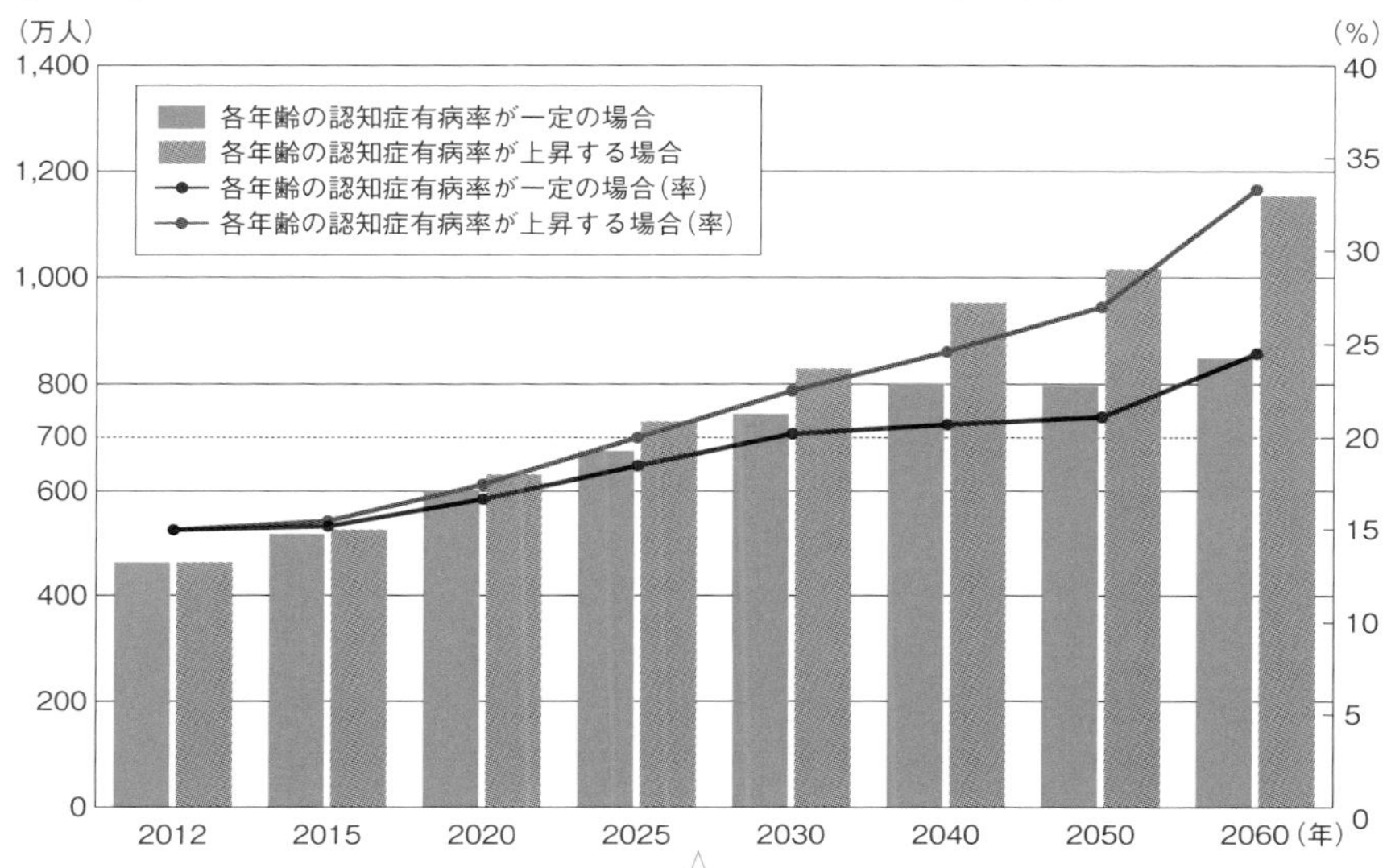

長期の縦断的な認知症の有病率調査を行っている福岡県久山町研究データに基づいた
・各年齢層の認知症有病率が、2012年以降一定と仮定した場合
・各年齢層の認知症有病率が2012年以降も糖尿病有病率の増加により上昇すると仮定した場合
※久山町研究からモデルを作成すると、年齢、性別、生活習慣（糖尿病）の有病率が認知症の有病率に影響することがわかった。本推計では2060年までに糖尿病有病率が20%増加すると仮定した

（出所）内閣府「平成29年版高齢社会白書」より作成

図❷ 認知症予防の10ヵ条

1. 塩分と動物性脂肪を控えたバランスのよい食事を
2. 適度に運動を行い足腰を丈夫に
3. 深酒とタバコはやめて規則正しい生活を
4. 生活習慣病（高血圧、肥満など）の予防・早期発見・治療を
5. 転倒に気をつけよう　頭の打撲は認知症を招く
6. 興味と好奇心をもつように
7. 考えをまとめて表現する習慣を
8. こまやかな気配りをしたよい付き合いを
9. いつも若々しくおしゃれ心を忘れずに
10. くよくよしないで明るい気分で生活を

（出所）公益財団法人認知症予防財団Webサイトより作成

91 そろそろ考えたい相続対策の必要性

✔相続税がかかるのは10人に1人！

そもそも相続税というのは、一般の多くの人はあまり関係のない税金です。

2015年から相続税の基礎控除が引き下げられたので、相続税を負担する人が多少増えましたが、それでも、2022年に亡くなった人のうち、実際に相続税がかかるほど財産を残した人は1割弱（9・6％）でした（図❶）。つまり、相続税がかかるのは、亡くなった人のうちの10人に1人くらいなのです。多くの人にとって、相続税はあまり縁のない税金だといえるでしょう。

✔誰もが考えておくべき相続対策とは？

相続対策とは、相続税がかかる人にとっては、当然ながら、節税対策や納税資金対策などが該当します。

一方、相続税がかからない人だったとしても、「争族対策」という名の相続対策は誰もがある程度は考えておくべきです（図❷）。

残された家族が争ってしまう「争族」。

血のつながりのある子どもたちが争う可能性は低いだろうと思う人も多いようですが、高齢化社会にともなって、相続を経験する年齢も高齢化しています。

リタイア後の年金生活状態で遺産がもらえるとしたら、少しでも多くもらっておきたいと思うのが人情ではないでしょうか。また、配偶者などの血のつながりのない人からの横やり（「もっともらいなさいよ」のような）が入ることで、揉めてしまうケースもあるようです。

したがって、相続税の負担の有無にかかわらず、争族対策は早くから考えておいたほうがよいでしょう。

具体的には、遺言書やエンディングノートなどを作成して、争う可能性を低くしておくことが有効です。

図❶ 相続税の課税割合の推移

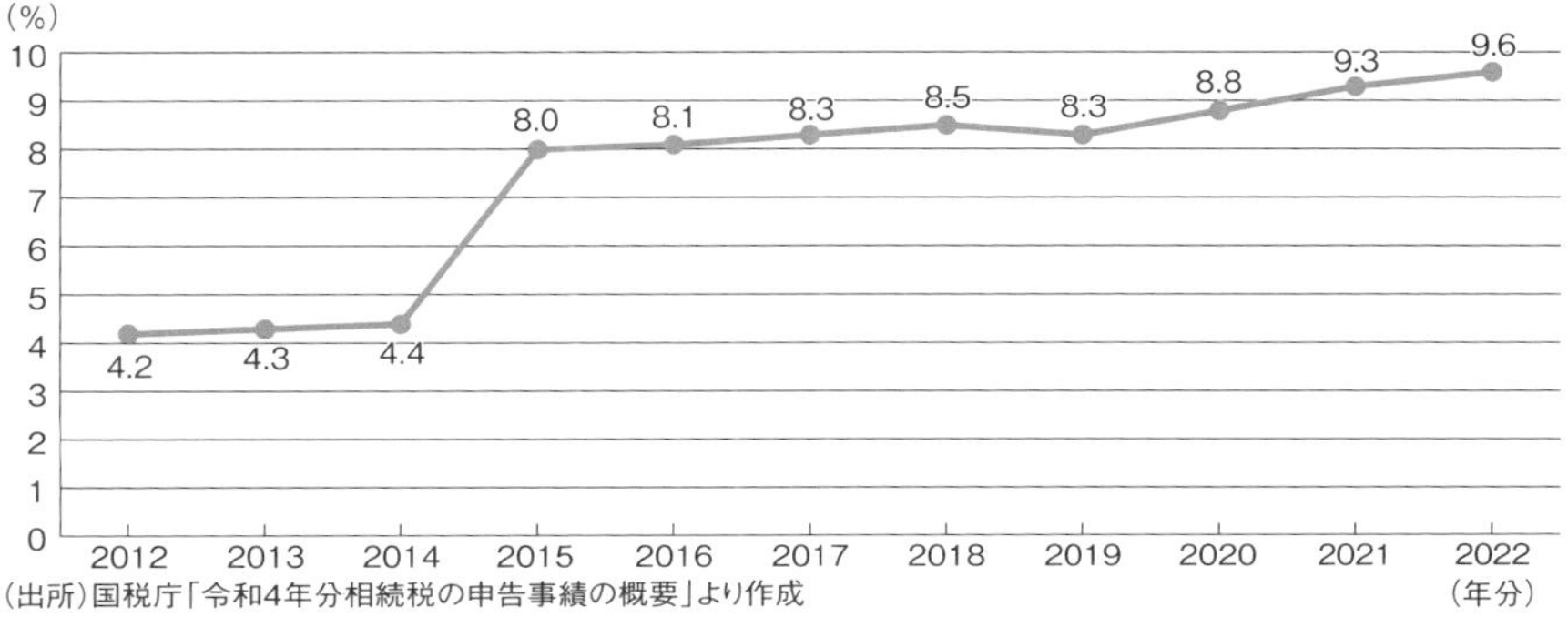

(出所)国税庁「令和4年分相続税の申告事績の概要」より作成

図❷ 誰もが考えておくべき相続対策の種類とは?

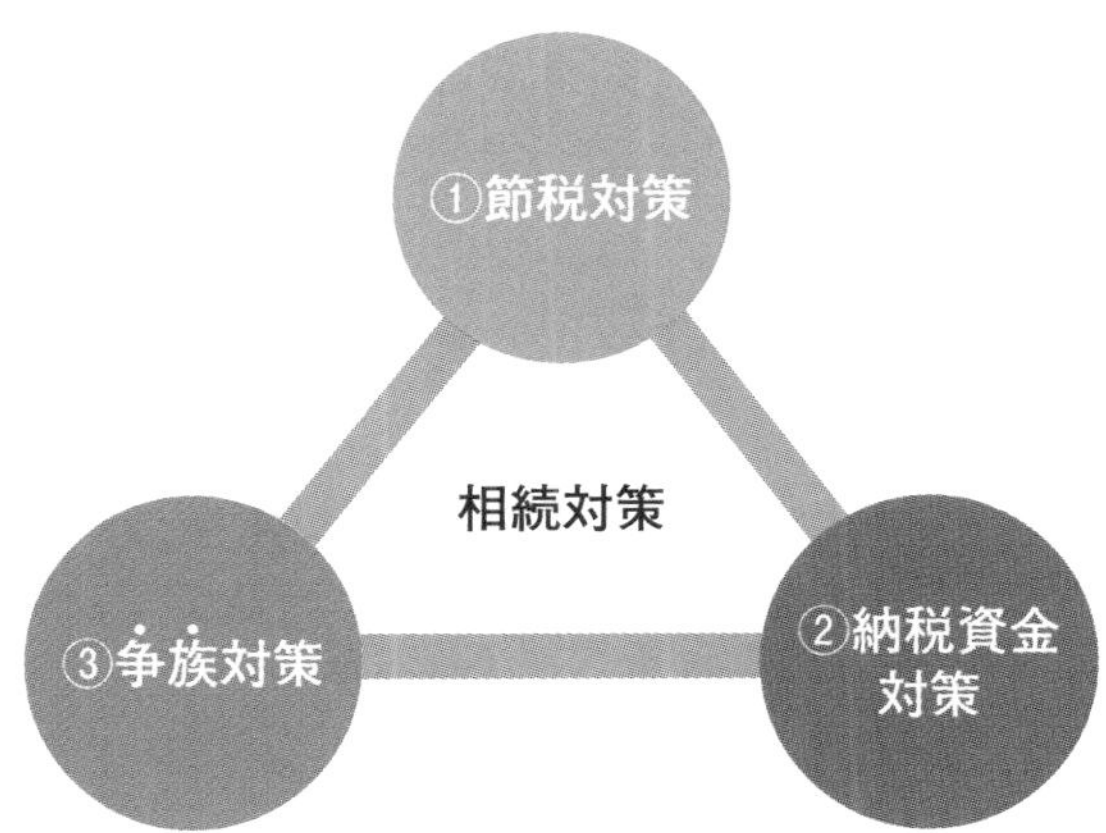

①節税対策	相続税の負担が発生する人はそれほど多くはないため、誰もが節税対策を考える必要はないが、相続税の負担が必要になる可能性の高い人は、早くから相続対策を行うほど、負担を軽減できる可能性が高まる
②納税資金対策	相続財産が現金中心なら問題ないが、不動産などが中心だった場合、相続人が相続税の納税資金に困ることにもなりかねない。事前に、相続税額の資金繰りを考えておいたほうが無難
③争族対策	相続税がかかるほどの遺産はなかったとしても、遺産分割については、相続人同士が争う「争族」に発展してしまうことがある。早くから遺言書やエンディングノートを作成するなど、遺産分割を明確にしておくことで、争いを未然に避けられる可能性が高まる

92 遺産分割の目安「法定相続分」とは？

✔法律が定めた遺産分割の目安

相続人が1人の場合は、亡くなった人名義の財産（＝遺産）はすべてを1人で相続することになりますが、相続人が複数人いる場合は、遺産を複数人で分けることになるのが通常です。

遺産の分け方は、遺言書の指示に従って分割する「指定分割」が優先されますが、遺言書がない場合は、相続人全員で話し合って分け方を決めます（協議分割）。

その際の目安となる分割割合が、民法に定められている「法定相続分」です。

あくまでも目安なので、実際の遺産分割の割合が法定相続分とずれていてもまったく問題はありません。とはいえ、複数人の相続人で遺産分割の協議を行う際の指標になるものとして法律で定められているものですので、知っておくとよいでしょう。

✔法定相続分の基本

法定相続分は、相続人が誰なのかによって異なってきます。基本形は次の3パターン。

①「配偶者」と「子」が相続人の場合
「配偶者」2分の1、「子」2分の1
②「配偶者」と「直系尊属」が相続人の場合
「配偶者」3分の2、「直系尊属」3分の1
③「配偶者」と「兄弟姉妹」が相続人の場合
「配偶者」4分の3、「兄弟姉妹」4分の1

そして、相続人となる「子」や「直系尊属（父母または祖父母）」、「兄弟姉妹」が複数人いる場合は、その法定相続分を人数で割ります。

具体的に、6つのケースをみてみましょう。

ケース1 **配偶者＋子**

相続人が配偶者と子の場合、法定相続分は、配偶者が2分の1で、子が2分の1となります。ただし、図❶のように子が2人の場合は、2分の1を2人で分けるので、子は4分の1ずつになります。

図❶ 相続人が配偶者と子の場合

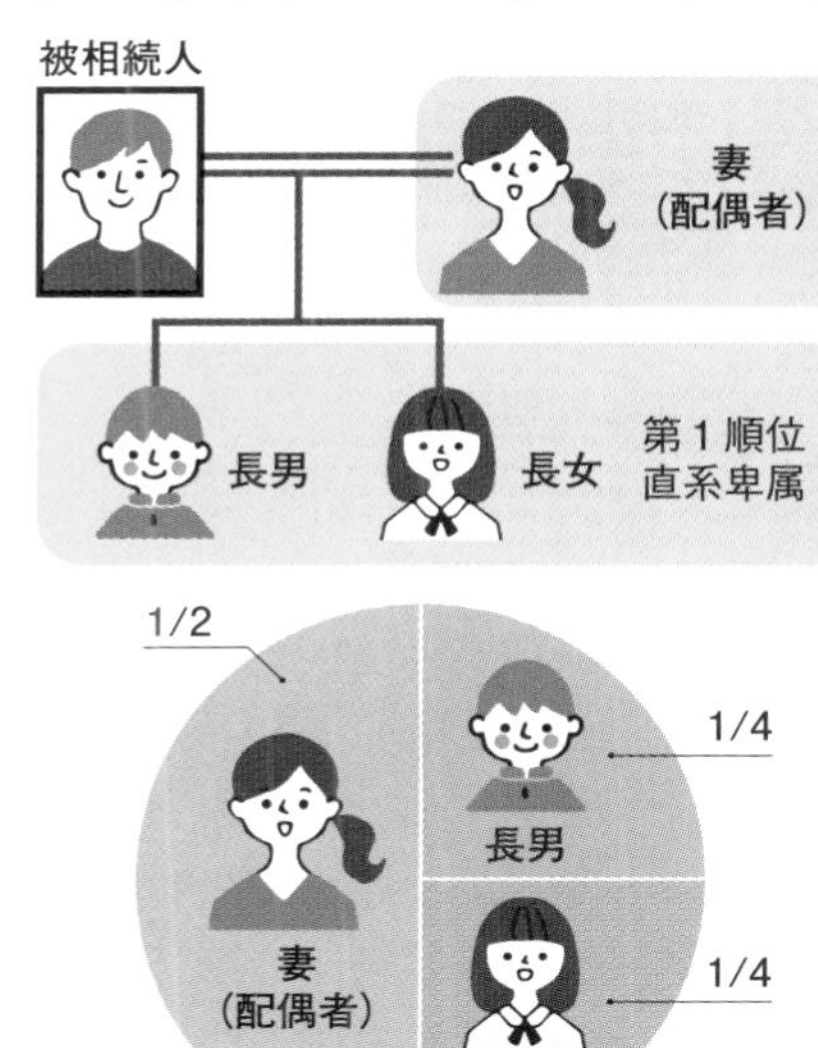

直系と傍系、尊属と卑属とは？

●**直系**
自分と親子関係にある人

●**傍系**
直系の人の兄弟姉妹

●**尊属**
自分より前の世代の人

●**卑属**
自分より後の世代の人
ちなみに、自分の兄弟姉妹は、傍系血族といいます。

ケース2 **配偶者＋子＋子の代襲相続人**

図❷のように、今回亡くなった被相続人よりも先に長男が亡くなっている場合、長男の子、つまり被相続人の孫が長男の代わりに相続をします。これを「代襲相続」といいます。代襲相続人の法定相続分は、先に亡くなった人の相続分をそのまま引き継ぎますので、長男の子（孫）が2人いる場合は、長男の分（4分の1）を2人で分けるので、8分の1ずつになります。

ちなみに、孫も先に亡くなっていた場合は、曾孫（ひまご）まで再代襲が行われます。

図❷ 相続人が配偶者と子と子の代襲相続人の場合

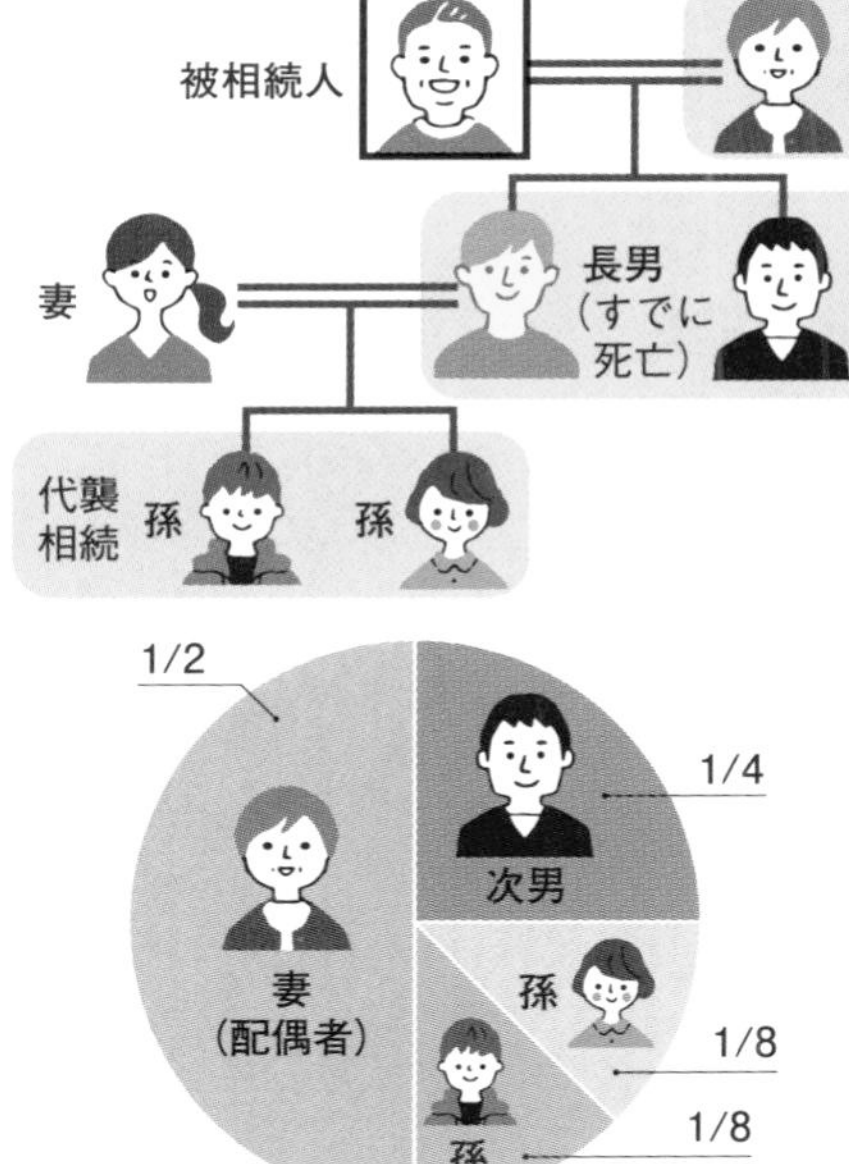

ケース3 配偶者＋子（１人は放棄）

図❸のように、配偶者と子が相続人のパターンで、子の１人が相続放棄をした場合、法定相続分は、配偶者が２分の１、放棄をしていない子が２分の１となります。放棄をした人の子への代襲相続は行われません。

図❸ 相続人である子の1人が相続放棄した場合

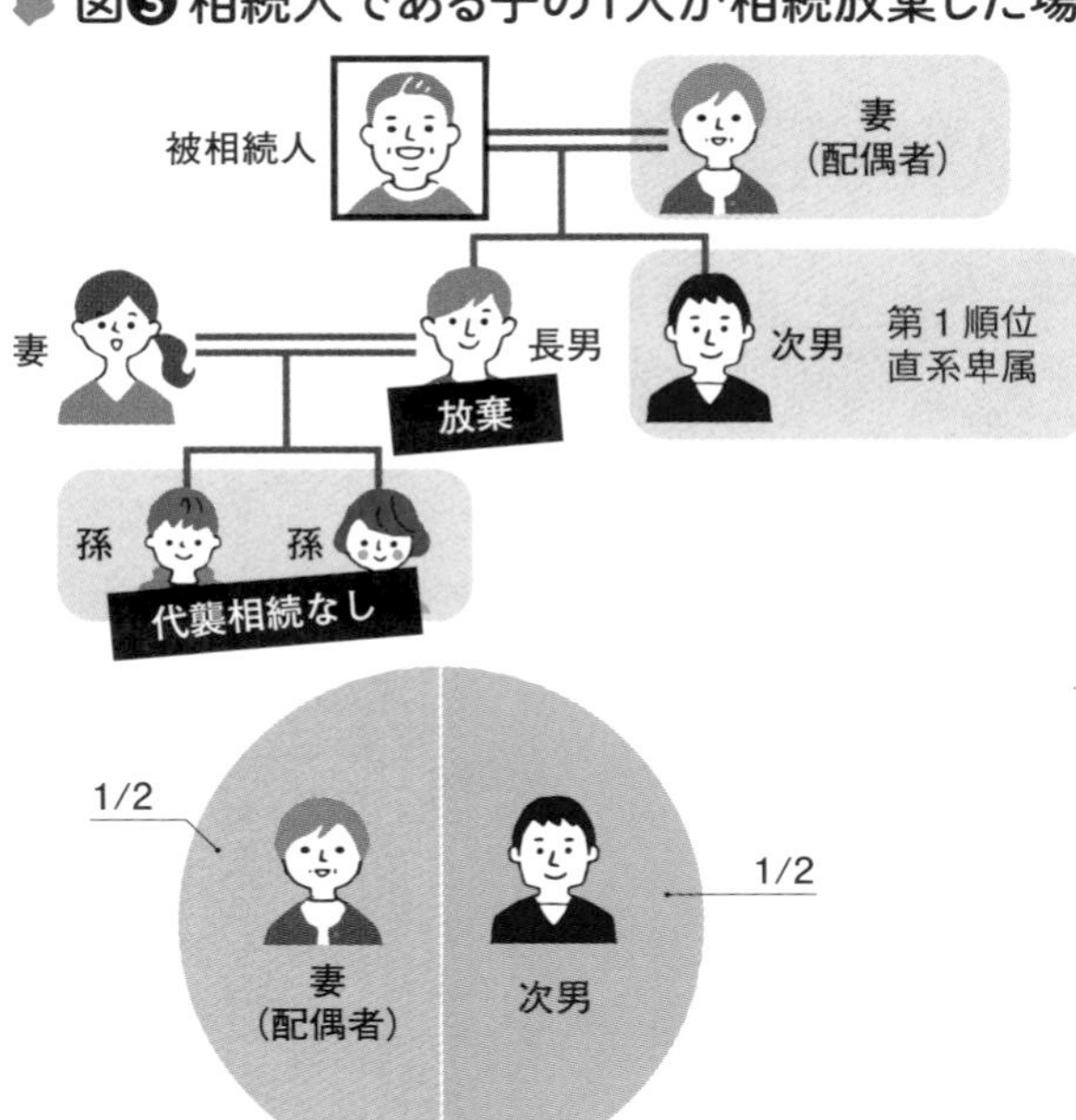

ケース4 配偶者＋親

第１順位の相続人である子がいない場合、第２順位の直系尊属（父母または祖父母）が相続人になります。図❹のように、相続人が配偶者と親（直系尊属）の場合、法定相続分は、配偶者が３分の２で、親が３分の１。そして、両親が健在なので、それぞれ６分の１ずつとなります。

ちなみに、親と祖父母がともに健在だった場合は、親等の近い親が相続人になります。

図❹ 相続人が配偶者と親の場合

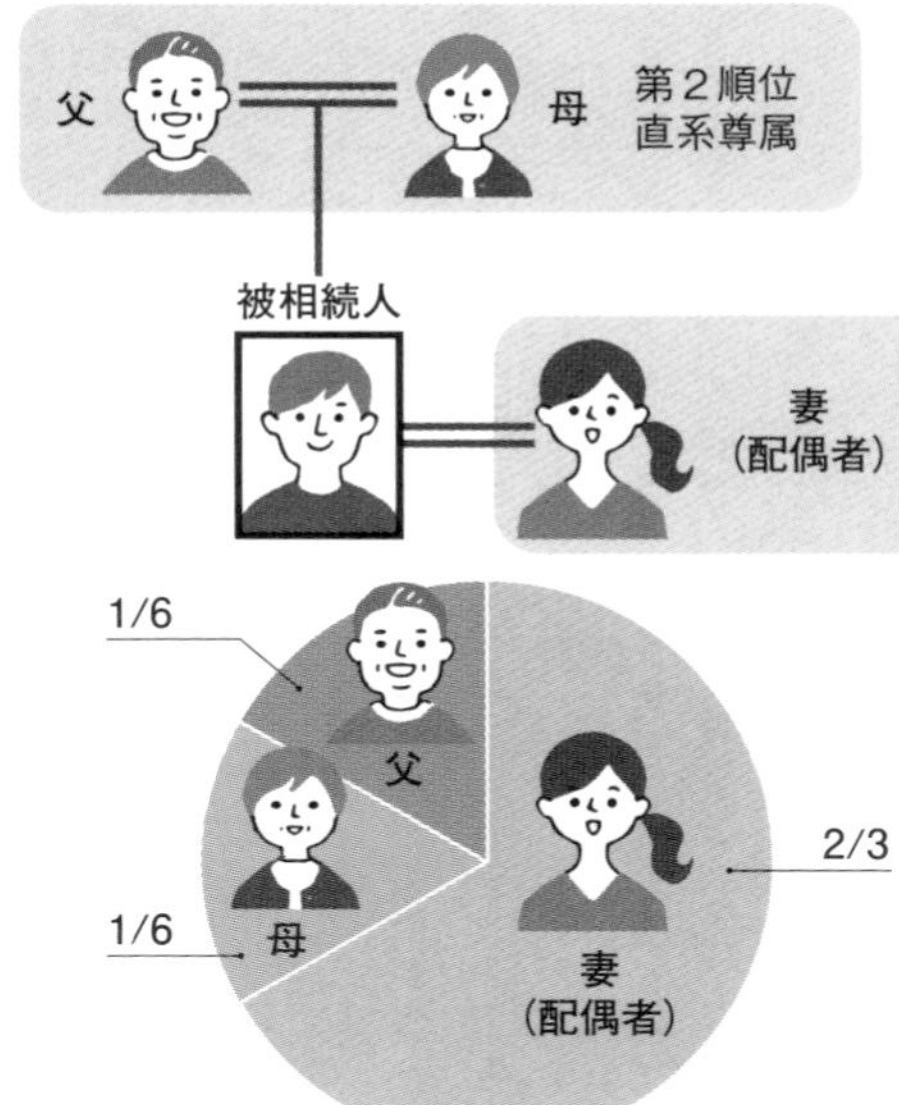

ケース5 配偶者＋兄弟姉妹

第1順位の子、第2順位の直系尊属がともにいない場合、第3順位の兄弟姉妹が相続人になります。図❺のように、相続人が配偶者と兄の場合、法定相続分は、配偶者が4分の3で、兄が4分の1となります。

図❺ 相続人が配偶者と兄弟姉妹の場合

父（すでに死亡）
母（すでに死亡）
第2順位 直系尊属
被相続人
第1順位 直系卑属 兄
妻（配偶者）
1/4 兄
3/4 妻（配偶者）

ケース6 配偶者＋兄弟姉妹の代襲相続人

図❻のように、兄が先に亡くなっていた場合は、兄の子（甥と姪）が代襲相続人になります。法定相続分は、配偶者が4分の3で、甥と姪が兄の分を2人で引き継ぐことになるので、それぞれ8分の1ずつとなります。

なお、甥や姪が先に亡くなっていた場合の再代襲は行われません。

図❻ 相続人が配偶者と兄弟姉妹の代襲相続人の場合

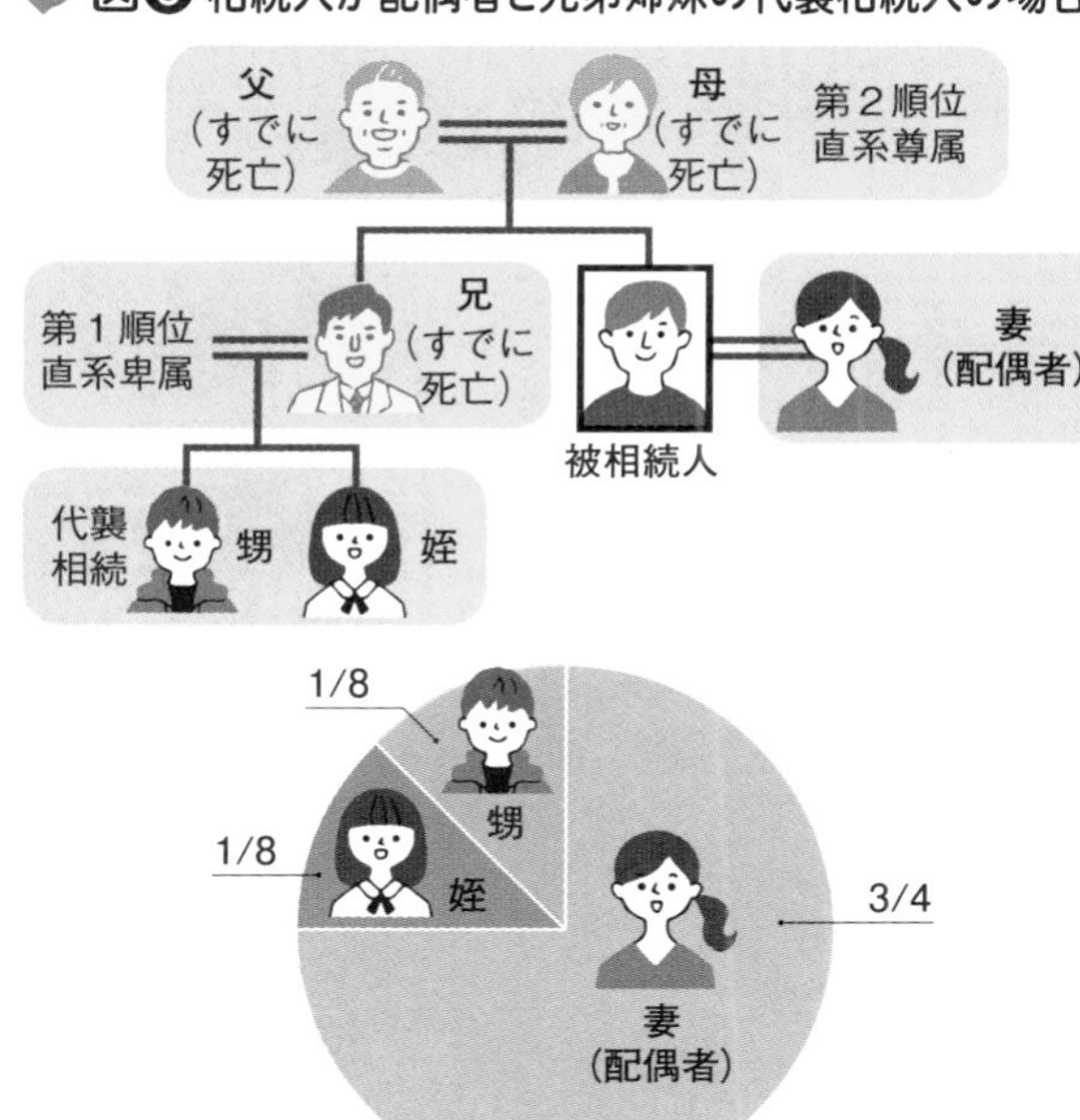

93 遺産分割の具体的な方法とは？

3種類の分割方法

複数人の相続人で遺産を分割する際、具体的には3種類の方法があります。それは、「現物分割」と「代償分割」と「換価分割」です(図❶)。それぞれの意味と注意点を知っておきましょう。

手続きがシンプルな「現物分割」

現物分割は、遺産の現物をそのまま分ける方法。例えば、自宅の土地建物と○○銀行の預金は配偶者、△△証券の金融商品は長男、家賃収入のあるアパートの土地建物は長女、といったように遺産そのものを分ける方法です。

この方法は、相続人への名義変更をするだけで財産の移転が済むので、手続きもシンプルです。しかし、財産の価値の違いで相続人の間で不公平感が生まれたり、土地を分割しての登記（＝分筆）が困難だったり、分筆によって価値が下がったりするなど、注意すべき点もあります。

スムーズかつ公平な「代償分割」

代償分割は、例えば農業を営んでいる父親が亡くなり、後継ぎである長男が自宅や農地などのすべての遺産を相続し、代わりに次男や三男には遺産分割の割合に応じた現金を長男が支払うような方法を指します。

この方法は、現物分割と同様のシンプルな手続きで済むうえ、相続財産の金銭的価値の違いによる不公平感が生じにくいメリットがあります。しかし、代償金を支払う相続人にそれなりの資金力が必要になります。また、遺産分割協議書に「代償分割により代償金を支払う」と記載しておかないと、贈与とみなされてしまう可能性があるので要注意です。

最も公平にできる「換価分割」

換価分割は、遺産をすべて売却し、現金にしてから相続人で分ける方法です。この方法が、最も公平に分けることができます。また、相続税の納税資金を用意できる点もメリットだといえるでしょう。

ただし、遺産をすべて売却することになりますので、売却の手間や手数料などの諸経費の負担が発生する可能性があります。また、不動産や金融商品などを売却する際、譲渡所得として課税される可能性もあります。相続税とは別に所得税の確定申告も必要になりますので注意が必要です。

もし、遺産分割協議や分割方法について不安があるようなら、早めに弁護士などに相談するとよいでしょう。

図❶ 実際に遺産を分割する方法

現物分割	代償分割	換価分割
遺産を現物のまま分割する方法	相続人の１人または数人の代償者が遺産を取得し、他の相続人に対して債務を負担する方法	遺産を売却して現金に換えてからお金で分割する方法

土地の分筆や共有は慎重に!

相続財産である１つの土地を２つ以上に分筆したり、２人以上で共有したりするのは慎重に検討すべきです。分筆すれば、それぞれで売却することはできますが、細かく分筆することによって価値が下がる可能性があります。分筆せずに２人以上で共有名義にすることも可能ですが、将来、その共有持分の相続が発生したときに、共有持分だと処分がしにくいなど、将来的なトラブルにつながる可能性もあります。土地の分筆、共有は慎重に検討を重ねるべきでしょう。

94 相続税の仕組みについて知っておこう！

相続財産が基礎控除以下なら相続税はゼロ

相続税は、亡くなった人（被相続人）名義の財産が、「基礎控除」という一定の金額を超えた場合に、その超えた部分に対してかかる税金です（図❶）。

相続税の基礎控除の額は次の計算式で求められます。

3000万円＋法定相続人の数 ×600万円

例えば、夫婦と子2人の4人家族の夫が亡くなった場合、法定相続人は妻と子2人の合計3人になりますので、基礎控除は4800万円になります（図❷）。

ということは、夫名義の財産が4800万円以内であれば、相続税はかからないわけです。

自宅の土地は8割引きになる？

「それほどお金は持っていないけど、自宅が都心にあって、土地の価値が1億円もするみたい。相続税がたくさんかかりそうで心配です」という相談を受けたことがありますが、実は、夫名義の自宅の土地は、配偶者である妻が相続するなら、相続財産としての価値を8割引きで評価してくれるのです（330㎡まで。「小規模宅地の特例」）。

つまり、仮に1億円の価値だったとしても、2000万円で計算してよいことになります。

配偶者には相続税はほとんどかからない

配偶者には、さらに「配偶者の税額軽減」という優遇措置があります。「法定相続分（妻と子が相続人の場合は2分の1）相当額」と、「1億6000万円」のどちらか多いほうの金額まで、相続税はかかりません（図❸）。

したがって、**夫が100億円の財産を残して亡くなった場合、妻は50億円以内ならまったく相続税はかかりません。ただし、配偶者の税額軽減を利用する際は、相続税がゼロであっても確定申告が必要ですので、注意が必要です。**

図❶ 相続税とは?

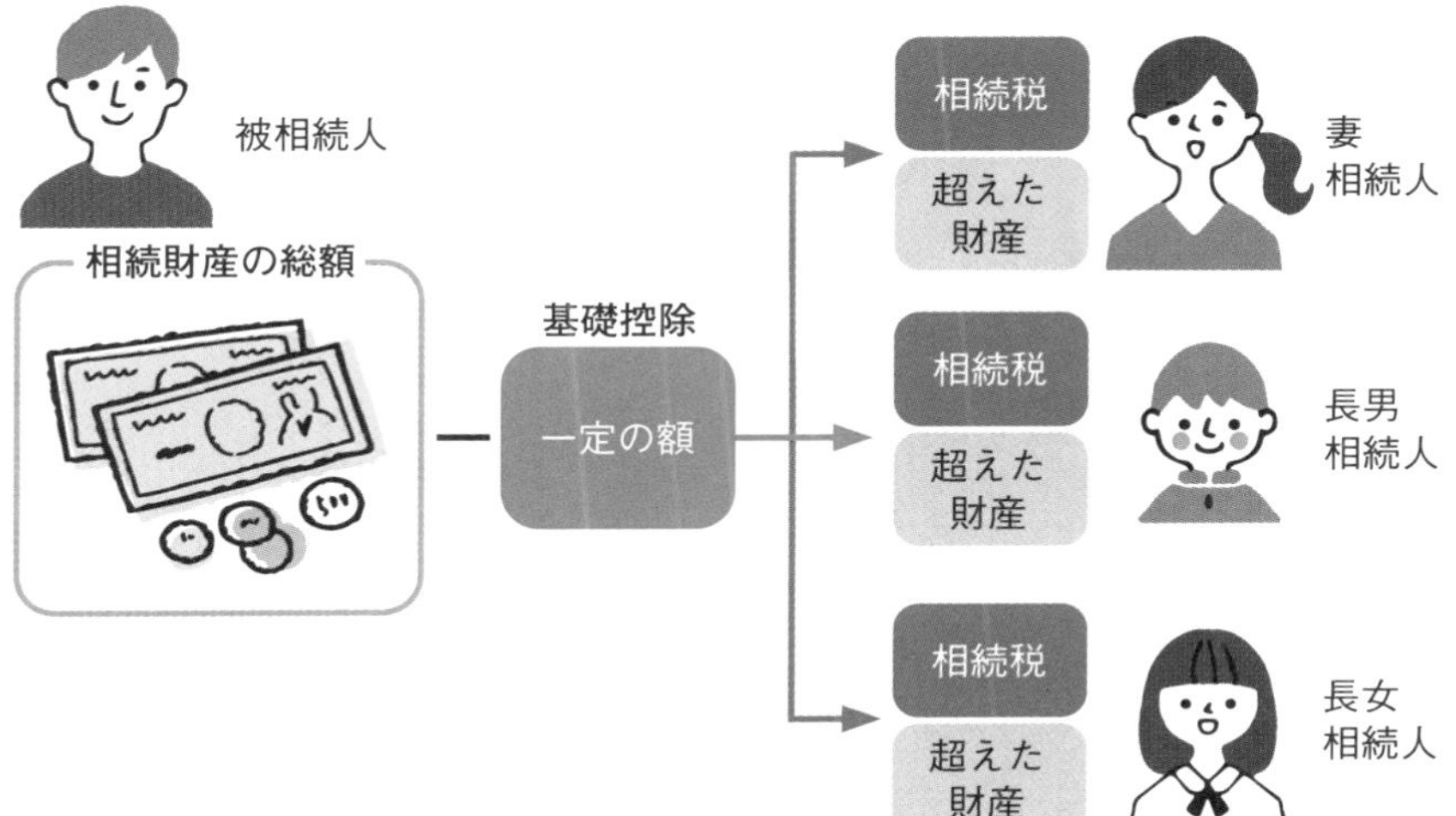

図❷ 基礎控除額とは?

3,000万円+〔法定相続人の数×600万円〕

例えば、妻と子ども２人が相続人の場合……

図❸ 配偶者の税額軽減（①と②のどちらか多いほうの額を控除できる）

①相続税の総額×配偶者の法定相続分
②相続税の総額×１億6,000万円／正味の遺産額
（正味の遺産額が１億6,000万円以下の場合は、相続税の総額）

配偶者の税額軽減の適用を受けるためには
相続税の申告が必要。納税額がゼロでも要申告

95 相続税対策にはどんな方法がある？

早くから子や孫に財産を移転しておく

まとまったお金や不動産、金融商品などが、すべて自分名義だと、自分の死後に相続人である子の相続税負担が重くなる可能性があります（配偶者は「配偶者の税額軽減」を使えば相続税負担はほとんどなし。第7章94）。

子どもの相続税負担を軽くしてあげたいと思うなら、早くから相続税対策を実行しておくことが重要です。

代表的な相続税対策をみてみましょう（図❶）。ただ、このほかにも細かな方法はいくつもあります。実際に相続税対策を実行したいと思った際は、相続税に詳しい会計士や税理士にきちんと相談したほうがよいでしょう。

財産状況や家族構成などによって、採るべき対策が違ってくる可能性も十分にありますし、専門家によってもアドバイス内容が違う場合もあるので、複数の専門家に相談して有効な方法を探っていくのが賢いやり方です。

生命保険と借入れの利用は慎重に

相続税対策に生命保険や不動産を利用するケースは多いのですが、安易に生命保険に加入したり、借入れをして不動産を取得したりするのは注意が必要です。

相続財産の価値を引き下げられれば、確かに相続税負担は軽減できます。しかし、相続税負担の軽減以上に損失が発生してしまうのであれば、それは本末転倒でしょう。

では、生命保険ではなく、資産運用した場合はどうなるのか。税負担軽減より、お金を増やすほうが有効かもしれません。

また、借入れをして賃貸アパート建設などをすると、確実に相続財産は減らせますが、アパート経営がうまくいかないと、損だけが膨らむ可能性もあります。

だからこそ、相続税対策は慎重に比較検討することが重要だといえるでしょう。

A ひとり暮らし世帯
B パートナー世帯
C 夫婦世帯
D 子育て世帯
E ひとり親世帯

図❶ 代表的な相続税対策

生前贈与を利用する	亡くなる前に財産を子などに贈与をすることで、相続財産を減らす方法。ただし、亡くなる３年以内（2024年からは最大７年以内）に贈与された財産は、相続財産に加えられる
死亡退職金と死亡保険金の非課税枠を利用する	故人が亡くなったことで得るみなし相続財産のうち、死亡退職金と死亡保険金については、それぞれ「500万円×法定相続人の数」という非課税枠を利用できる
子や孫に生命保険をかける	子や孫を被保険者として生命保険に加入し、保険料は契約者である親が支払う。親が亡くなったときには、その生命保険の権利を相続するかたちになり、評価額は解約返戻金相当額となるため、解約返戻金が低額の保険なら、評価を下げられる
生命保険金を一時所得で受け取れるようにする	保険料にあてるためのお金を子に贈与して、親が被保険者となる生命保険に加入する。親が亡くなったときに受け取る保険金は、子の一時所得となるため、税負担を軽くしつつ、子の納税資金も準備できる
養子縁組で法定相続人を増やす	養子縁組をすれば、子が増えたことになるので、相続税の基礎控除を600万円増やすことができる（実子がいる場合は１人まで、実子がいない場合は２人までカウント可能）。なお、孫を養子にすることで子を飛び越えて財産を移転できるメリットはあるが、養子になった孫にかかる相続税額は２割加算の対象となる
保有している土地（更地）に賃貸アパートを建てる	賃貸アパートを建てた土地（貸家建付地）は、更地よりも相続税評価額を低くすることができる
墓地、仏具を生前に購入する	生前に購入した墓地や仏具には相続税は課税されないため、買った金額分だけ相続財産を減らすことができる
教育資金贈与信託を利用する	子や孫の教育資金にあてるために、信託銀行等に一括で信託をすると、1,500万円までは贈与税がかからなくなる

96 贈与税の仕組みを知っておこう！

✔親が支払う教育費も子どもへの贈与!?

現金や不動産（土地や建物）、金融商品（債券、株式、投資信託など）、その他の財産的価値があるものを、誰かからもらった場合は、「贈与」に該当します。

贈与は、あげる人（贈与者）ともらう人（受贈者）が、「あげるよ」→「もらうね」と言って財産を受け渡すことで成立する契約です（図❶）。**口頭でも書面でも可能です。**

タダで一定額以上の財産をもらった人は、贈与税を支払わなければなりません。

厳密に言えば、親が支払う教育費も、親から子への贈与になりますし、専業主婦の妻に夫が生活費を渡すのも、夫から妻への贈与になります。

しかし、教育費や生活費に贈与税がかかったら大変ですよね。そのため、教育費や生活費などは、基本的には贈与税はかからないようになっています。

✔贈与税の課税方法は2種類

贈与税の課税方法は、「暦年課税」と「相続時精算課税」の2種類があります。

暦年課税

暦年課税は、年間110万円の基礎控除を超える財産をもらった人が、超過部分に対する贈与税を支払う仕組み。税率は、「一般税率」と、直系尊属（父母、祖父母）から18歳以上の子へ贈与された場合に適用される「特例税率」があります（図❷）。直系尊属からの贈与のほうが税負担は軽くなる仕組みです（図❸❹）。なお、1年間で合計110万円を超える贈与を受けた人は、翌年2月1日から3月15日までに確定申告をして納税する必要があります。何人からもらったかは関係なく、合計金額で計算されます。

相続時精算課税

第7章97をチェック！

図❶ 贈与とは？

口頭でも書面でも可能

あげる人
贈与者

もらう人
受贈者

あげるよ

もらうね

図❷ 贈与税の税率

直系尊属
父・母・
祖父・祖母

特例税率

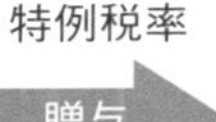

18歳以上
の人

だれでも
OK

一般税率

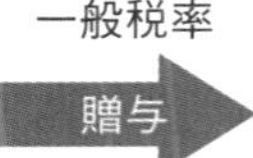

年齢制限
なし

図❸ 贈与税額速算表

税額＝A×B－C

基礎控除後の課税価格（A）		一般		特例	
		税率（B）	控除額（C）	税率（B）	控除額（C）
	200万円以下	10%	－	10%	－
200万円超	300万円以下	15%	10万円	15%	10万円
300万円超	400万円以下	20%	25万円	15%	10万円
400万円超	600万円以下	30%	65万円	20%	30万円
600万円超	1,000万円以下	40%	125万円	30%	90万円
1,000万円超	1,500万円以下	45%	175万円	40%	190万円
1,500万円超	3,000万円以下	50%	250万円	45%	265万円
3,000万円超	4,500万円以下	55%	400万円	50%	415万円
4,500万円超		55%	400万円	55%	640万円

図❹ 贈与税の計算例

●叔父から1,000万円贈与してもらった場合

1,000万円－110万円＝890万円
890万円×40%（税率）－125万円（控除額）＝231万円

●父から1,000万円贈与してもらった場合

1,000万円－110万円＝890万円
890万円×30%（税率）－90万円（控除額）＝177万円

97 相続時精算課税の仕組みとは？

贈与の段階では2500万円まで非課税！

60歳以上の父母、祖父母（直系尊属）から18歳以上の子や孫が贈与を受ける場合は、「暦年課税（第7幕96）」だけでなく、税務署に申請すれば「相続時精算課税」も選択できます（図❶）。

相続時精算課税は、2500万円という大きな特別控除があるので、贈与の段階では2500万円までが非課税。2500万円を超えた部分に一律20％の贈与税がかかるようになっています。そして、贈与者（父母、祖父母）が亡くなったときに、相続財産に戻して相続税が計算され、精算される仕組みです（図❷）。

例えば、父親が長男に3000万円を贈与した場合、暦年課税だと基礎控除110万円を超えた2890万円に贈与税がかかるので、税額は1035・5万円になります。

これが相続時精算課税なら、特別控除2500万円を超えた500万円に対して一律20％の税率なので、贈与税額は100万円で済むのです。

ただし、父親の死亡時に、贈与された3000万円を父親の相続財産に戻して相続税を計算します。仮に、相続税が1000万円だった場合、先に支払った贈与税100万円を差し引いて、納税額は900万円となるのです（図❸）。

2024年から相続時精算課税にも基礎控除が

相続時精算課税では、贈与財産の種類や贈与回数は問いません。何回に分けて贈与しても、合計2500万円までは贈与の段階では非課税です。

ただし、相続時精算課税を一度でも利用すると、同じ親子間（例えば、父親と長男）では、暦年課税に戻ることはできず、翌年に10万円を贈与しただけでも確定申告が必要でした。**これが、2024年からは、毎年110万円を超**

えた場合のみ申告すればよくなりました。相続時精算課税にも基礎控除ができたのです。

60歳以上の親

18歳以上の子や孫

2,500万円までは、将来相続が開始するまで非課税

図❷ 相続時精算課税の仕組み

贈与時 → 相続発生

贈与財産のうち
2,500万円が
非課税分

超えた分　税率20%　→　贈与税納付

→　贈与税0円

基礎控除　年110万円

相続時に精算

相続税額－贈与税額
＝納付相続税額

図❸ 相続時精算課税の計算例 1年あたり1,000万円ずつ 3年間贈与した場合

相続発生時
相続財産に加える
（基礎控除年110万円を除く）

贈与時
3,000万円 → 相続発生
相続財産＋2,670万円

贈与財産のうち
2,500万円が
非課税分

超えた分
170万円　税率20%　→　贈与税納付
34万円

→　贈与税0円

基礎控除　年110万円

相続時に精算

相続税額＊－34万円
＝納付相続税額

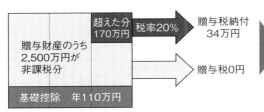

すでに支払った
贈与税の分は控除される
＊相続税額については第7章94

第8章

80歳代以上にかかわるお金の知識

家族や友人に想いを遺し「終活」を完了させよう！

98 遺言書の必要性を知っておこう！

✔遺産分割では遺言書が優先される？

亡くなった人名義の財産を相続人で分けるのが、遺産分割。遺産分割は、遺言書があった場合は、その内容どおりに分割するのが基本です。そして、遺言書がなかった場合に相続人全員で話し合って決めるのが、協議分割です。

しかし、協議分割は、必ずしもスムーズに話が進むとは限りません。相続人による話し合いがまとまらなかった場合は、家庭裁判所による調停や審判によって分割されることになります（図❶）。

つまり、遺言書があるなら、その内容が最も優先されるので、自分の意思を残したいのであれば、遺言書を書いておくのが一番でしょう。

✔確実なのは公正証書遺言！

遺言書には、さまざまなものがありますが、代表的なものは種類が3つあります。自分で書く「自筆証書遺言」、公証役場で公証人に書いてもらう「公正証書遺言」、事前に内容を知られる心配のない「秘密証書遺言」です（図❷）。

自筆証書遺言が最も気楽に作成できますが、内容に不備があると効力を失う可能性がありますので、作る際には、弁護士や司法書士、行政書士などの専門家のアドバイスを受けたほうが無難でしょう。また、遺言者が亡くなって相続が発生した時には、家庭裁判所にて「検認」の手続きを行わなければなりません。

やはり、確実に残したいのであれば、公正証書遺言です。公証役場に証人を2人以上連れて行き、公証人に対して遺言の内容を話して公証人に書いてもらいます。2人以上の証人もいますし、遺言書の保管場所も公証役場で、家庭裁判所の検認も不要なので、遺言を確実に執行してもらうことができるでしょう。

なお、自筆証書遺言の保管場所は自由ですが、2020

年7月から、法務局（遺言書保管所）で保管してもらうこともできるようになりました。

図❶ 遺産分割の方法

①遺言書がある場合	②遺言書がない場合	③話し合いがまとまらない場合
指定分割	協議分割	家庭裁判所による調停・審判
遺言書に書かれた内容どおりに分割	相続人全員で話し合って分割 法定相続分に従う必要はない	調停を申立て不成立の場合 審判によって分割

図❷ 遺言書の種類

種類	自筆証書遺言	公正証書遺言	秘密証書遺言
作成方法	遺言者自ら手書きで全文を作成する*1	公証役場で遺言者が口述し、公証人が全文を筆記する	公証役場で証人立合いのもと、内容を秘密にしながら遺言者が作成する
証人	不要	２人以上	２人以上
作成保管場所	作成場所：自由 保管場所：自由*2	作成場所：公証役場 保管場所：公証役場	作成場所：公証役場 保管場所：自由
家庭裁判所の検認*3	必要	不要	必要
注意	内容に不備があると効力をなくす	—	内容に不備があると効力をなくす

*1　財産目録のみパソコンや、書類のコピー等の添付でも作成可能

*2　遺言書保管制度を利用することで、法務局で遺言書を管理・保管してもらうことができる。この場合、家庭裁判所における検認は不要

*3　相続人に対して遺言書の存在と内容を知らせるとともに、遺言書の形状や内容等を明らかにし、遺言書の偽造・変造を防止するための手続き

知っトク！

子どものいない夫婦が遺言書を書いておくべき理由

例えば、子どものいない夫婦で、夫の家族は弟１人だったとします。夫死亡時の法定相続人は妻と夫の弟の２人になります。法定相続分は、妻が４分の3、夫の弟が４分の１。遺言書がないと妻と夫の弟で遺産分割協議をしなければなりませんが、夫が「すべての財産は妻に渡す」という遺言を残していれば、夫の弟には遺留分（最低限財産を引き継げる権利）がそもそも認められていないので、その遺言に逆らうことができないのです。

99 エンディングノートで想いを伝えよう！

遺言書とエンディングノートの違い

遺言書とエンディングノートの最も大きな違いは、法的な効力の有無です。

遺言書は、法的な効力がありますので、次のような場合に有効です。

- 遺産の分割方法を指定したい
- 遺贈（遺言による贈与）をしたい
- 子どもを認知したい
- 相続権のない人にも財産を分けたい

ただし、法的効力を有する分、書き方なども民法によりきちんと決まっています。

一方、エンディングノートには、法的な効力はありません。そのため、書く内容も、書き方も自由です。市販されているものを買って書いても、自分が気に入ったノートに書いても、ＰＣやスマホで作成しても問題ありません。

エンディングノートだからできること

法的効力がないなら書く意味がないかというと、そうでもありません。もともと遺言書は、相続に関すること（相続分や遺産の分割方法の指示など）、財産の処分に関すること（遺贈や寄付など）、身分に関すること（子どもの認知など）を中心に書くようになっています。

一方、エンディングノートは、遺言書には書かない妻や子どもへの想いや要望をまとめておくものです（図❶）。

近年では、ＰＣやスマホのログインパスワード、ＳＮＳ、アプリなどのＩＤやパスワード、サブスクの契約状況などを記載しておくことも重要でしょう。

やはり、自分の意思をきちんと残したいのであれば、遺言書とエンディングノートの両方を作成しておくのが理想的だといえるでしょう。

 図❶ エンディングノートに記載しておくべき主な項目

自分のこと	名前、住所、本籍、電話番号など 戸籍全部事項証明書(戸籍謄本)、家系図もあるとよい
遺言書の有無	遺言書がある場合は、遺言書の種類(自筆証書か公正証書か)、作成日、保管場所、連絡先など
資産	〈預貯金〉金融機関名、支店名、口座番号など 〈株式、投資信託〉金融機関名、支店名、口座番号など 〈不動産〉不動産の種類、住所、名義(持ち分割合)など 〈その他の資産〉ゴルフ会員権等、取引会社、連絡先など 保有資産の種類や取引金融機関等が多い場合は、わかりやすく一覧表を作っておくとよい
負債	住宅ローン、車のローン、カードローンの取引金融機関等、支店名、連絡先など 資産より負債が多い場合は、死亡後３ヵ月以内に相続放棄や限定承認の選択を検討すべきなので、その旨も記載しておくとよい 被相続人が誰かの借入れの連帯保証人だった場合、相続放棄をしない限りその地位も相続人が引き継ぐので、その旨も記載すべき
生命保険	保険会社名、連絡先、保険の種類、契約者名、被保険者名、受取人名、受取割合など 複数の契約がある場合は、一覧表を作っておくとよい
PC、スマホなど	起動時のパスワード、SNSやアプリのログインIDやパスワードなど アカウントを消去してほしいとか、サブスクリプションによる購入契約の解約指示なども記載しておくとよい
病気治療や介護についての希望	介護が必要になったときの希望、余命がわずかになったときの希望、延命治療・尊厳死などの希望、臓器提供や献体についての希望など
葬儀の希望	葬儀の形式、宗教、葬儀社の指定、葬儀費用など どんな葬儀を望むのか、あらかじめ希望を伝えておくとよい
埋葬の希望	墓の有無、所在地、連絡先など その他埋葬に関する希望
親戚、友人、知人など	親戚、友人、知人の連絡先、必ず連絡してほしい人、伝えてほしい内容など

100 コロナで大きく変わった!? 葬儀のカタチ

トレンドは一般葬から家族葬へ?

2020年の冬、友人の父親が81歳で亡くなりました。友人とは、学生時代からの長い付き合いで、お父様にも何度か会ったことがありました。通夜か告別式のどちらかには出席しようと思っていましたが、当時コロナ禍だったという事情もあり、家族と親族だけで済ませるとのことでした。

株式会社鎌倉新書の調査「第5回お葬式に関する全国調査」(2022年)によると、従来型ともいえる「一般葬」の割合が、コロナが流行する前と比べると半減していて、家族や近親者のみで行う「家族葬」が半数を超えるまで増加しているようです(図❶)。

アフターコロナとなり、今後は元に戻ると思われますが、あまりお金をかけずに済む家族葬が主流になったのは、コロナだけが理由でもないような気がします(図❷)。

お墓よりも樹木葬が主流に?

同社による「第15回お墓の消費者全国実態調査」(2024年)によると、お墓についても、近年大きな変化があったようです(図❸)。**半数近くを占めていた一般墓が5分の1近くまで減少し、樹木葬を選択する人が半数近くまで増えました**(図❹)。

葬儀と同様、時代の流れによる変化、コストパフォーマンス重視への価値観の変化などが、このような調査結果を導き出しているのかもしれません。

宗教や文化の要素も考慮

葬儀やお墓は、宗教や地域の文化も大きく影響しますので、家族や親族の意向も考慮する必要があります。また、具体的には、業者によっても異なる可能性がありますので、複数の業者を比較検討することも重要でしょう。

図❶ 行った葬儀の種類

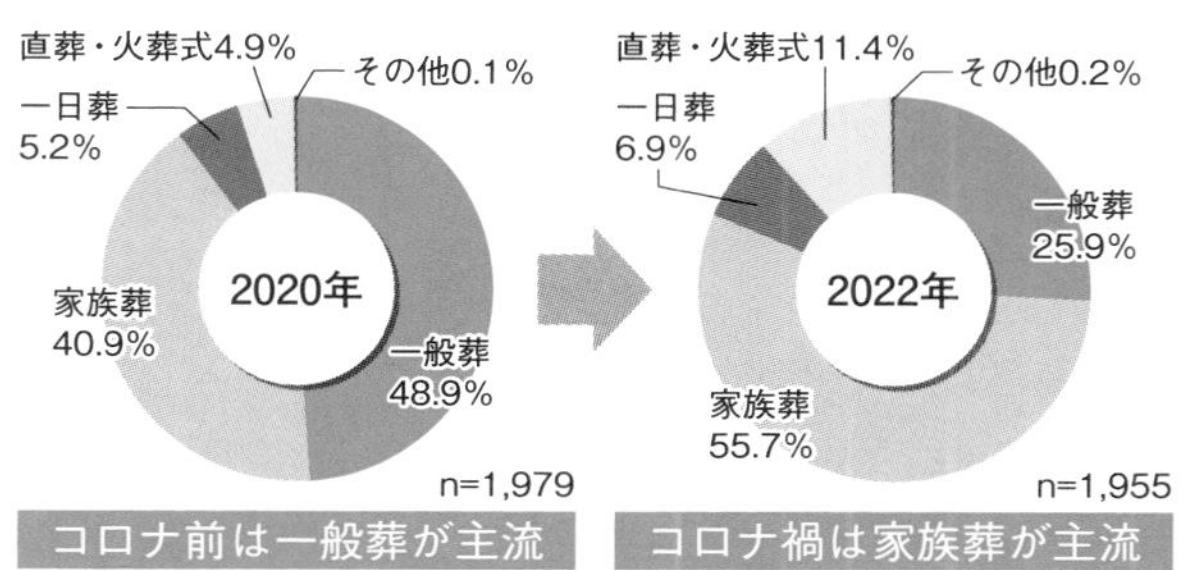

直葬・火葬式	宗教儀式のない、火葬のみのお別れ
一日葬	通夜がなく、告別式のみの1日の葬式
家族葬	通夜、葬儀・告別式の葬式で、参列者は親族や近親者（一部の友人・仲間）のみ
一般葬	通夜、葬儀・告別式の葬式で、参列者は知人、地域の方、職場の方など幅広く集まった葬式

図❷ 葬式の平均費用（総額の推移）

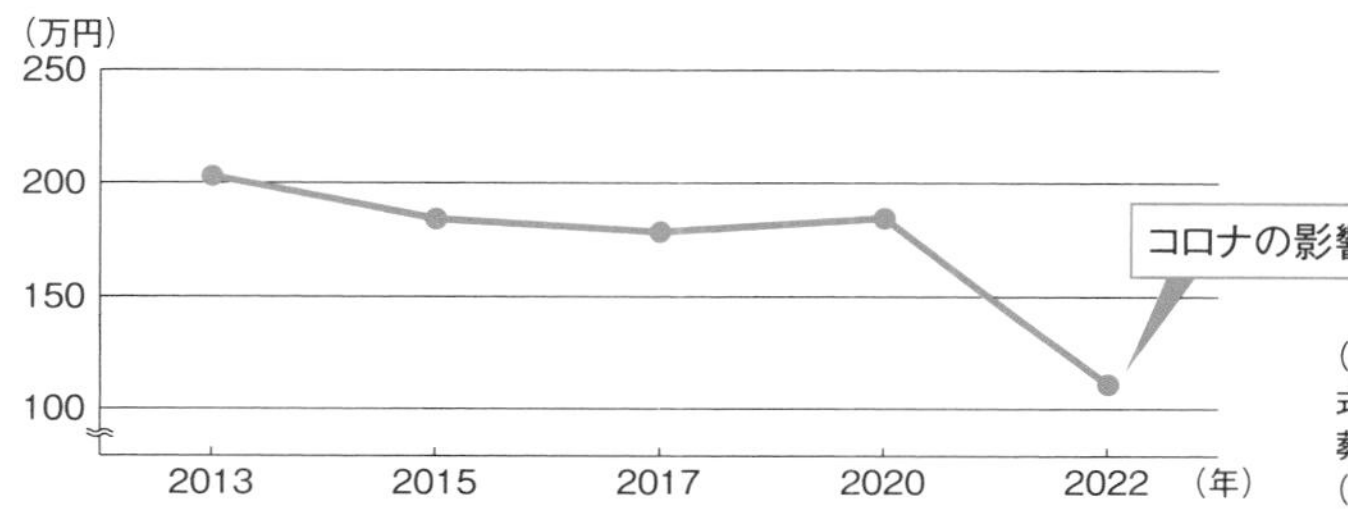

（出所）図❶❷について、株式会社鎌倉新書「第5回お葬式に関する全国調査（2022年）」より作成

図❸ 購入したお墓の種類

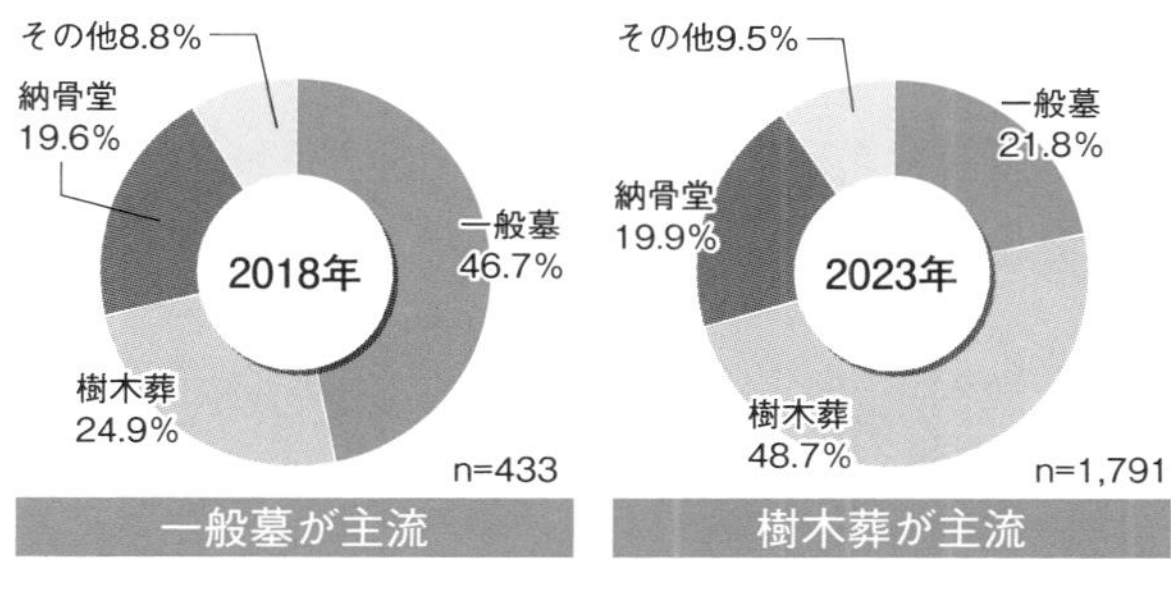

一般墓	墓地に区画を設けて設置する墓石型のお墓
樹木葬	墓域内を樹木や桑花で飾ったお墓（自然葬、樹木墓地なども含む）
納骨堂	主に室内にある棚式やロッカー式のお墓（堂内陵墓も含む）
その他	合祀（合葬）・散骨・手元供養など

図❹ お墓の平均購入価格

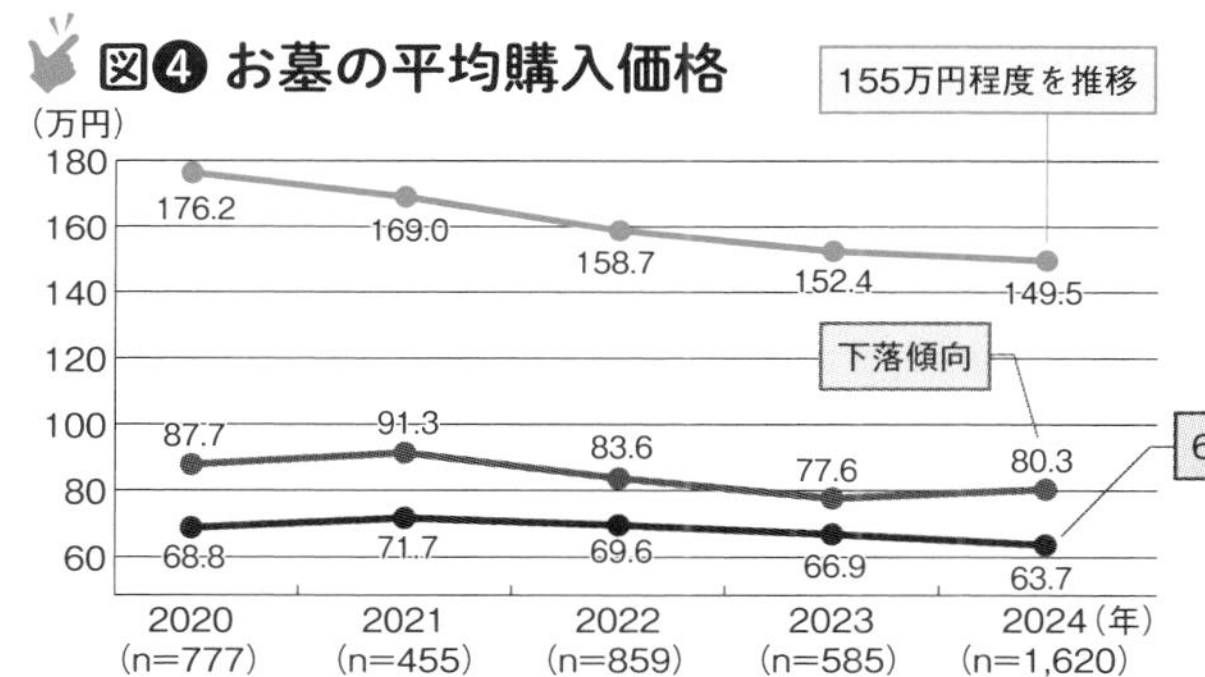

（出所）図❸❹について、株式会社鎌倉新書「第15回お墓の消費者全国実態調査（2024年）」より作成

おわりに

ここまで読んでくださって、ありがとうございます。

この本が、あなたのお金の面での悩みや不安を解消し、あなたの人生に豊かさと笑顔をもたらすことができたなら幸いです。

そして将来、新たな問題や不安、悩みなどが発生したときには、この本を再び開いてみてください。あなたのライフスタイルや価値観の変化に応じて、どうすればよいかが見つけられると思います。

とはいえ、税金や年金などの国や自治体の制度、法律は、時代の流れとともに少しずつ変わっていく可能性があります。

制度や法律が変わると、古い情報は役に立たないと思われがちですが、改正前のベースとなる制度や仕組みを知っていると、変わった部分だけを確認すればよいので、比較的短時間で制度を理解できるはずです。

そういう意味でも、この本をひと通り読んでおくことで、お金の知識全般を把握し、将来的な改正や変更もキャッチアップしやすくなりますので、あなたにとって一生役立つものになるでしょう。

また、ベースの知識があれば、深く掘り下げていくことも可能になります。興味のある項目や、もっと詳しい情報が必要な項目については、その分野に特化した専門書などを探してみてください。

お金については、知らないと損をしてしまうことがたくさんあります。私は、これまでの約26年間で、知識がないことで損をしてしまっている人を数多く見てきました。知らないで損をしている人は、自分が損をしていることさえ知りません。

この本が、そんな人を1人でも減らすことにつながったとしたなら、このうえない喜びです。

末筆にはなりましたが、この本を出版するにあたって、企画から出版までの約2年半の歳月を辛抱強くお付き合いいただいた経済法令研究会の長谷川理紗さん、松倉由香さんに、深く感謝いたします。

この本が多くの人の笑顔につながりますように。

2024年6月　菱田雅生

〈著者プロフィール〉

菱田 雅生（ひしだ・まさお）

1969年東京生まれ。1993年早稲田大学法学部卒業後、山一証券に入社し営業業務に携わる。1998年山一証券自主廃業後、独立系FPに。以後26年にわたり、金融商品や保険商品は一切売らない正直FPとして講演や執筆を中心にお金の知識・金融リテラシーを広める活動をしている。2000年以降の講演回数4,600回超、コラム執筆3,000本超。2020年からはYouTube「正直FPヒッシー先生の『お金の増やし方』チャンネル」をスタート。2023年からはVoicyパーソナリティとして「正直度100％お金のラジオ」もスタート。主な著書に「日経マネーと正直FPが考え抜いた！迷わない新NISA投資術」（共著、日経BP）、「新NISA提案＆資産運用サポートガイド」（共著、経済法令研究会）などがある。

オフィシャルサイト ▶ https://fp-hishida.com/

お金のトリセツ100

2024年6月24日　第1刷発行

著　者　菱田雅生
発行者　髙橋春久
発行所　㈱経済法令研究会
〒162-8421　東京都新宿区市谷本村町3-21
電話 代表 03(3267)4811　制作 03(3267)4823
https://www.khk.co.jp/

営業所／東京 03(3267)4812　大阪 06(6261)2911　名古屋 052(332)3511　福岡 092(411)0805

表紙デザイン・DTP／川尻裕美(ERG)　イラスト／PIXTA
制作／長谷川理紗　印刷／日本ハイコム㈱　製本／㈱ブックアート

ISBN978-4-7668-3466-6